デジタル通貨・証券の仕組みと実務 第2版

トークンビジネスの法務・会計・税務

KPMGジャパン／ [監修]
アンダーソン・毛利・友常 法律事務所 外国法共同事業

河合 健／関口智和 [編著]

Digital
Currency &
Securities

中央経済社

はじめに

　2021年秋に本書初版が出版されてから3年が過ぎようとしている。初版においては，デジタル通貨・証券の最新のビジネス動向を紹介し，それを踏まえて，法務，会計，税務を分かりやすく解説することを心掛け，幸い読者の好評を博することができたが，今，改めて読み直してみると，その内容はもうずいぶんと古いと感じざるを得ない。これはまさに，デジタル通貨・証券のビジネスの発展のスピードが極めて速く，関連する法令等の改正も相次いでいることの表れといえよう。

　振り返れば2021年秋にはビットコインをはじめとする暗号資産が当時の史上最高値を更新しており，世界的にNFT関連ビジネスやDeFi関連ビジネスに大量の投資資金が流入していた。もっとも，2022年に入ってからは，暗号資産やステーブルコインの有力企業が次々と破綻し，同年11月には世界第2位の暗号資産交換業者であったFTXも倒産，暗号資産市場は大きく冷え込み，NFT関連ビジネスやDeFi関連ビジネスへの投資熱も一気に冷めて，いわゆるクリプトウィンター（暗号資産の冬）を迎えることとなった。このような状況下，利用者保護やマネーロンダリング・テロ資金供与対策の高まりから，米国を中心に各国が規制強化に乗り出し，例えば，米国証券取引委員会が大手暗号資産関連事業者を相次いで提訴するなどの動きがみられた。

　もっとも，このような危機を契機に，暗号資産関連ビジネスの脆弱性を克服するための様々な取組みも進展した。暗号資産をより安全に管理するためのカストディ・ソリューションの高度化やユーザー自らが暗号資産を管理するノンカストディアル・ウォレットの進化などが例として挙げられよう。また，今回の危機を踏まえ，内在的価値が観念しづらくボラティリティの高い暗号資産よりも，より確実性の高い投資の対象となるデジタルアセットとして，不動産や美術品などの現物資産のトークン化商品（Real World Asset, RWA）が次々と

発表されている。さらに，本年になって，一般市民がより安全にビットコインに投資できる商品であるビットコイン現物ETFが米国の複数の証券取引所に上場され，ビットコインその他の暗号資産の市場価格の高騰の原因となっている。このように世界のデジタルアセット関連ビジネスは3年前と大きく異なっているといえよう。

　他方，国内に目を転じると，世界とは異なったビジネスや規制の動きもみられている。まず，2022年初頭に自民党デジタル社会推進本部がweb3プロジェクトチーム（旧：NFT政策検討プロジェクトチーム）を立ち上げ，web3（ブロックチェーンを利用した分散型インターネット）を国家戦略の一つとすることを提言し，同年夏には政府がweb3の環境整備を成長戦略の柱の一つに位置付けた。その後，この方針のもと規制改革（金融規制の明確化や税制改正など）などが今日まで進められている。これを背景に，大手通信事業者その他の企業がweb3事業に次々と参入をしている。また，RWAの一種ともいえるセキュリティトークンについては，不動産流動化商品をトークン化する不動産型のセキュリティトークンを中心に公募市場が順調に成長し，私設取引所（PRS）での二次流通も始まるなど独自の進化を遂げている。さらに，2023年の改正資金決済法の施行により，ステーブルコイン（電子決済手段）の発行と流通が可能となり，現在，内外の関連企業が発行と流通の準備を進めている状況である。

　本書第2版では，上記のビジネスや規制動向の変化を踏まえ，初版の内容を大きく書換えるとともにできる限り最新動向を盛り込むようにした。もっとも，法律・会計・税務の専門家のみではなく，関連ビジネスに携わっている，あるいはこれから携わろうとされているあらゆる方々に対して有益な情報をわかりやすく伝えるという基本方針は，初版から変わっていない。

　本書第2版においても，あずさ監査法人パートナー関口智和公認会計士をはじめKPMGジャパンの皆様及びアンダーソン・毛利・友常法律事務所外国法共同事業の同僚弁護士が，議論を重ねながら執筆を担当している。

　最後に，本書第2版の出版に当たっては株式会社中央経済社の皆様に大変お世話になった。この場を借りて御礼申し上げる。

2024年4月

執筆者を代表して

アンダーソン・毛利・友常法律事務所外国法共同事業

弁護士　河合　健

目　　次

第 3 章　デジタル資産に関する法務　65

凡　　例

法令・基準名	本文内略称	かっこ内略称
金融商品取引法	金融商品取引法	金商法
金融商品取引法施行令	金融商品取引法施行令	金商令
金融商品取引法第二条に規定する定義に関する内閣府令	定義府令	定義府令
金融商品取引業等に関する内閣府令	金商業等府令	金商業等府令
金融商品取引業者等向けの総合的な監督指針	金商業者等監督指針	金商業者等監督指針
資金決済に関する法律	資金決済法	資金決済法
資金決済に関する法律施行令	資金決済法施行令	資金決済法施行令
資金移動業者に関する内閣府令	資金移動業府令	資金移動業府令
暗号資産交換業者に関する内閣府令	暗号資産交換業者府令	暗号資産交換業者府令
電子決済手段等取引業者に関する内閣府令	電決府令	電決府令
事務ガイドライン（第三分冊：金融会社関係 5. 前払式支払手段発行者関係）	前払式支払手段ガイドライン	前払式支払手段ガイドライン
事務ガイドライン（第三分冊：金融会社関係 14. 資金移動業者関係）	資金移動業者ガイドライン	資金移動業者ガイドライン
事務ガイドライン（第三分冊：金融会社関係 16. 暗号資産交換業者関係）	暗号資産ガイドライン	暗号資産ガイドライン
事務ガイドライン（第三分冊：金融会社関係 17. 電子決済手段等取引業者関係）	電決業者ガイドライン	電決業者ガイドライン
犯罪による収益の移転防止に関する法律	犯収法or犯罪収益移転防止法	犯収法
犯罪による収益の移転防止に関する法律施行令	犯収法施行令	犯収法施行令
犯罪による収益の移転防止に関する法律施行規則	犯収法施行規則	犯収法施行規則
所得税法	所得税法	所法
所得税法施行令	所得税法施行令	所令
所得税基本通達	所得税基本通達	所基通
法人税法	法人税法	法法
法人税法施行令	法人税法施行令	法令
法人税基本通達	法人税基本通達	法基通
消費税法	消費税法	消法
消費税法施行令	消費税法施行令	消令
消費税法基本通達	消費税法基本通達	消基通
企業会計基準第10号「金融商品に関する会計基準」	金融商品会計基準	金融商品会計基準

※法令表記については，本文内・かっこ内ともに「第」を省略し，かっこ内の参照については，条・項・号を省略し，それぞれ算用数字・丸数字・漢数字で表記する（例：資金決済法第2条第7項第2号→資金決済法2⑦二）。

第 **1** 章

Web3.0の発展における
デジタル通貨・証券の活用

1──Web3.0をめぐる動向と社会的インパクト

　近時，「Web3.0」という概念が現れ，急速に浸透している。「Web 3」とも表記され，確たる定義もないが，基本的に本書において取り上げるデジタル通貨およびデジタル証券はその概念の中に含まれている。

　このような背景を踏まえ，本章では，デジタル通貨およびデジタル証券を取り巻く環境について触れる上で外すことのできないWeb3.0に焦点を当てて，その概要と市場動向およびデジタル通貨やデジタル証券に与える影響ならびにWeb3.0の発展に向けたプロセスと課題について考察する。

⑴　Web3.0の概要と発展
①　Web3.0の主な構成要素

　前述のように「Web3.0」に確たる定義はないものの，一般的に，パブリック型（パーミッションレス型ともいう）ブロックチェーンを基盤とするデジタル資産（トークンともいう）およびブロックチェーン上であらかじめ定められた処理を自動的に実行するプログラムであるスマートコントラクトを活用したDeFi（Decentralized Finance, 分散型金融）やDAO（Decentralized Autonomous Organization, 分散型自律組織）は，その主要な構成要素として含まれていると考えられる。

　さらに，デジタル資産にはいくつかの分類方法があるが，国内法規制に基づいて分類すると４つに分けられ，「資金決済に関する法律」（以下「資金決済法」という）に規定する「電子決済手段」がデジタル通貨（通称，ステーブルコインとも呼ばれる）および金融商品取引法等において規定する「電子記録移転有価証券表示権利等」がデジタル証券（通称，セキュリティトークンとも呼ばれる）に該当する。そのほかの主要なデジタル資産としては，暗号資産（資金決済法に規定する暗号資産をいう）やこれらの規制が適用されないNFT（Non-Fungible Token, 非代替性トークン）その他のトークンなどがある（図表１－１参照）。

図表1−1	Web3.0の主な構成要素

Web3.0の主な構成要素			事例
デジタル資産／トークン	暗号資産（※）	「パブリック型ブロックチェーン」のトークン	ビットコイン イーサリアム
	セキュリティトークン（※）		EIB INX
	ステーブルコイン（※）		USDT DAI
	NFTその他		
DeFi（分散型金融）		「パブリック型ブロックチェーン」に「スマートコントラクト」を活用して特定の機能を自動的に執行	Aave Compound Uniswap
DAO（分散型自律組織）			各種DeFi Flamingo DAO 山古志DAO

（※）「暗号資産」，「セキュリティトークン」（電子記録移転有価証券表示権利等），「ステーブルコイン」（電子決済手段）は，法制度整備済み

②　デジタル通貨・デジタル証券の市場の拡大とWeb3.0市場の発展との関係

　ここで，デジタル通貨やデジタル証券の市場の発展とWeb3.0市場の発展との関係性について整理する。まず，デジタル通貨およびデジタル証券がWeb3.0の主要な構成要素に含まれるという関係性を踏まえると，デジタル通貨やデジタル証券の市場の拡大は，Web3.0市場全体の拡大につながるといえる。

　それでは，デジタル通貨およびデジタル証券以外のWeb3.0の構成要素（例：暗号資産やNFT）に係る市場の拡大は，デジタル通貨やデジタル証券の市場拡大につながるのか，または，市場の縮小につながるのか。この関係は，Web3.0の発展がどの段階にあるかによって異なると考えられる。

　ビットコインをはじめとする暗号資産の市場規模の推移については，すでに何度もピークをつけて一旦落ち着いた後に前回のピークを越える動きを繰り返している。NFTも一度はピークをつけ，落ち着いている状態にある。しかしながら，Web3.0市場は，現時点では，まだマス・アダプション（一般ユーザーの大半が顧客体験を有する状態）というにはほど遠い発展途上の段階にある。

　このような市場の発展段階においては，デジタル通貨およびデジタル証券以

外のWeb3.0の構成要素に係る市場の拡大は，高まるニーズに応えるブロックチェーンやトークン規格等の登場によるインフラ機能の向上等の効果をもたらす。これにより，パブリック型ブロックチェーンを基盤とするWeb3.0経済圏の発展に不可欠なウォレットやデジタル資産の保有者の増加，DeFiやDAO等も含めたWeb3.0を利用する顧客体験の向上ならびにそれらを受けた顧客利便性の高いサービスの登場，利便性の向上が実現する。このため，現段階における暗号資産やNFTの市場の拡大は，デジタル通貨およびデジタル証券の市場の拡大に対して全体として相乗効果・波及効果をもたらすと考えられる。

　今後，Web3.0市場の発展がより成熟した段階に到達した場合，デジタル通貨はどの法定通貨の価値とも連動しない無国籍通貨として暗号資産（現状ではビットコインが最有力）とより競合する関係になっているかもしれない。また，デジタル証券も，資金調達手段の１つとして，暗号資産やNFT等と競合する特質がより強く現れる可能性がある。しかしながら，前述のように，現時点のWeb3.0市場の発展段階においては，Web3.0の構成要素に係る市場の発展は，デジタル通貨およびデジタル証券にとって，プラスに働く影響のほうが大きいと考えられる。

⑵　Web3.0市場の発展の社会的インパクトとその要因

　Web3.0市場が注目される理由の１つに，インターネットの登場以来と評されることもある社会的なインパクトの大きさがある。社会的インパクトが大きい要因は，ブロックチェーンという技術の革新性だけが理由ではない。パブリック型ブロックチェーンによって経済活動というビジネスの基盤部分が根本から大きく転換する可能性があることが，その潜在的なインパクトを極めて大きなものにしている。

①　Web3.0がもたらす経済活動の基盤レベルの変化

　Web3.0市場において利用されるトークンはそれ自体では単なるデジタルの記号であり，それだけで巨大な社会的インパクトを与えることはない。巨大な社会的インパクトを生み出す基点となっているのは，トークンが基盤とするブロックチェーン技術の「デジタルの記録を改ざん・二重譲渡されることなくエ

ンドユーザーから別のエンドユーザーに直接移転させること（以下「PtoP取引」という）が可能になる」という特長である。

　ここで経済活動の基本について確認する。経済活動は，商品やサービス（以下「商品等」という）に財産的価値を感じる顧客が対価となる財産的価値（多くは法定通貨）と引換えに商品等を入手することで成立する。この点，何物でもないデジタルの記録であるトークンに財産的価値を表章させると，財産的価値の移転や交換（以下「移転等」という）がデジタル，つまり前述の特長を有するブロックチェーン上で行えることになる。このことが，経済活動の基盤レベルでの変化をもたらし，これがさらに社会的インパクトをもたらすことにつながっている。

　次に，Web3.0の登場前後で財産的価値の移転等がどのように変わったのかについて整理する。

②　Web3.0の登場前後の財産的価値の移転等のあり方の変化

　パブリック型ブロックチェーンやWeb3.0の典型的な特長の１つとして，中央集権的な仲介機関（中央管理者）が必要なくなるという点が指摘されることが多い。中央管理者が不要となることは必ずしもWeb3.0の革新性の本質ではないが，直感的な社会的インパクトとしては確かに大きいものがある。そこでひとまず，なぜ中央管理者が不要になるのかについてWeb3.0以前におけるデジタル化の状況との比較により確認する。

　Web3.0以前の代表的な財産的価値のデジタルでの移転が行われた領域としては，資金送金や証券分野が挙げられる。これらの分野でのデジタルでの財産的価値の移転等は，銀行システムや証券システムを通じて送り手と受領者の口座残高に係るデジタルの記録を正確に増減させることで行われている。このため，改ざん・二重譲渡を防ぐために，一般の利用者は，銀行や証券会社といった仲介金融機関を通じてのみ財産的価値の移転等を行えるようにして外部からの改ざん・二重譲渡等の試みを遮断するとともに，仲介金融機関および中央管理者を規制することで内部からの改ざん・二重譲渡を防止する仕組みになっている。

　これに対して，Web3.0の世界では前述の特長を有するブロックチェーン技術を活用することで仲介金融機関や中央管理者を設置せずともPtoP取引が可

能となっている。このように，トークンを利用した経済活動では，既存の仲介機関の仕組みを全く介さないスキームが可能であることが確認できる。

　確かに，銀行システムや証券システムおよび中心的な役割を果たす銀行や証券会社といった仲介金融機関が不要になることには社会的インパクトがある。しかし，Web3.0の革新性を示す本質的な特長は，仲介機関が不要になるという点ではなく，むしろ(i)デジタル資産の発行や分割（分割可能なトークンに限る，例えばNFT自体は分割できない）が容易である点，(ii)移転等可能な商品等の種類に制限がない点，および，(iii)クロスボーダーを含め財産的価値の移転等が容易である点が挙げられる。

　こうしたデジタル資産の発行や分割が容易であること，移転等が可能な商品等の種類に制限がないことに加えて，クロスボーダーを含め財産的価値の移転等が容易であるという特長を生かして，新しい商品等を生み出そうとする事業者が増えている。言い換えると，Web3.0市場に参入する事業者は，仲介金融機関や中央管理者が不要になるからWeb3.0をビジネスに取り込んでいるわけではない。このことは，Web3.0の革新性の本質が中央管理者が不要になる点ではなく，デジタル資産の発行や分割が容易な点になることを示している。そして，そうした動きの拡大がWeb3.0市場の発展をけん引し，巨大な社会的インパクトにつながっていこうとしている。

③　社会的インパクトの発生

　Web3.0の特長を生かして，どのように新たなビジネス・経済活動が創出され，社会的インパクトが発生するのだろうか。上記3つの特長ごとに，以下において説明する。

　まず，1つ目の「デジタル資産の発行や分割が容易である」という特長によって，多くの中小企業や個人，あるいはDAOといった新しい組織形態まで含めて多様な主体が商品等をデジタル資産とすることでビジネスを立ち上げ，収益を稼ぐことが容易になる。直接的な恩恵を受けるのは，大企業というよりスモールビジネスの領域において多くみられるようになるかもしれない。こうしたスモールビジネス領域を中心に商品等の供給者のすそ野が拡大することで，多種多様な商品等が創出され流通する可能性が高まっている。そうすると，消

費者はこれまでよりも多種多様な商品等の中から自身のニーズに最も合う付加価値の高い商品等を選択することができる。このように，顧客ごとにカスタマイズ・パーソナライズすることがビジネスの基本戦略となっているデジタル時代にあって非常に有用な変化がWeb3.0市場において生まれることになる。

　次に，2つ目の「移転等が可能な商品等の種類に制限がない」という特長を生かし，これまで以上に多様な商品等が創出され，ビジネス基盤の構造的転換が促される。Web3.0以前は，資金や証券という限られた範囲でのみデジタルで財産的価値の移転が可能であったが，トークンと紐付ける資産の種類に制限はない。このため，資金や証券に限らず多種多様な財産的価値がPtoP取引で可能になる。もちろん，これはデジタルの財産的価値の移転等に限ったものであり，有体物の商品等の引渡しには物流が必要になる。他方で権利やコンテンツ等の物流を伴わない商品等にとってWeb3.0は経済活動の基盤で大きな変化が生じたと捉えられる。これによって，スモールビジネス領域を中心に多種多様な商品等が生まれやすくなる。

　さらに，3つ目の「クロスボーダーを含め財産的価値の移転等が容易である」という特長も重要である。デジタル資産に限っていえば，クロスボーダーでの財産的価値の移転等に関する技術的な課題やコストは，国内同士であっても国外移転（クロスボーダー）であっても変わらない。このことは，物流を伴わない商品等では，潜在顧客を国内だけでなく海外まで広げることが容易であることを意味する。このため，多種多様な商品等を創出し，潜在的な購入者のすそ野をグローバルに拡大することで，国内だけでは潜在顧客が足りないエッジの効いた商品でも採算をとりやすくなる。

　さらに，クロスボーダーでの財産的価値の移転等が容易になることで，小規模な組織を構築する手法に大きな変化が生じることになる。すなわち，これまでのような物理的に近い距離に居住している者同士でないと組織化が難しい小規模事業が，賃金をデジタル通貨で払うこと等が可能となり，海外を含め居住地を問わず組織化できるようになる。また，同時に発生しているビジネス環境の変化もスモールビジネスに追い風である。ネットであれば店舗等の固定費もかからず少ない元手でも起業しやすい上，ニーズと供給をマッチさせることがデジタル時代に容易になっており，顧客を見つけるコストも格段に下がってい

る。このため，規模を追わなければ採算がとれない時代ではなくなっており，スモールビジネスに追い風の中で，Web3.0の特長は，こうした環境をさらに加速させる。

　上記3つの特長を生かしたビジネス基盤の構造的転換は，一見すると，仲介金融機関や中央管理者が不要になるという事象と比べると地味に映るかもしれない。だが，多くの事業者のビジネスモデルに影響を与えるという意味でも，Web3.0の発展がもたらす社会的インパクトの本質はここにあると考えられる。多くのビジネス機会はこれまで以上に分散し，国内の山間の村で作られた万人受けしない個性的なデジタル資産が海外の消費者に歓迎され，デジタル通貨等で決済されることで経済活動が成立するようになるかもしれない。

　なお，トークン自体は，財産的価値の移転等にユースケースが限られているわけではないことを付言する。例えば，ワイン等の原産地に係る情報の正確性をブロックチェーンで担保するトレーサビリティ分野での活用が挙げられる。ただし，銀行システムや証券のシステムを活用する財産的価値の移転等と違って，こうした情報の流通コストは，高額ではない。このため，多少のフェイクリスクはあったとしても既存の情報（ワインだとラベルに記載の情報など）の正確性の向上のためにエンドユーザーが追加で多額の費用を払うことはないかもしれない。

　このため，情報の正確性を担保するというブロックチェーンの活用方法として，トレーサビリティへの活用は成功している事例が多くない。エンドユーザーが付加価値を感じないからビジネスとしては成立しないということである。

2 ——Web3.0の分類と発展プロセス

　Web3.0は非常に包括的な概念であり，いくつもの分類方法がある。上述の主なデジタル資産やDeFi，DAOといった構成要素による分類はその方法の1つである。

　このセクションでは，今後Web3.0がどのようなプロセスを経て発展していくのかについて，いくつかの分類方法を提示しながら考察していく。

(1)　基盤層と活用層

Web3.0の主な構成要素および基盤となるパブリック型ブロックチェーン基盤を含めた領域を「Web3.0基盤層」または狭義のWeb3.0とし，この基盤の上で行われる様々な経済活動を「Web3.0活用層」またはWeb3.0経済圏あるいはトークンエコノミーとし，Web3.0基盤層とあわせて広義のWeb3.0と分類する方法がある。Web3.0基盤層は，財産的価値の移転等の機能を提供するためのまさに基盤となる領域で，パブリック型ブロックチェーン基盤，トークン（財産的価値が紐付くか否かに関係なくデジタルの記録を移転等させるためのビークルとしての機能），DeFiプラットフォーム（DeFiを運営するDAO（以下「運営DAO」という）を含む）が含まれる。

他方，Web3.0活用層は，Web3.0基盤層が提供する財産的価値の移転等の機能をまさに「活用」する領域で，Game-Fi（プレーヤーが稼ぐことができるブロックチェーンゲーム）やふるさと納税返礼品としてのNFTや地方創生DAO（運営DAO以外でDAOの機能を活用する事例の1つで，地方創生に係るコミュニティ活動に利用される），土地をNFTとして販売する等のWeb3.0型メタバースなどが例として挙げられる。これらもWeb3.0に含める見方もあるが，Web3.0活用層として広義のWeb3.0とすることで整理できる。

このWeb3.0基盤層とWeb3.0活用層に分けてWeb3.0市場の発展を考える場合，Web3.0基盤層はあくまで要素技術的な役割で，実際にWeb3.0の発展をけん引するのは当該要素技術を駆使し創意工夫の上で顧客ニーズに応えるこれまでにない新しい商品等を次々と生み出すWeb3.0活用層になると想定される。

事業者の視点では，自らの創意工夫を軸にして新しい商品やサービスを生み出し収益化を図るビジネス展開を志向するのであればWeb3.0基盤層ではなくWeb3.0活用層に向かうことになる。他方で，共通で利用される決済トークンやそもそものブロックチェーン基盤自体は，多くの利用者や多くの財産的価値の移転等を惹きつけることに成功すれば，長期にわたって収益を稼ぐことができる。このように，自ら商品やサービスを生み出すというよりもそうした事業者等に活用される基盤機能を提供することで収益を得るということもある。

なお，Web3.0基盤層は基本的にプラットフォームビジネスであるものの，Web3.0以前におけるGAFAのような収益の独占を伴うようなものではなく，

コミュニティ全体として収益を分け合うような形になる。例えば、イーサリアムのような特定のブロックチェーン基盤を利用する場合、イーサリアム上で発行されたトークン（デジタル資産）を使って商品等の財産的価値を移転し、同時に決済に用いられるデジタル通貨等のトークンをイーサリアム上で移転することにより、ガス代と呼ばれるトークンの移転に伴う手数料が発生する。

このように移転等が多くなるほどガス代が増える構図ではあるが、これをイーサリアム社といった特定の一企業が独占的に行うのではない。むしろ、資本関係のない多くの貢献者が集まり、世界中でDApps（ブロックチェーンを活用するアプリケーション）の開発が行われ、NFTのトークン規格が提案され賛同を経て実装されたり、その後も拡大するニーズに合わせたSFT（Semi-Fungible Token）が開発される等、匿名の貢献者がある種のコミュニティを形成して、イーサリアムというエコシステムを拡大させている。そして、こうした貢献者への報酬支払手段としてイーサリアム基盤の基本トークンである「イーサリアム」（トークンの名称だが、ブロックチェーン基盤の名前と判別するためトークンのほうをイーサと呼ぶこともある）が配布される場合もある。明確に貢献とイーサの配布が結びついている行為の1つにブロックチェーン上の取引記録の検証がある。

いずれにせよ、イーサリアム財団のような組織はあるものの、イーサリアムのブロックチェーン基盤が多くのトークンの移転等を惹きつけるためには、多くのアライアンスパートナー等の協力や貢献が必要とされている。

現在は、Web3.0活用層が拡大を続けており、Web3.0基盤層にもそうした活動を取り込んでいこうと新しいブロックチェーンプロジェクトが次々と立ち上がったり、使い勝手のよいトークン規格が現れたりして、Web3.0活用層が活発になるのに呼応してWeb3.0基盤層における競争も激しくなっている。

金融機関の視点では、自身のような仲介機関が不要となるWeb3.0基盤層の発展は望ましいものではないかもしれない。しかし、そのWeb3.0基盤層の発展を間接的に後押ししているのがWeb3.0活用層に参入する事業者であり、その奥にいる新しい商品やサービスに価値を感じる顧客である。仮に金融機関がWeb3.0基盤層への参入に消極的になったとしても、Web3.0活用層が拡大することで、Web3.0基盤層も必然的に拡大していく。このため、金融機関が

Web3.0基盤層の拡大を止めることはできないと考えたほうがよいだろう。む
しろ，デジタル通貨とデジタル証券はそもそも金融機関の得意分野であり，財
産的価値の移転等の基盤がWeb3.0基盤層に変わったとしても，その新しい基
盤の上で中心的存在となる機会はある。ただし，Web3.0基盤層でビジネスを
構築するといっても，Web3.0基盤層におけるデジタル通貨やデジタル証券は
既存の金融商品・サービスと比較して明らかに収益を獲得するポイントが異
なっていることに留意する必要がある。

　デジタル通貨やデジタル証券における収益ポイントについては後述するが，
既存金融機関は地の利を生かしつつも，新しい収益の獲得ポイントを適切に見
極めながら，Web3.0基盤層におけるビジネスモデルをいち早く構築すること
が求められる。

(2)　規制領域と非規制領域

　前述の分類以外にも，Web3.0の活用においてライセンス等の取得が求めら
れる業規制を含む金融関連の規制が適用される領域（以下「規制領域」という）と
金融関連規制が適用されない領域（以下「非規制領域」という）に分けるWeb3.0
の分類方法がある。規制領域の代表的なWeb3.0構成要素は，デジタル通貨と
デジタル証券である。また，多くの暗号資産も規制領域に入ると考えられる。
反対に，NFT等の規制されていないデジタル資産や規制が明確でないDeFiや
DAOの多くは非規制領域に入ると考えられる（**図表1−2**参照）。

図表1−2	Web3.0の主な構成要素の分類

Web3.0の主な構成要素		国内規制状況
デジタル資産／トークン	暗号資産	規制領域
	セキュリティトークン	規制領域
	ステーブルコイン	規制領域
	NFT等	非規制領域
DeFi（分散型金融）		非規制領域（規制論強い）
DAO（分散型自律組織）		非規制領域（一部規制論）

①　Web3.0発展のプロセスとけん引する領域

　Web3.0の発展のプロセスという観点でみると，事業者による顧客ニーズに応える商品等を生み出すための様々な工夫は，当初非規制領域，なかでもNFTを中心に行われてきた。動きの速いスタートアップを中心にWeb3.0が発展する初期の過程では，規制遵守コストを回避するインセンティブが強く，非規制領域を中心に事業者がWeb3.0を活用する動きが強まった。

　しかし，NFT等の非規制領域だけではビジネス規模を大きく発展させることは難しく，規制領域においてWeb3.0構成要素を活用することがWeb3.0市場のさらなる拡大に不可欠となっている。例えば，NFT等の商品等の決済においてデジタル通貨等の決済に用いられるトークン（以下「決済トークン」という）があればより顧客利便性を高めることができるし，Fungible Tokenにすれば1つの商品等からより多くの収益を上げることが可能になる。また，デジタル資産に金銭分配機能が付けられれば商品魅力を高める手段が増え，より多様な商品等をデジタル資産化して，収益拡大につなげられる。ただし，そうした場合，当該トークンが規制される暗号資産，デジタル通貨，およびデジタル証券に該当する可能性が高まる。ビジネス開発では非規制領域が取り組みやすいものの，ビジネス規模を拡大する段階では規制領域を避けては通れないだろう。

　そもそも，社会的なインパクトが大きくなれば，どのようなビジネスであっても規制の導入が検討される。規制の導入は必ずしもビジネスを展開する上でネガティブなことではない。むしろ，法的な明確性が確保されることで大手企業に対して当該ビジネス領域への参入を促す効果もある。また，一般的には，規制はビジネス規模等に応じて適用除外を設けるなど，リスクに応じた規制体系をとることが多く，イノベーションの阻害とならないようバランスをとることが多い（むろん，そのバランスが偏っている，特に必要以上に厳格な方向に偏っていると感じられることもあるかもしれない）。

　言い換えれば，市場全体が発展し，社会的なインパクトが大きくなってくれば，おのずと規制対象となる領域が広がることになる。実際に，暗号資産も当初は規制の枠外であったが，市場が拡大するとともに大手暗号資産交換所が突如破綻するなど社会的な影響が大きくなったところで規制が導入された。黎明期であれば非規制領域が先行して活気づいて，身軽なスタートアップがスピー

ド感をもって市場のすそ野を広げ，先行者利益を享受できたかもしれない。ただ，そこから一段と市場が大きく発展する段階では，むしろ大きく拡大する市場は規制領域のほうで，非規制領域は相対的に市場シェアが縮小していくと推察される。

②　Web3.0発展のプロセスとけん引する企業

前述したとおり，引き続き非規制領域でのみビジネスを展開しようとすると，ビジネス規模の拡大で壁に直面することになり，Web3.0市場全体の発展とともに規制領域において創出されるより魅力的なデジタル資産との競合も激しくなる。どこかで規制領域に踏み込むことを決断するか，その将来像を承知の上で，非規制領域に引き続きとどまってビジネスをするかの選択を迫られることになる。

このように，今後Web3.0の発展をけん引する分野は，非規制領域から規制領域にシフトすると考えられる。そして，規制領域でのビジネス活動の中心は規制対応コストを吸収する体力のある大企業にシフトしていくと考えられる。さらに，大企業も金融機関と非金融機関に分けることができる，とりわけ事業活動に係る制約が少ない非金融機関のほうが比較的動きが速いかもしれない。すでに金融機関を買収する非金融機関の動きも起きている。ただし，Web3.0市場のさらなる拡大が進む中で，規制当局との折り合いをつけながら，徐々に金融機関もWeb3.0領域に進出してくるものと考えられる。

③——Web3.0市場の発展に向けた課題

(1)　オフチェーンと周辺エコシステム

前述のとおりWeb3.0の発展に向けた大きな原動力は，各事業者の創意工夫による付加価値の高い商品等の開発である。しかし，パブリック型ブロックチェーン基盤がいくら既存の仕組みと異なるアーキテクチャによって財産的価値の移転等の機能を提供するといっても，パブリック型ブロックチェーン基盤だけで必要なインフラ機能のすべてを提供できるわけではなく，実際にそうした機能を活用するビジネスを展開しようとすると様々なインフラ機能が必要に

なる。

この点，ブロックチェーン基盤上以外の場面（以下「オフチェーン」という）で，実体のある個人や法人が実際の業務を担うことで，全体として財産的価値の移転等の機能が円滑に提供される。こうしたブロックチェーンの周辺で形成されるエコシステムを「周辺エコシステム」と呼ぶことにする。例えば，実物資産（Real World Assets，RWA）の財産的価値をトークンに紐付ける行為は，ブロックチェーン基盤上（以下「オンチェーン」という）だけでは実現できない。信頼できる第三者が実物資産を保管した上で見合いのトークンを発行することにより，財産的価値を表章するデジタル資産とすることができる。

このように，Web3.0の発展には，パブリック型ブロックチェーン基盤やWeb3.0の発展の機能を活用した新しい商品等を開発する事業者があるだけでは不十分で，財産的価値の移転等をビジネスとして成立させるための周辺エコシステムが不可欠となっている。そして，周辺エコシステムにおいても大きなビジネス機会，言い換えると収益の獲得ポイントが発生する。

例えば，第三者を信頼せざるを得ないプロセス（以下「トラストポイント」という）は，当該信頼できる第三者がその行為に依拠する利用者から手数料等の収益を得ることが多く，収益の獲得ポイントの1つとなる。ただし，この財産的価値の移転等に係る収益の獲得ポイントは，既存の仕組みと発生する領域の比重が大きく異なることに留意する必要がある。例えば，資金や証券に係る財産的価値の移転等に係る領域では，財産的価値の移転等に係る領域が収益の獲得ポイントとなるが，Web3.0の世界では，このような領域はPtoP取引やDeFiが担うため収益の獲得ポイントとならない。他方で，Web3.0の世界においては，実物資産の財産的価値をトークンに紐付ける領域が重要なトラストポイントとなり，収益の獲得ポイントとなる。

金融機関の観点では，単に財産的価値の移転等が既存の中央機関システムを介さずにブロックチェーンを通じて移転等が行われるようになるだけなので，Web3.0の世界でも同じように財産的価値の移転等を仲介するビジネスをすればよいと考えるかもしれないが，Web3.0の世界ではそのような単純な財産的価値の移転等の仲介に係るビジネスはなくなっている。その代わり，既存の仕組みにはない周辺エコシステムに新しいビジネス機会があることになる。その

ビジネス機会をいかに素早く把握して新しいビジネスモデルを構築できるかが問われている。

(2)　ユーザー・アクセプタンスとマス・アダプション

　Web3.0の発展に伴い，収益の獲得ポイントは大きく変わっていく。このことは，多くの事業者にとってビジネスモデルの転換につながる。それでは，Web3.0の発展はどのようなスピードで起こるのであろうか。Web3.0発展の時間軸を左右する大きな要因として，法規制とともに，ユーザー・アクセプタンスがある。Web3.0におけるユーザー・アクセプタンスとは，自身のウォレットを保有し，デジタル資産の購入や利用等に係る顧客体験を通じて，日常的にあるいは無意識のうちにデジタル資産を自然に受け入れているような状態になることを指す。

　Web3.0市場の発展において，法規制の進展を踏まえて，ユーザー・アクセプタンスが進むことが極めて重要である。Web3.0に対する規制当局のスタンスについては，概して厳しい国が多い。これは，仲介機関を通じて規制するというアプローチをとってきた規制当局にとって，仲介機関が不要なWeb3.0の発展は必ずしも望ましいものではないことが影響しているという見方がある。このため，市場が大きくなって社会的影響が大きくなったら規制するという一般的な規制対応と比べると，市場が大きくなる前に先んじて規制をかけることで市場が拡大すること自体を止めようとする姿勢がうかがえる事例もあった。

　それでも，パブリック型ブロックチェーンを通じた財産的価値の移転等の機能提供を完全に止めることはできず，経済活動がパブリック型ブロックチェーン上で成立する既成事実は着実に積み上がっている。前述のように，Web3.0市場の発展は様々なビジネス機会をもたらす。Web3.0市場においてユーザー・アクセプタンスがマスリテール全体に広がるマス・アダプションの段階に到達した場合，Web3.0の発展を所与のものとして規制アプローチを変更することを選択せざるを得なくなる。そういった意味で，Web3.0市場の発展の時間軸は，このユーザー・アクセプタンスを促進する「キラーコンテンツ」の登場のタイミングに大きく左右されることになるだろう。

⑶　金融機関のビジネスモデルの変化

　Web3.0の発展に伴うビジネス環境の変化を金融機関の観点でみると，ビジネスモデルの転換において，最も重要で，最も対応が困難だと考えられる事項は，顧客セグメントの変化になると考えられる。

　前述のようにWeb3.0の世界では既存のビジネス環境と比べて，ビジネス機会が多様になる。多種多様なデジタル資産がスモールビジネスの領域から誕生する。そして，マスリテール層がこれまでよりも多くデジタル資産を購入したり利用していくことになると考えられる。このため，実物資産のトークンへの紐付けをビジネスにしようとしても，既存の取引先である大手企業や大規模資産は既存の仕組みによる証券化を望む可能性がある。また金融機関においても，多くの小規模案件を取り込むノウハウや業務執行体制にはなっていない。

　例えば，証券化資産は既存顧客である大口投資家に販売すればよかったかもしれないが，多種多様なデジタル資産をマスリテール顧客に対してそのニーズに合わせてパーソナライズし販売するノウハウや業務執行体制にはなっていない可能性がある。例えば，1件10億円の証券化資産を平均1億円で10人に販売するのと，1件100万円の資産を1,000件デジタル証券化して，平均1万円で10万人に販売するのとではビジネスモデルは全く異なる。それくらいのビジネスモデルの転換が必要になるということである。

　これまでと同じように大企業や富裕層を相手にするビジネスだけではWeb3.0の世界では大きく成長できない。同じ金融商品・サービスでありながら，トークン化したら発行企業の顧客層も商品の販売先の顧客層も大きく変わってしまう。金融機関はこのようなビジネス環境の変化に対応していく必要がある。

⑷　DAOとコミュニティ

　DeFiとともに広がっているスマートコントラクト活用のユースケースの1つであるDAOは，他のWeb3.0の構成要素と比べると，非常にオフチェーン領域とのつながりが強い。DeFiプラットフォームの運営を行う運営DAOはオンチェーンで完結する部分が多いが，DAOの特徴を応用した投資DAOや地方創生等のコミュニティDAOはオフチェーンの要素が非常に強くなる。

　まず，トークン購入者が拠出した資金をプールした上で，投資先を投票で決

める投資DAOは，トークン保有者の収益を投資DAOの段階で課税されず（パススルー）に投資家に分配できるようにする観点等から，法人登記を行うことがある。また，その場合，投資DAOとして税務申告も行うほか，投資DAOへの参加にあたって投資家に対する本人確認や収入規準の充足等の審査を実施することもある。これらは当然オンチェーンで完結できるものでもなく，オフチェーンでサービス提供業者等に委託している。これもWeb3.0を活用した商品・サービスを提供するための周辺エコシステムといえる（図表1－3参照）。

　投資DAOは今後の集団投資スキームの中心的な役割を果たすことになるかもしれない。そうした集団投資スキームは，現実の世界でも，ケイマンやルクセンブルク等がファンドの組成地としてビジネスの集積に成功している。ルクセンブルクは1人当たりGDPで20年以上世界一となっているが，その原動力

図表1－3　投資DAOの事例

The LAO	Flamingo DAO
LAOは，米国法に準拠することを目的として，**米国デラウェア州にLLCとして登記**するベンチャーキャピタルファンドです。LAOは，メンバーが資本をプールし，プロジェクトに投資し，投資からの収益を共有します。 The LAOのメンバーシップは現在，認定投資家（Accredited Investors）に限定され，最大99メンバーに制限されています。 このため，登録手続時に，LAOが認定投資家としてのステータスを確認するために，規定された書類の提出を求められます。 米国以外の投資家であっても，LAOのメンバーになることが可能です。米国以外の投資家も，拠出するために身元を確認する必要があります。	Flamingo DAOはNFTに特化したDAOで，所有可能なブロックチェーンベースの資産に対する投資機会を探ることを目的としている組織で，**米国デラウェア州にLLCとして登記**しています。 Flamingo DAOのメンバーは保有するNFTを貸し出したり，保有したり，デジタルアートギャラリーに展示したり，他のDeFiプラットフォームの担保として利用したりすることができます。 メンバー投票のもとにどういった方向性でNFTを活用していくのか，購入していくのかが決まっていきます。 参加条件（一部） ・最大メンバー数：100名 ・身元確認あり（KYCなど） ・法人，個人の年収ハードルあり 誰でもこのFlamingo DAOに参加できるわけではなく，メンバー数，身元確認，最低年収の条件などがあります。これらの条件を満たした後にフラミンゴユニットを購入する必要などがあります。
（出所：The LAO（https://docs.thelao.io/）を基にKPMG作成）	（出所：Flamingo DAO（https://flamingodao.xyz/）を基にKPMG作成）

はファンドの本籍地として必要な法律や税の専門家や代理人といった周辺エコシステムが発達し，金融産業が発展しているところにある。投資DAOの集積地がどこの国になるかの趨勢はまだみえていない。多くの周辺ビジネスをもたらす投資DAOを日本に呼び込むことができれば一大産業に発展する可能性がある。そのために必要なことの1つに，DAO，特に投資DAOに適した法制度の整備がある。

金融機関の観点では，こうした既存ビジネスと親和性の高い分野は取り組みやすく，積極的に研究し，参入に向けた検討を進めていくべきであろう。なお，投資DAOについては2023年4月に公表された自民党web3PTのホワイトペーパーにおいても言及されており，国を挙げてのWeb3.0推進策の取組対象となっている。

また，地方創生等のコミュニティDAOは，DAOの機能を活用する応用事例といえる。現時点でのコミュニティDAOにおけるWeb3.0の活用は一部の方がイメージされているほどのものではなく，NFTを発行して，購入者に地方創生活動に参加してもらうことで地域活性化につなげていくことに主眼を置いており，投票はオフチェーンで行われることが多い。また，トークンの発行さえなく，Discord等のコミュニケーションツールへの参加をもってDAOと称している事例もある。

DAOの事例を踏まえてWeb3.0の活用という観点で得られた示唆としては，目的を共有する集団をDAOとして組織化し，多様なバックグラウンドを持つ参加者の知見を活かして活動できることが証明されたということであろう。Web3.0自体が何か付加価値を作るというよりは，付加価値を生み出す土壌をWeb3.0が提供できるということになる。

これまで，SNS等の発達により，全国各地または世界各地に点在する「同士」を組織化することは以前よりも格段に容易になった。そこに，Web3.0が持つ財産的価値を移転等させる機能とガバナンストークンを活用する組織的意思決定機能が加わることにより，物理的に人が集まらなくとも少人数の集団が組織として活動することができるようになった。これは，スタートアップの新たな形態となるかもしれないし，組織化できることで少人数での受託開発など新たなビジネスモデルが生まれるかもしれない。そこから，これまでにない新

しい付加価値を提供する商品やサービスが生まれるかもしれない。

　また，Discord等を通じた双方向あるいはN対Nのコミュニケーションが新し
い顧客体験を生み出しているように見える。一般的に様々な商品やサービスに
おいて，売り手からの一方的な価値の提供ではなく，参加型や体験型の商品や
サービスが増えていることにも通じるものがある。集団でコミュニケーション
をとりながら活動する投資DAOやコミュニティ DAOは新しい商品やサービス
に組み込むべき要素を示していると考えられる。

第 2 章

デジタル資産に係る
ビジネス動向

　本章では，デジタル通貨およびデジタル証券をはじめとするデジタル資産に係るビジネスおよび市場について，実際に展開されている事例だけでなく，構想・検討段階のものも取り上げながら，その特性や課題について解説するとともに，今後の市場動向や想定されるビジネスモデルについて考察する。

1——デジタル資産市場

　デジタル通貨やデジタル証券といった個別のデジタル資産に係るビジネス動向について取り上げる前に，デジタル資産市場全体に共通する特徴や特性について整理するとともに，デジタル資産市場全体に係るビジネス機会について説明する。

(1)　デジタル資産の特徴とビジネス機会
①　デジタル資産の特徴と競合

　前述のようにデジタル資産は紐付けられている財産的価値が何であれ，ブロックチェーン上のトークンとなってしまえば，ブロックチェーンの種類が同じ場合，基本的に保管や移転等の方法は同一となる。例えば，デジタル通貨，デジタル証券，暗号資産およびNFTその他のいずれであっても，財産的価値の移転等に必要な機能は変わらない，言い換えれば，どのようなデジタル資産も似たような仕組みの下で発行可能ということである。

　Web3.0以前の従来の仕組みはこのような事象は起きない。例えば，証券決済システムを通じてデジタルで財産的価値を移転してよいのは有価証券に限られ，NFT等に使われる画像データやゲーム内アイテムの移転等に証券決済システムは使えない。つまり，資産の種類と同様に市場も明確に分断している。

　顧客の視点では，NFTを購入する場合と既存の株式を購入するのとでは購入に至るプロセスが全く異なり，同一の事業者がいずれも提供してくれることはない。このため，購入する商品等ごとに販売してくれる事業者を変える必要があった。

　しかし，デジタル資産の世界では，NFTとデジタル証券との間の垣根ははるかに低くなる。ともすれば同じウォレットに保管することも可能である。こ

のようにデジタル資産市場では，本質的に資産の種類ごとの垣根は低くなり，あらゆる資産が同じウォレットで保管・移転できる。ややもすると，デジタル資産に係る規制上の分類から入ってしまい，規制に係るライセンスを取得したり保有したりしている場合に，その資産種類だけでビジネス機会を捉えてしまうことがある。しかし，顧客は，規制上の分類とは関係なく，自らのニーズを最も満たすデジタル資産を購入等する。つまり，自社の保有するライセンスで取り扱える範囲内のデジタル資産とだけ競合しているわけではないという点に留意することが必要である。

②　ブロックチェーンの競争

デジタル資産は，多種多様な資産をトークン化することで大きな発展を遂げていくことが想定される。そして，そうした未来を見据える形で，Web3.0の最も基盤となるパブリック型ブロックチェーン基盤の領域でも競争が激しくなっている。

前章で取り上げた「Web3.0活用層」における経済活動を取り込むブロックチェーン基盤となれば，それだけ多くの手数料が当該ブロックチェーン基盤に落とされることになる。現在は，イーサリアムが抜きん出ているが，ソラナやポリゴン等新たなブロックチェーン基盤が台頭し，ブロックチェーン基盤上のアプリ（DApps）や利用者を増やすべく，財団等のパブリック型ブロックチェーン基盤に係るプロジェクト組織等が様々な施策を講じている。また，日本が主導するゲーム特化型ブロックチェーン基盤なども登場している。

ビジネス的な観点では，こうしたブロックチェーン分野で覇権を目指すという方向性も考えられるが，多くの事業者にとって，ブロックチェーン基盤は競争領域ではなく，利用者という立場で関わることになる。そして，自ら手掛けるビジネスモデルの実現に最も適したブロックチェーン基盤を選択すると考えられる。

また，これまでのところ，アプリ開発者や利用者を惹きつけるという観点から，イーサリアムとの互換性を完全に断つことは難しく，あまりに独自・特殊な仕様を持つブロックチェーンは現れていない。このため，イーサリアムを中心とするパブリック型ブロックチェーン基盤に係る競争環境が大きく変化する

兆しはみえていない。そういった意味でも，選択するブロックチェーン基盤によってビジネス上の制約が大きく変わるということはないように思われる。

　本書では，デジタル証券およびデジタル通貨をメインで取り上げており，それらのデジタル資産に係るビジネスを遂行する上で，ブロックチェーンの種類の違いによる影響があまり大きくないと考えられること等から，ブロックチェーン基盤の構築を本書で取り上げるビジネス領域の1つとして詳細に取り上げることはしていない。

⑵　デジタル資産に係るビジネス
①　多様なデジタル資産を活用したビジネス機会

　デジタル資産の活用にあたっては，その特性等から，紐付く前の資産をそのまま活用してビジネスをする場合とは異なるビジネスモデルの構築が求められる。

　まず，顧客接点が大きく変わる。トークン化したデジタル資産を保管する場所は，各種金融システムの仲介機関たる金融機関に開設する口座やプラットフォーム提供者に開設するアカウントではなく，基本的にブロックチェーンのウォレットとなる。ただし，多くの顧客資産を事業者のウォレット（ホステッドウォレット）で管理し，顧客にはアカウントを開設させるビジネスモデルも考えられる。また，小口分割された多種多様なデジタル資産を顧客が保有するようになると考えると，ビジネスのアプローチは，顧客接点を取りに行くのか，デジタル資産を軸とするのかの大きく2つに分かれる。

　前者の顧客接点を取りに行くビジネスモデルを採用する場合，顧客が保有するデジタル資産のポートフォリオを，いかに顧客ニーズを満たすものにするかが求められる。このため，基本的にビジネスモデルは，ホステッドウォレット（暗号資産交換業者等の第三者である預り業者に開設されたウォレット）中心となる。また，アカウントの動きを含む顧客に係るデータを分析し顧客ニーズを的確に把握することも必要となる。そして，顧客ニーズを満たすため，自社が発行または関与するデジタル資産にこだわらず，多種多様なデジタル資産を顧客に提供する必要がある。顧客基盤の大きさが重要な競争力となるため，ビジネスモデルの構築にかける投資期間や金額は大きくなり，体力のある大手企

業でなければ選択できないビジネスモデルであろう。

　後者のデジタル資産を軸とするビジネスモデルを採用する場合，汎用的なデジタル資産よりも特徴的な商品等となるデジタル資産を創出し，ニーズの合う顧客，言い換えると高い付加価値を感じる顧客に販売することで利益を得ることになる。個人事業として営むことも可能であるが，組織化して多種多様なデジタル資産を販売することも可能であり，比較的幅広い企業がターゲットにすることができる領域である。また，顧客がホステッドウォレットかアンホステッドウォレット（第三者である預り業者を介することなく，顧客自らが開設・管理するウォレット）であるかを問わないほか，商品やサービスそのものが競争力の源泉であり，多くの企業にとって比較的取り組みやすい領域といえる。また，この領域で大きな収益を生み出そうとするのであれば，デジタル資産の創出ではなく，デジタル資産創出を目指す個人や企業を捉えるプラットフォームビジネスを展開することも考えられる。

②　デジタル資産市場の発展

　デジタル資産の発展には，多くの利用者がウォレット等を保有し，デジタル資産を扱う顧客体験の蓄積が不可欠である。そうしたハードルを越えさせるキラーコンテンツが現れれば，他のトークン化された商品やサービスの販売にも弾みがつくことになると考えられる。Web3.0業界全体でみればマス・アダプションの段階に入るということになる。

　どのようなデジタル資産が，キラーコンテンツになりうるのだろうか。ノンファンジブル・トークン（NFT）は個別性が強く，熱狂的なファンを持つコンテンツがNFT化されることでフリーク層を惹きつけられたが，これまでのところマスリテール全体に広がるところまでは至っていない。しかし，マスリテール層に一気に普及するキラーコンテンツとなると，NFTではなく，暗号資産やデジタル証券といったファンジブル・トークン（FT）となる可能性が高い。なかでも金銭的なリターンが提供しやすいデジタル証券の分野で多くの顧客を惹きつける商品が生まれる可能性がある。

　もともと規制領域であるデジタル証券の領域では，小規模事業者が次々と，または強力なキラーコンテンツを生み出すことは難しく，大手企業による参入

や小規模事業者でもデジタル証券ビジネスを手掛けやすくするプラットフォームが構築されるのを待つ必要があるかもしれない。他方で，特に，大手企業の立場からすると，Web3.0の領域でインパクトのある収益を生み出すためにはデジタル証券領域を避けて通ることはできない。このため，相当な割合で大企業がデジタル証券の領域に参入することが見込まれる。

さらに，詳細は後の節や章に譲るが，デジタル証券の領域は，暗号資産と比較して一般的に法制度がかなり厳格である。その点からも，大手企業によるデジタル証券領域への参入はそれなりの時間を要すると見込まれることから，Web3.0市場の発展の時間軸を左右する大きな要因になる。

なお，デジタル通貨も潜在的な市場規模は巨大でありWeb3.0の発展に欠かすことはできないが，経済活動の目的となる商品やサービスではなく対価の支払手段であるため，基本的に収益性は低くデジタル通貨単体で大きな収益を上げることは難しいと考えられる。デジタル通貨については，直接的な収益よりも顧客接点を通じた別のビジネス機会への動線の確保と位置付けるほうが適切と考えられる。

③　実物資産のトークン化

デジタル資産を活用するビジネスとして，実物資産とトークンを紐付けるユースケースに対する関心が高まっている。第1章でも説明したように，実物資産は，RWA（Real World Assets）と呼ばれ，RWAを裏付けとするデジタル資産は「RWAトークン」と呼ばれている。

多種多様な資産がトークン化されることはWeb3.0発展の必要条件であることは前述のとおりである。実際，ネイティブトークンやデジタルアート等の非現実資産を裏付けとするトークンだけではWeb3.0市場の発展は望めない。これらと比較してRWAトークンの潜在市場規模は巨大であり，ブロックチェーンの持つ特性を活かすことで新たな商品等として多くの顧客ニーズを満たすことができると考えられる。そして，RWAをトークン化したデジタル資産の多くは，暗号資産やNFTその他ではなく，デジタル通貨やデジタル証券となるケースが多いと考えられる。

実際に，トークンと紐付ける実物資産の市場規模やトークン化しやすい性質

等を勘案すると，デジタル通貨およびデジタル証券の潜在市場規模は，暗号資産やNFTその他と比較して圧倒的に大きい（**図表2−1**参照）。

図表2−1		既存の証券市場および決済市場の規模

Web3.0の主な構成要素		市場規模	既存（非トークン）市場の規模
デジタル資産／トークン	暗号資産	デジタル資産：約125兆円 ビットコイン：約37兆円	N/A
	セキュリティトークン	国内発行：約325億円 海外発行：約8,000億円	世界株式市場：約1.5京円 世界ファンド市場：約0.9京円
	ステーブルコイン	USDT：約12兆円 USDC：約3.8兆円	日本M2：約1,200兆円 米国M2：約3京円
	NFT等	NFTの市場規模：約1.7兆円	N/A
DeFi（分散型金融）		DeFiのTVL：約5.5兆円	N/A
DAO（分散型自律組織）		約2.9兆円	N/A

（出所：https://coinmarketcap.com/ja/，https://defillama.com/，https://www.coingecko.com/ja,
https://deepdao.io/organizations，https://www.fsa.go.jp/singi/digital/siryou/20230606/2jstoa.pdf,
https://www.fsa.go.jp/singi/digital/siryou/20230606/5odx.pdf,
https://www.world-exchanges.org/our-work/statistics,
https://www.toushin.or.jp/statistics/statistics/figure/,
https://www.boj.or.jp/statistics/money/ms/index.htm,
https://www.federalreserve.gov/releases/h6/current/default.htm等を基に作成）

　このように実物資産の市場規模は桁違いに巨大である。世界の株式市場の時価総額は，兆単位ではなく，数京円の規模がある。さらに未上場株式を加えれば，その一部がデジタル証券化されるだけでも大きな市場がWeb3.0市場にシフトすることになる。そして，Web3.0の経済圏において，そうしたデジタル資産に対するニーズがあることはこれまでに指摘してきたとおりである。

　巨大な実物資産市場を有するデジタル通貨およびデジタル証券に係るビジネスは，暗号資産やNFTその他のデジタル資産の市場と比較して，収益化に向けたプロセスは大きく異なる。まず，先行する既存市場が存在するため，既存市場と競合することになる点が異なる。このため，いくら潜在市場は巨大といっても，すでに顧客ニーズに応じたカスタマイズが行われている私募ファン

ドや富裕層向けビジネスのようにビジネスモデルが確立している分野には参入
のハードルが高く，ブロックチェーンの特性が活かせないケースも多い。そこ
で，既存の市場が手を出せていないニッチな市場から攻めていくことが考えら
れる。

　まず，デジタル通貨については，決済手段という特性上，あらゆる経済活動
に付随するため，ストックもさることながらフローの市場規模が巨大である一
方で，顧客が付加価値を求めている分野ではなく，基本的に収益性は非常に低
い。さらに先行する既存の電子マネーとの競合も激しい。

　他方で，低収益の決済市場にもかかわらず既存の電子マネー市場で参入企業
が相次いでいる事象から，決済市場における収益化に関する示唆が得られる。
電子マネー市場の参入企業は，決済手数料等の直接の収益をことさら追い求め
ているわけではなく，電子マネーをデジタル社会における有用な顧客接点を生
み出すコンテンツとして捉えている。したがって，デジタル通貨についても既
存の電子マネーと同様に，発行や取引時の手数料ではなく，顧客接点の獲得と
そこから得られる顧客データを活用し別の収益機会につなげることで収益化を
図るビジネスモデルと捉える必要があるだろう。

　既存電子マネーと比較してデジタル通貨が有利な領域としては，トークン化
された商品等との決済領域がある。デジタル資産と決済トークンの交換は同じ
ブロックチェーン上で行うことができるため，商品等がデジタル資産の場合，
電子マネーよりもデジタル通貨のほうが便利である。したがって，今後
Web3.0市場全体が発展していく中では，デジタル資産市場における決済市場
を基点にして既存の電子マネーの市場を侵食していくことになる可能性が高い。
他方で，そもそも決済を法定通貨で行う必要性が高くない領域では，どの法定
通貨とも連動しないビットコイン等を無国籍の決済トークンとして利用するこ
とが増え，デジタル通貨と競合していくことになる可能性があることに留意が
必要である。

　次に，デジタル証券は，付加価値のあるこれまでにない商品等が生まれる
Web3.0の主戦場となる可能性がある。ただし，デジタル証券市場が大きく拡
大するまでには，大きく2つの壁がある。1つは，他のデジタル資産との競合
である。デジタル証券は，NFTはおろか，暗号資産と比べても法規制が厳格で，

斬新なアイデアを実現する環境からはまだまだ遠い。とりわけ，メインターゲットである中小企業や個人事業主等のスモールビジネスやマスリテールの顧客は手数料等に敏感であり，現在の証券関連規制の規制コストでは，NFTや暗号資産と比べて最も規制対応コストが高く，デジタル資産の中でも使いにくいという状況にある。このため，実際には，デジタル証券については漸進的な市場拡大となる可能性がある。

　もう1つは，既存の証券市場との競合である。すでに多様な関係者が絡む複雑なエコシステムが出来上がっている中で，発行体や投資家層に多額の規制対応コストが掛かるとすれば，既存の関係者はデジタル証券を使う積極的な理由を見出しにくい。この点は，前述のように既存の証券が取り扱えない発行体や投資家層を対象にビジネスを展開することが適切と考える一方，規制環境はそのようなビジネス展開を難しくしている現状があることに留意する必要がある。

2 ── 暗号資産

　本節では，デジタル資産のうち「暗号資産」について，直近の市場やビジネスの動向について解説する。デジタル証券やデジタル通貨の法制度が整備され，NFTのような商品・サービスそのものといえるデジタル資産が増えてきたことでWeb3.0市場全体がポジティブに捉えられる傾向が強まってきている一方，「暗号資産」というカテゴリーに係るビジネス上の位置付けが相対的にあいまいになってきた感がある。

　本節では，デジタル資産のうち暗号資産に係る市場およびビジネスの動向について事例等も含めて整理した上で，ビジネスの観点から留意すべき事項および今後見込まれるユースケース等について考察する。

(1)　暗号資産市場の動向

　まず，暗号資産は，Web3.0の構成要素やデジタル資産の中でもいち早くパブリック型ブロックチェーンのユースケースとして登場した。多様なコインが発行されたものの，当初は，実物資産等による財産的価値の裏付けもないものがほとんどであり，用途も定かではなく，価格の乱高下を繰り返した。そうし

た中でも，次第にブロックチェーンの革新性等が着目され，全体として市場の拡大が続いた。

そうした市場環境の下で，実効性の疑わしいホワイトペーパー等の事業計画に基づき多額の資金調達が行われ，市場の信頼が失われるとともに，2017年末頃をピークに，市場の下落・低迷が続いた。そして，投機の道具という批判とともに，暗号資産（当時の法律上の名称は「仮想通貨」であった）のイメージはネガティブなものとなった。

しかし，その後規制環境が整備されWeb3.0市場の参入に向けた商品等の開発を目指す事業者の参入が相次ぐ中で，デジタル資産市場全体でみれば，すでに2017年のピークを越えた状態を長く維持しており，数多くのネガティブな論調を覆すほどの拡大基調を継続しているともいえる。

以下では，直近の暗号資産市場の動向について，いくつかの側面から整理する。

①　非規制領域から規制領域へ

第1章でも触れたとおり，暗号資産に係るビジネスの観点で最も大きな転換点は，暗号資産の領域が，非規制から規制へとシフトしたことが挙げられる。規制されていなかった市場が規制されるということは，一般的にはそれだけ社会的な影響が大きくなったことを意味している。また，ビジネス的な観点では，法規制が明確になることで企業が参入しやすくなることにつながる。他方で，規制を遵守する体力のない企業は，当該領域でのビジネス活動の継続が難しくなるため，規制に服するか規制が適用されないビジネスモデルへの転換を求められることになる。

日本は他国に先駆けていち早く暗号資産に対する規制を導入した。そして，規制導入後，世界中の暗号資産関連事業者が日本でのライセンス取得を目指し，一時は100社以上が暗号資産（仮想通貨）交換業のライセンス申請を検討していた時期もあった。その頃の日本は，実際に取引高等の市場流動性でみても世界一であり，まさに暗号資産市場をけん引していた。法規制を整備することで事業者がビジネスをしやすくなるという一般的な効用を体現していたといえる。

しかし，大手暗号資産交換業者からの顧客暗号資産の流出を契機に規制は厳

格な方向に傾き，暗号資産市場は縮小するとともにライセンス取得を目指す事業者もごくわずかになるまで大きく減少した。このことは，規制のバランスによってビジネスを呼び込むことにもつながれば，ビジネス機会を遠ざけることにもつながることを示している。規制のバランスが市場の発展に与える影響の大きさを示すものといえる。

　それでは，今後，暗号資産に係る規制の動向はどうなるだろうか。まず，今後の動向を探る上で前提となるいくつかの要素について確認をしていく。1つは，事業者の参入意欲は拡大し続けているということ，もう1つは，暗号資産が経済活動を生み出す領域であることである。

　日本は世界に先駆けて暗号資産に係る規制を導入する一方で，海外では暗号資産に係る明確な規制を導入している国はそれほど多くなかった。しかし，2022年後半に起きた海外の暗号資産交換業者の破綻を契機として，海外でも暗号資産に係る明確な規制の導入機運が高まっている。そうした規制導入にあたってベンチマークの1つとして捉えられているのが日本の規制であり，そういった意味では，海外は日本と同水準の規制をこれから導入しようとしているともいえる。このことは，日本の規制が厳格であることを理由としてこれまで日本から遠ざかっていた暗号資産に係るビジネスが日本で再び活気づく可能性を高めているといえる。

　さらに，暗号資産に限らずデジタル資産やWeb3.0市場の発展が現実味を帯びてくる中で，これらから発生するビジネス機会，言い換えれば経済活動の拡大機会を逃してはならないという考えが少しずつ広がりを見せている。つまり，規制のバランスがよりビジネス機会の増加に傾く可能性が高まっているといえる。もちろん，規制がなくなるわけではないため，暗号資産市場は引き続き規制領域であることに変わりはないが，事業者が日本市場への参入を目指すようになるほど暗号資産に係るビジネス機会が拡大する可能性が高まっている。

②　国内および海外における規制の動向

　国内における暗号資産に係る直近の規制動向としては，暗号資産の該当性に係る明確化が図られたことが挙げられる。前述のように，実物資産（RWA）をトークンと紐付けることが大きなビジネス機会となりつつある。基本的に

RWAトークンは，デジタル資産のうち，デジタル証券，暗号資産およびNFT その他のいずれかに該当することになると考えられる。デジタル証券については，金銭による分配の受領の有無などにより比較的該当性を判断しやすい一方，これまで「暗号資産」か「NFTその他」のいずれに該当するかの線引きはそれほど明確ではなかった。このため，主として「NFTその他」に該当することを念頭にビジネスを計画する場合，暗号資産に該当しないことを確保するため保守的な対応をとらざるを得なかった。

　この点，金融庁から2023年3月に公表された暗号資産交換業者関係の事務ガイドラインにおいて暗号資産の該当性に関する明確化が図られるなど，デジタル資産ビジネスを推進する環境の整備が図られた。

　今後の暗号資産に係る規制面での課題としては，暗号資産交換業に係る規制対応コストが非常に重いため，規制がかからない場合との規制対応コストの差が激しいという課題が残っている。暗号資産交換業に定義されるすべての行為を行うのではなく，売買や交換の媒介または顧客資産の管理等のみを行う場合など，社会的な影響やリスクを踏まえた柔軟な制度設計とすることが一層の暗号資産市場の活性化に資すると考えられる。これについては，他の業規制ではすでに実現している。例えば，金融商品取引業に対する金融商品仲介業や銀行業に対する銀行代理業といった仲介のみを行う事業者向けのライセンスがある。同様のライセンスを暗号資産交換業においても導入するなど一層の法制度の改善を望む見解がある。

　また，規制ではないが，税制面では法人が期末時点で暗号資産を保有する場合の時価評価課税について，自社発行だけでなく他社発行の暗号資産についても一定要件の下で時価評価が求められなくなったほか，ベンチャー・キャピタルがスタートアップの発行する暗号資産を取得することを可能とする法改正が整備されつつあるなど，国内における暗号資産を活用したビジネスの環境が急速に整備されている。

　次に海外の暗号資産に係る規制動向を確認する。前述のように多くの国では暗号資産をはじめとするデジタル資産に係る規制の導入が進んでいる。すべての国の規制を取り上げることはしないが，その中でも少し特徴的な欧州の規制動向について簡単に触れる。

　欧州において導入されたデジタル資産に対する規制（Markets in Crypto-Assets Regulation, MiCA）は，2023年 6 月に公布され，今後欧州証券市場監督局（ESMA）により段階的にガイドライン等が整備されたのち，2024年末をめどに施行される予定となっている。MiCAの特徴の 1 つにトークンの分類がある。 3 つの分類があり， 1 つはステーブルコインに相当する分類（「電子マネートークン」）で日本の電子決済手段に近い。残る「資産参照型トークン」と「それら以外の暗号資産」の 2 つは，日本の「暗号資産」に近い。なお，日本のデジタル証券に相当する「電子記録移転有価証券表示権利等」に近い「金融商品」は既存の欧州規制に基づき規制される。

　この暗号資産を裏付資産の有無で分ける分類は，Web3.0市場の特性を的確に踏まえた内容となっており，非常に興味深い。なぜなら，これまで述べてきたように，実物資産等の財産的価値と紐付けるデジタル資産と裏付資産のないデジタル資産では規制の着眼点が大きく変わるからである。Web3.0においては，財産的価値と紐付ける部分に信頼できる第三者の関与が必要となり，ビジネス上でも重要なトラストポイントとなるため，この点を規制する必要性が高い。他方で，このトラストポイントを規制するにあたって，裏付資産のある暗号資産と裏付資産のない暗号資産を一括りにして規制することは効率が悪い可能性がある。EUにおける暗号資産の分類方法は，ブロックチェーンやデジタル資産の特性に合致しており，今後国内の法制度にも影響を与える可能性がある。

⑵　暗号資産の活用事例
①　ビットコイン

　代表的な暗号資産であり，すべてのトークンのはしりであるビットコインは，その登場後に多種多様なトークンが次々と生まれる中であっても，現在に至るまで時価総額では常にトップであり続け，市場シェアで30％を切ったことがない等，引き続き圧倒的なポジションを維持している（図表 2 - 2 参照）。

　2008年10月，Satoshi Nakamotoと名乗る人物がビットコインの原型となるアイデアが記載された論文を公開した。その後，2009年 1 月，有志がその論文に基づいて実際にビットコインを開発した。ビットコインの革新性は，信頼できる第三者を置くことなく電子的な価値記録をPtoP取引で移転させることを

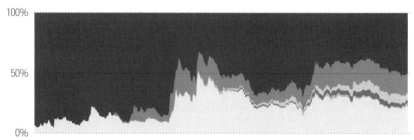

図表2−2　ビットコインの市場規模（時価総額市場シェアの推移）

● BTC　● ETH　● USDT　● BNB　● SOL　● その他

（出所：CoinMarketCap https://coinmarketcap.com/ja/charts/）

可能にしたことにある。開発した者は存在するとしても動き出したビットコインに管理者はいない。管理者不在のままビットコインは15年以上にわたりシステムダウン等のトラブルもなく稼働し続けている。そして，現在でもなお，一定の時価総額を保持している。

　ビットコインはパブリック型ブロックチェーンの最も成功したユースケースとされる一方，現時点でビットコインをビジネスで活かすユースケースはそれほど多くないかもしれない。すでに発行されているトークンであり，新たな事業者がトークンを発行して資金調達をしたり，財産的価値と紐付けた商品等として販売したりすることもない。ビットコインのブロックチェーン基盤はスマートコントラクトの活用には適しておらず，スマートコントラクトを活用するためのブロックチェーン基盤としてはイーサリアム等に譲っている。ただし，それだけ色がなく，それでいながら大きな時価総額と高い流動性を持つビットコインにはどの法定通貨とも連動しない国際通貨としての決済トークンに圧倒的に近いポジションにいるともいわれる。事実，ビットコインはデジタルゴールドと評されることも多い。

　それでは，ビットコインは国際通貨になりうるのだろうか。「通貨」は，あらゆる「資産」の中で最も通貨に適した資産が各時代で選ばれてきた。通貨に適した資産の条件には様々な見方があるが，例えば，①腐らないこと，②持ち

運びが容易であること，③誰からみても価値観に差がないこと，および④適度な産出量と上限があること等が考えられる。

　古くは，貝殻や石が通貨として使われた。それは，その時代においてそうした「資産」が最も上記の条件に合致していたからと考えられる。次に金属の加工ができるようになり，金属を用いた通貨が使われるようになった。貝殻や石よりも腐りにくいし，より大きな金額も扱えるようになるといった利便性の向上も背景にあったと考えられる。

　その後，さらに経済が発展すると金貨でも間に合わないほど高額の資金が必要になった。そこで，中央銀行が金との交換を保証する兌換紙幣を発行し，実態として大量の金（という「資産」）を持ち運ぶことができるようになった。ちょうどのこのあたりは現実資産のトークン化と類似している。紙幣という紙媒体に財産的価値を紐付けており，紐付けるところがトラストポイントとなっているので，この点を高いガバナンス態勢を有する主体（中央銀行）が担っていると整理できる。

　今新たに，ブロックチェーン上のトークン・デジタル資産という「資産」が現れた。ビットコインは，色もないため誰からみても価値観に差は生まれにくい。適度な産出量と上限も有している。当然腐らないし持ち運びにも便利である。また，何が通貨として適切な資産であるかは，最後は中央銀行ではなくユーザーが決める。ユーザーが広く決済に使うようになれば規制当局や中央銀行はその状況を受け入れざるを得なくなると考えられる。Web3.0の発展が進んだ場合に求められる決済トークンが法定通貨建てである必要性は低下していくと考えられる。その時に決済トークンとしてビットコインが活用されることは十分に考えられる。

②　ネイティブトークン

　暗号資産市場において，今後台頭してくる，またはすでに台頭している領域として，RWA等の財産的価値と紐付けるデジタル資産のうち，デジタル証券やNFTその他のデジタル資産に該当しない，つまり暗号資産に該当するユースケースは，全体として増加すると考えられる。しかしながら，単一のデジタル資産としてそれなりの時価総額になりうる暗号資産の種類は，財産的価値と

紐付けるタイプのデジタル資産ではなく，パブリック型ブロックチェーン基盤の基本トークンであるネイティブトークンになると考えられる。ネイティブトークンについては，確たる定義はないものの，一般的に基盤ブロックチェーン内で共通して利用されるトークンであり，トランザクションの実行手数料（ガス代）等として必要とされている。国内法制度上は「暗号資産」に分類されることが多い。基本的にネイティブトークンの時価総額は，基盤となっているパブリック型ブロックチェーンの競争力を一定程度表していると考えられる。

　前述のようにWeb3.0市場の発展に係る見通しが強まるにつれて，市場拡大時に勝者となることで長期にわたって巨大な影響力を持つことになるブロックチェーン基盤となることを目指すいくつものプロジェクトが立ち上がっている。現在は，Web3.0市場全体が発展の初期段階に位置していることもあり，多くのブロックチェーンプロジェクトは，続々と参入するDApps開発者や強力なゲームやコンテンツを持つエンターテイメント企業と連携することで，相応の流動性を集めることができている。このため，それなりの時価総額を持つネイティブトークンも多い。

　しかしながら，インフラ・プラットフォーム市場の性質上いずれ淘汰が進み，ごく少数の限られたブロックチェーン基盤のみがWeb3.0市場を支える基盤として巨大化するとともに，打倒イーサリアムを目指す多くのブロックチェーンプロジェクトは目標を達成することなく縮小していくと考えられる。このため，中長期的に時価総額を維持・拡大するネイティブトークンは限られることになると想定される。

③　暗号資産型ガバナンストークン

　ビットコインやネイティブトークン以外の暗号資産として最近台頭してきているものに，DAOに使われることが多いガバナンストークンがある。

　まず，ガバナンストークンという呼称から，デジタル資産の中の1種類のようにも受け止められるが，そのような捉え方が適切であるとはいえない。ガバナンストークンも多くのWeb3.0関連用語と同様確たる定義はないが，一般的にトークン保有者に投票権が付与され，ガバナンストークン保有者の投票により何らかの意思決定や意思表示ができるようにしたデジタル資産を指している。

このため，元となるデジタル資産があって，そのデジタル資産に投票権が付与されるため，暗号資産に分類されるトークンに投票権が付与される場合もあれば，デジタル証券やNFTにも投票が付与される場合がある（**図表2－3**参照）。

| 図表2－3 | ガバナンストークンの種類 |

元のトークン			ガバナンストークンの種類	事例	適用される規制
暗号資産	＋	投票権の付与	暗号資産型ガバナンストークン	UNI，MANA	暗号資産
セキュリティトークン	＋	投票権の付与	セキュリティトークン型ガバナンストークン	投資DAO	電子記録移転有価証券表示権利等
NFTその他	＋	投票権の付与	NFT型ガバナンストークン（NFTの場合）	Nishikigoi NFT LAND（Decentraland）	―

デジタル通貨については，その性質上投票権が付与されることは考えにくい。暗号資産型ガバナンストークンの例としては，DeFiを運営するDAOに用いられているトークンやWeb3.0型メタバースに決済トークンとして用いられているトークンのうち投票権が付与されているものなどが挙げられる。もちろん，Web3.0型メタバースに用いられる決済トークンであって，投票権が付与されていないものであってもデジタル資産の分類としては暗号資産に該当すると考えられる。実際に国内の暗号資産交換業者において，Web3.0型メタバースの決済トークンを取り扱っている事例がある。

こうした暗号資産もまた，DeFiやWeb3.0型メタバース上で行われる経済活動等の活況度合いに応じて当該暗号資産の価値が変動する傾向があり，中長期的に時価総額を維持・拡大していく暗号資産は限られると考えられる。

(3) 各主体による暗号資産の活用事例
① 個人投資家による活用

ここ数年で，国内において個人投資家による暗号資産への投資が大きく拡大していることを示唆する統計はない。しかし，少額からビットコインを購入することができるサービスの利用者登録が着実に増えているというニュースも聞かれる。また，NFT等をきっかけとしてウォレットを保有し，イーサリアム

等の暗号資産を用いてデジタル資産を購入する利用者は増えており，着実に暗号資産やデジタル資産に係る顧客体験を持つユーザーが増えている。

　ただ，全体として，法人の参入が拡大しているデジタル資産の市場においては，魅力的な商品等は，暗号資産よりもNFTその他やデジタル証券の市場において増加している傾向があり，相対的に暗号資産市場における個人投資家の存在感は薄れている。言い換えると，個人にとって商品等としてデジタル資産の購入を検討したりするケースが増えており，その場合，NFTやデジタル証券といった形となることが多く，「暗号資産」というカテゴリーだけでみた場合，市場における個人の存在感が薄れる要因になっていると考えられる。

　なお，暗号資産現物ではないものの，後述する暗号資産ETFが国内で購入可能となった場合，個人が暗号資産に投資する手段が広がることになる。

②　機関投資家による活用

　暗号資産現物への機関投資家の本格的な参入が起こっていることを示す統計はない。もちろん機関投資家といっても多様であり，運用する資金の性格や運用手法・戦略等様々であり，一概にいえるものではないが，全体としては，投資対象や運用方針に係る制約が相対的に少ないヘッジファンドやファミリーオフィスが比較的暗号資産への投資に積極的なのに対して，年金基金のようにアセットオーナーとアセットマネジャーが分離してアセットオーナーに対する説明責任が必要なケース等では，暗号資産を投資対象に追加するという意思決定をするだけでもハードルが高いケースが見受けられる。

　ただし，技術的なハードルとされてきたカストディサービスの有無については，同サービスの提供者が増えてきており，カストディがないことが機関投資家の参入の妨げになるということはなくなりつつある。

　他方で，米国証券取引委員会（SEC）が現物型ビットコインETF（上場投資信託）を承認したことにより，機関投資家がビットコインの現物を保有することなくエクスポージャーを持てるようになった。これを受けて機関投資家が暗号資産投資に大きく動き始めている兆候がみられる。なお，現物型ETFが登場することは，機関投資家による暗号資産投資の流れを拡大させるだけでなく，個人投資家による投資を増やす意味でも大きな意味を持つと考えられる。

　国内においては，機関投資家からの暗号資産現物への投資に関するニーズはあまり聞こえてこない。保守的な姿勢が一因となっていると考えられる一方で，外部環境としても整備されている状況とはいえない。その理由の1つとしてカストディサービスがまだ十分整備されていないという点も挙げられる。

　また，国内における暗号資産を投資対象とするETFの登場についても，短期的には難しい。カストディサービス等の問題はあるにせよ，ETFの母体となる証券投資信託の組成において，資産の過半を一定の資産（特定資産）へ投資することが求められている等，ビットコインや暗号資産に投資する投資信託の組成は引き続き困難な状態となっている。

　総じて，国内においては，機関投資家が暗号資産を投資対象とするための環境整備が途上であるといえる。暗号資産は，基本的に海外でも購入できるものであり，「日本からの」投資だけが不利な状況が継続することは，カストディサービス等の周辺エコシステムのビジネス機会が海外に流出するリスクを高めることにもつながるため，全体的なWeb3.0市場の推進政策との整合性を確保することが望まれる。

③　事業会社による活用

　事業会社が暗号資産を活用するケースが増えている。近年の目立った国内外の動向として3つの点を取り上げる。

　1つは，海外の上場企業等において，インフレヘッジの手段としてビットコインを保有する事例が出ている点である。このなかには，資産の大半をビットコインとするだけでなく，法定通貨で資金調達を実施し，調達した資金でビットコインに投資する例もある。法定通貨がいずれハイパーインフレ等によって価値が暴落すると想定した場合の資産の退避場所としてビットコインが選ばれているケースもあるという。

　2つ目は，企業が暗号資産を発行して資金調達するIEO（Initial Exchange Offering）と呼ばれる事例が国内で徐々に増えている点である。従来のICO（Initial Coin Offering）と違い，規制されている暗号資産交換業者を通じて，発行した暗号資産を販売する。この過程で，発行企業は暗号資産交換業者によって審査・モニタリングを受ける。このため，一定の信頼を置けることで投

資家を呼び込むことに成功しているが，他方で，発行された暗号資産の価格が販売後低迷する事例が相次いでおり，IEO全体の評価が毀損する懸念が持たれている。この点，IEOについて現在，制度の在り方を含め，改善に向けた動きが出始めている。いずれにせよ，そうした改善に向けた動きが発生することも含めて，ICOのころと比べても市場環境は改善してきたといえる。

　また，海外ではWeb3.0関連のスタートアップ企業を中心に暗号資産を発行してベンチャーキャピタル（VC）等から資金調達する企業が増えている。特にアーリーステージの資金調達で暗号資産が使われることが多く，暗号資産に投資できないVCは相対的に投資対象企業の選択肢が狭まることになっている。こうした流れを受けて，国内でVCに用いられることが多い投資事業有限責任組合（以下「LPS」という）の制度を改正し暗号資産を投資対象として認める方向で制度整備が進められている。これは，国内LPSに係る制度が投資対象を法律で定めており，現行の法制上，LPSが暗号資産に投資できないことを踏まえたものである。

　3つ目に，事業者が決済トークンとして暗号資産を活用するユースケースが挙げられる。実際に，Web3.0型メタバース内において決済手段として暗号資産が利用されるものがあるほか，事業者が作るコミュニティのみで使えるようにされているものもある。こうした決済トークンの発行においては，世の中の法定通貨を置き換えるといった野心的な意図はなく，あくまで事業者が管理する特定の領域において通用する決済トークンの活用を前提としている。こうした決済トークンが求められる背景には，パブリック型ブロックチェーンが有するクロスボーダーでの財産的価値の移転等が容易であるという特長との関連がある。この特長を生かすビジネスモデルを開発する中で，商品等を表章するNFT等のデジタル資産の売買に用いる決済トークンとして，どの国の法定通貨とも連動しない決済トークンが求められるようになったことが要因となっていると考えられる。

3──ステーブルコイン

(1)　ステーブルコインとは

　いわゆるステーブルコインとは，一般的には，特定の資産と関連して価値の安定を目的とするデジタルアセットで，分散台帳技術（いわゆるブロックチェーン）（またはこれと類似の技術）を用いているものをいうと考えられている（後述の金融安定理事会「グローバル・ステーブルコインの規制・監督・監視のためのハイレベルな勧告：最終報告」（2023 年 7 月17日）による定義）。

　日本では，これまで法律上は特にステーブルコインに対応する定義等は存在しなかった。しかし，ステーブルコインのうち，法定通貨と価値の連動を目指すものについては，価値を安定させる仕組みによって以下のように分類し，そのうちの下記①を送金・決済の手段として規律するため，2022 年 6 月 3 日に「安定的かつ効率的な資金決済制度の構築を図るための資金決済に関する法律等の一部を改正する法律」（以下「本改正法」という）が成立し，2023 年 6 月 1 日より施行された。本改正法においては，下記①デジタルマネー類似型ステーブルコインを意味するものとして，新たに「電子決済手段」という定義が新設されるとともに，その発行者および仲介者に対する規制が整備された。なお，下記②暗号資産型ステーブルコインについては，原則として本改正法の対象となっておらず，既存の法規制（具体的には「資金決済に関する法律」（以下「資金決済法」という）に規定する「暗号資産」や，金融商品取引法に規定する「有価証券」に該当する場合に，これらの法規制）の適用を受けることになる。

①　デジタルマネー類似型：法定通貨の価値と連動した価格（例：1 コイン＝1 円）で発行され，発行価格と同額で償還を約するもの（およびこれに準ずるもの）

②　暗号資産型：アルゴリズムで価値の安定を試みるもの[1]等（上記①以外）

---

(1)　例えば，交換所等においてステーブルコインが取引可能である場合に，法定通貨との交換比率が一定比率内に収まるよう，一定のアルゴリズムに基づいて相場介入を行うこと等によって，価値の安定を図るものが想定される（金融審議会「資金決済ワーキング・グループ報告」（2022 年 1 月11日）脚注60）。

「電子決済手段」の定義を含め，本改正法の詳細については**第3章①(4)**を参照されたい。

(2)　ステーブルコインに関する国際的な議論

前記のとおり，日本においては，デジタルマネー類似型ステーブルコインについて法規制が整備されたものの，本書執筆時点においては，ステーブルコインについて，国際的に確立した共通の定義・判断枠組み等は見当たらない。

この点，金融安定理事会（Financial Stability Board, FSB）は，2020年10月13日，2020年4月より実施された市中協議を踏まえ，「『グローバル・ステーブルコイン』の規制・監督・監視―最終報告とハイレベルな勧告」(Regulation, Supervision and Oversight of "Global Stablecoin" Arrangements - Final Report and High-Level Recommendations) を公表した。当該勧告は，グローバル・ステーブルコインは決済を効率化し，金融包摂をもたらす可能性がある一方，潜在的に複数法域にまたがって広く利用されうる特性を持ち，特に大規模に利用されるようになった場合，金融安定上のリスクを生じさせる可能性があることから，業務を開始する前に，適用されうるすべての規制上の基準を遵守し，金融安定上のリスクに対応するほか，必要に応じて新たな規制要件に適応することが期待されている，とする。FSBは，2023年7月17日，上記の勧告を改定した「グローバル・ステーブルコインの規制・監督・監視のためのハイレベルな勧告：最終報　告」(High-level Recommendations for the Regulation, Supervision and Oversight of Global Stablecoin Arrangements - Final Report) を公表し，グローバル・ステーブルコインに関する10の原則の最終版を公表し，各国レベルでの金融規制・監督・監視を所管する当局に対して，当該原則を踏まえた包括的なガバナンスフレームワークの構築等を求めた。

(3)　海外における動向

中央銀行以外の民間部門が発行するステーブルコインのうち，代表的なものとして，USDT，USDC，DAI，BUSD，TUSD，Frax，USDD，USDPなどが挙げられる。これらのステーブルコインの発行体，時価総額および取引高（2023年9月11日時点）の概要は以下の**図表2－4**のとおりである。

図表 2 － 4	主要なステーブルコインの概要		
ティッカーコード	発行体	時価総額	24H取引高
USDT	Tether Limited	830億ドル	98.5億ドル
USDC	Circle	262億ドル	32.4億ドル
DAI	MakerDAO	28億ドル	5,100万ドル
BUSD	Paxos Trust Company, LLC	16億ドル	2.5億ドル
TUSD	Trust Token	25.8億ドル	20.4億ドル
USDD	TRON DAO Reserve	7.2億ドル	1,800万ドル
Frax	Frax Finance	6.7億ドル	380万ドル
USDP	Paxos Trust Company, LLC	5.2億ドル	130万ドル

（出所：CoinGeckoより引用し，筆者にて修正）

　これらのステーブルコインは，DAI，Frax，USDDを除き，いずれも利用者から預けられた法定通貨（米ドル）を裏付けに，同額のステーブルコインが発行される仕組みを採用しており，その価額が米ドルの価額と一致することを企図して設計されている。現時点においては，時価総額および取引高に鑑みると，USDTが最も利用されているステーブルコインであり，それにUSDCが続いている状況といえる。

　もっとも，USDTについては，USDT発行の裏付けとなる資産が十分に保全されていなかったとして，2021年2月，発行体であるTether Limitedがニューヨーク州の司法当局より1,850万米ドルの罰金を課され，NY州での営業を禁止された。その後も，2021年6月時点で準備金の49％をコマーシャルペーパーや譲渡性預金等の法定通貨以外の金融商品で保有していたことが報道される等，顧客から受け入れた資金が適切に保全されていないリスクが指摘されていた。

　BUSDについても，2023年2月，米国証券取引委員会（SEC）は，BUSDが未登録証券に該当するとして，その発行体への提訴を検討中であることを表明し，ニューヨーク州金融サービス局（NYDFS）も，発行体であるPaxos Trust Companyに対してBUSDの新規発行の中止命令を発出した。

　USDTに次いで時価総額の大きいUSDCについては，発行体であるCircleのウェブサイトによれば，USDTとは異なり，裏付資産は全額，現金または米国債等の現金に近い安定性を有する資産によって構成されているとのことであ

る。なお，2023年3月，発行済みのUSDCの裏付資産となる準備金約400億ドルのうち，33億ドルが経営破綻したシリコンバレー銀行に滞留していることが公表され，一時的に暗号資産取引市場で1USDCの価値が1ドルよりも数パーセント低い価値で取引された。ただし，Circleは自社に対してUSDCを償還する場合には従前のとおり1USDC＝1USDの償還を行うことをその当時も変更しておらず，その後，短期間で，1USDC＝1USDに市場価格も回復した。

これらの法定通貨を裏付けとするステーブルコインに対して，DAI，Fraxおよびそしてそしてそして，法定通貨を裏付資産とするのではなく，ETHやUSDCなど，他の暗号資産やステーブルコインを裏付資産としつつ，法定通貨と連動した価格設定を目指していることが特徴といえる。もっとも，同様にアルゴリズムによる米ドルとの価格の連動を目指していたステーブルコインであるTerra Classic USD（UST）は，その価格の維持に失敗し，2022年5月に1コイン1ドルから1コイン1セントまで暴落した。

また，GMOインターネットグループ㈱は，米国・ニューヨーク州においてGMO-Z.com Trust Company, Inc.を設立し，同社を発行体として，2021年3月，日本円ペッグ（法定通貨の日本円に担保された法定通貨担保型）のステーブルコイン「GMO Japanese Yen」（GYEN）の提供を開始した。なお，GYENは，海外においてのみ提供されており，日本国内居住者には提供されないこととされている。

⑷　日本における動向

JPYC㈱は，日本円に連動するステーブルコインと呼称して「JPYC」を発行している。同社によれば，JPYCは，資金決済法に規定される前払式支払手段（資金決済法3⑤）として整理されている。ただし，本改正法によって改正された資金決済法によれば，デジタルマネー類似型ステーブルコインを定義した「電子決済手段」の範囲から，原則として前払式支払手段が除外されるものの，移転を完了するためにその都度発行者の承諾その他の関与を必要としない前払式支払手段は「電子決済手段」に含まれることとなった。JPYCはパーミッションレス型のブロックチェーン上で発行されているためにこの要件を満たす可能性が高いものと思われる。なお，前払式支払手段の形式による「電子決済

手段」の発行が本改正法の施行から2年で事実上禁止されることになる等，資金決済法における規制の詳細については，下記**第3章**①(4)を参照されたい。

　また，2022年2月，三菱UFJ信託銀行㈱は，ブロックチェーンと受益証券発行信託スキームを組み合わせたステーブルコインの発行・管理基盤である「プログマコイン（Progmat Coin）」の仕組みを開発，提供するとともに，自ら資金決済法の下でのステーブルコインの発行体となることを目指すことを公表した。同社のプレスリリースによれば，「プログマコイン」は，分散型台帳技術上で移転可能なステーブルコインの発行・管理を目的としたプラットフォームで，法定通貨を裏付資産とした受益証券発行信託を組成し，1円単位の受益権をステーブルコイン化することで払戻し（償還）の確実性を担保するとともに，セキュリティトークンを含むデジタルアセットとの決済や，中央銀行が発行するデジタルマネーであるCBDC（Central Bank Digital Currency）や他のステーブルコイン等の決済手段とのシームレスな交換の実現を企図するものであるとのことである。

④──NFT

(1)　NFTとは

　NFTとは，Non-Fungible Tokenの略称であり，法令に定義は規定されていないものの，一般に，代替可能性のないブロックチェーン上のトークンをいう。NFTの定義および法的性質の詳細については**第3章**①(6)②を参照されたい。

　NFT市場全体の取引高は，2020年の8,250万ドル（約98億円）から，2021年には176.9億ドル（約2兆円）と，約200倍に大きく増加している（三菱UFJリサーチ&コンサルティング「NFTの動向整理」（2022年6月23日）5頁参照）。また，大手のゲーム会社が新たにNFTを発行したり，既存の暗号資産交換業者が新たにNFTプラットフォームを開設するなど，業界全体の動きも活発化しており，今後，NFTはさらに成長する可能性がある分野といえる。

(2)　NFTの活用事例

　NFTは，ブロックチェーン上のトークンというデジタルデータでありながら，

トークンにユニークな値を付与することにより代替可能性がないという特徴を有することから，アート，コレクティブ（収集品），ゲームアイテム，デジタルな証明書等の様々な分野や目的での利用が進んでいる。また，ホテル利用券に係る会員権型NFTや，地方創生をテーマにふるさと納税の返礼品としてNFTを発行したり，デジタル村民としてのメンバーシップを証するNFTを発行したりする事例など，日々新しい活用モデルが登場している。

①　ブロックチェーンゲームとNFT

前記のとおり，NFTは，1つひとつのトークンが他のトークンと区別できるという特徴を有している。この性質を利用して，特定のデジタルアセットをNFTに表章させて，ブロックチェーン上で取引できるようにすることができる。例えば，NFTを活用した新たなビジネスの1つとして，ゲーム内アイテムをブロックチェーン上で移転できるゲーム（以下「ブロックチェーンゲーム」という）が存在する。ブロックチェーンゲームでは，従来のゲームと異なり，ユーザー自身が個性を持ったゲーム内アイテムやキャラクターをNFTとして保有・管理し，当該NFTをブロックチェーン上で自由に（言い換えれば当該ゲーム外でも）譲渡・売却できる。代表的なブロックチェーンゲームとしては，Axie InfinityやSTEPNなどが挙げられ，これらのゲームは，ゲームをプレイすることでトークンを稼ぐことが可能な仕組みから大きな人気を博した。

ブロックチェーンゲームにおいては，NFTとして発行されたゲーム内アイテムが暗号資産に該当するかが問題となるだけでなく，当該NFTの獲得に際して，いわゆる「ガチャ」の仕組みを採用する場合などには，賭博罪（刑法185,186）に該当しないかについても問題となる。また，新規顧客を獲得するためにログインボーナスや各種ランキングキャンペーンを実施する場合，景品表示法（不当景品類及び不当表示防止法）上の景品規制に抵触しないよう留意する必要がある。さらに，あるプレーヤーがNFTを購入し，そのNFTを他のプレーヤーに貸し出してゲームプレイをさせることによりトークンを稼いでもらい，その稼いだトークンの一部を受け取る，といった，「スカラーシップ」と呼ばれる仕組みが構築される場合，金融商品取引法上の「集団投資スキーム持分」（いわゆるファンド規制）に該当しないかも問題となる。このように検討すべ

き論点は多岐にわたることから，ゲームの内容やキャンペーン等の態様に応じて個別具体的な分析が必要となる。

②　コレクティブNFT

NFTのジャンルの中には，収集（コレクション）を目的としたNFTもあり，「コレクティブNFT」と呼ばれることがある。その代表例であるBAYCは，Bored Ape Yacht Club（ボアード・エイプ・ヨット・クラブ）の略称で，2021年4月にYuga Labs, LLCが10,000点限定で発行した，類人猿をモチーフにしたイーサリアムブロックチェーン上に記録されるコレクティブNFTである。当該NFTは，表情，頭髪，服装などの170以上の特徴がプログラムによって組み合わされて自動生成されるため，その1つひとつが個性を有する。BAYCは，そのNFTを有することで，保有者限定のDiscordグループでコミュニケーションをとることができるなど，NFT保有者によってコミュニティが形成されている点も特徴的である。

③　ホテル利用券に係る会員権型NFT

NFTがいわば会員権として機能するケースもみられる。NOT A HOTEL㈱が発行・販売するMEMBERSHIP NFTは，保有することにより，47年間継続して毎年指定のホテルに1泊（MEMBERSHIP NFTの種類によっては数連泊）できる機能を有する別のNFTのエアドロップを受けられたり，国内の様々な場所で開催されるイベントへの参加や特定の娯楽施設等の利用が可能になったりするなどの複合的なユーティリティーを備えたNFTである。

④　地方創生とNFT

地方創生の一環としてNFTを利活用する事例も出てきている。新潟県中央部の中山間地域に位置する山古志村は，2004年に中越地震を経験し，市町村合併によって行政区として消滅した限界集落であるが，地方創生の一環として，山古志村住民会議での意思決定への参加を可能にするNFTを発行する構想が生まれた。山古志村の象徴である錦鯉のアートをNFT化して販売し，NFTを購入した人はデジタル村民として，Discordグループに参加するなどの権利を

得ることができる[2]。

5 ── DeFi（分散型金融）

⑴　DeFiとは

　DeFiとは，Decentralized Financeの略称であり，一般に「分散型金融」と訳されることが多い。DeFiについて確立した定義は存在しないものの，FSBによれば，「暗号資産およびスマートコントラクト（ソフトウェア）を使用して運用される，分散型台帳または類似の技術を利用して構築された，代替的な金融市場，金融商品およびシステムの集合」を指すとされている。DeFiは，金融取引における仲介者が存在しないため，誰でもアクセス可能でいつでも取引できることや，透明性が高く取引記録を誰もが閲覧できること等の特徴を有するが，その内容や実際の分散の度合いはプロジェクトによって異なる。

⑵　DeFiと伝統的金融との違い

　DeFiはその名のとおりDecentralized Finance（分散型金融）であることから，伝統的な金融システムと比較した上で，DeFiの構成要素や独自のリスク事項を明らかにする作業が国際的に行われている。この伝統的な金融システムとの違いとしては，大きく①オープンソースであること，②トラストレスな仕様であること，③パーミッションレス（誰でも利用可能）であること，④ガバナンス構造が分散化していること等が挙げられている（金融庁「デジタル・分散型金融への対応のあり方等に関する研究会」（第6回）事務局説明資料4頁参照（2022年6月20日））。

　より具体的な違いとしては，例えば伝統的な融資との比較において，伝統的な融資は借り手の信用力評価に基づいて融資額および金利を決定するところ，DeFiでは借入額を超える担保提供を要する代わりに借入れ可能な額と金利はスマートコントラクトで自動的に決定するといった点が挙げられている。もっとも，実際にはDeFiの中には中央集権的な性質を維持しているものもあるとされており，必ずしもすべてのDeFiが上記①から④の要件を満たしているも

のではない。

　FSBが2022年2月に発表した「暗号資産の金融安定に対するリスクの評価」では，2021年9月までの暗号資産のハッキング等による盗難の総額4億8,100万米ドルの75％以上がDeFi関連のものと報告されており，サイバーセキュリティ上のリスクが指摘されている。また，責任主体となる事業者や個人の特定ができないこと，グローバルな性質から適用される法令の管轄が明確でないこと，本人確認を要せず誰でも利用できることから，マネーロンダリング・テロ資金供与の観点から問題があるといった金融規制上の問題点も指摘されている。

⑶　DeFiの事例

　DeFiにおいては，トークンの交換市場にとどまらず，匿名の利用者間でのトークンのレンディング，アセットマネジメント，デリバティブ取引，保険，決済インフラなど，様々な金融取引を可能とするアプリケーションが登場し，成長し続けている。以下では，DeFiの主な事例として，分散型取引所，暗号資産レンディングプラットフォーム，アグリゲーター，リキッドステーキングに係る事例について紹介する。

①　分散型取引所（DEX）

　分散型取引所（DEX）とは，Decentralized Exchangeの略称であり，暗号資産交換業者のように中央集権の管理者が存在しない，トークンの売買等を行う分散型の取引所をいう。DEXにおいては，中央集権型の取引所（DEXとの対比でCEX（Centralized Exchange）と呼称される）と異なり，一般にDEXにおいては利用者が自らトークンの秘密鍵を管理することが通常である。DEXは，**図表2－5**に示すようなレイヤーで構成されており，基盤となるブロックチェーンネットワークおよびその上で発行されたトークンに加えて，汎用性を持った規格（プロトコル）をミドルウェアとして採用し，これを利用して具体的なDEXサービスをアプリケーションとして提供する。

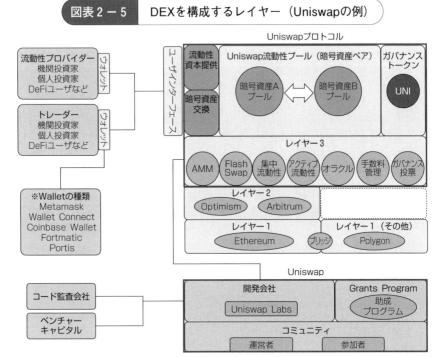

図表2−5　DEXを構成するレイヤー（Uniswapの例）

（出所：㈱クニエ「分散型金融システムのトラストチェーンにおける技術リスクに関する研究　研究結果報告書」（2022年6月）34頁）

　代表的なDEXとしては，Uniswapや，Curve DEX，PancakeSwapなどが存在する。2023年6月時点では，当月のDEX全体の出来高は約760億ドルとなっている。以下，代表的なDEXであるUniswapを例に説明する（図表2−6）。

　Uniswapは，2018年11月に開始した後発のDEXであるが，2023年6月現在においてもDEXの出来高シェアの多くを占めている。Uniswapは，オーダーブック型のDEXではなく，おおむね以下の方法でトークン同士の取引が成立する仕組みがスマートコントラクトによって構築されている。まず，不特定多数の参加者（以下「流動性供給者」という）が交換されるトークンのペアを「流動性プール」と称されるコントラクトアドレスに対して送付することで，流動性を創出する。この流動性プールを利用して利用者は，トークンの交換を行うことができる。

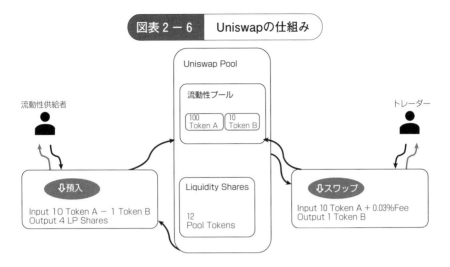

図表２−６　Uniswapの仕組み

　Uniswapの特徴は，交換価格の決定方式であり，流動性プールに提供されているトークンペアの残高の積が一定の不変数となるように価格が決定される。例えばトークンAとトークンBのペアの流動性プールにおいて，トークンBをトークンAに交換するユーザーが増加した場合，トークンAの数量が減少し，トークンAとトークンBの積を一定に保つため，より多くのトークンBがなければトークンAと交換できない（トークンAの相対価格が上昇する）結果となる。

　このように，取引が行われるたびにトークンの相対価格が自動更新され，価格は需給バランスに応じて調整され続ける。こうした自動的な価格決定方法により，取引価格を提示するマーケットメイカーは存在しない仕組みとなっており，「Automated Market Maker（自動的に機能するマーケットメイカー）」（以下「AMM」という）と呼ばれている。

　また，流動性供給者は当該AMMの流動性プールへ流動性を供給することにより，当該DEX上での取引手数料の一部が当該利用者に対して還元される。なお，Uniswap V 3では，流動性供給者がトークンを流動性プールに提供する際に，当該トークンの交換に応じる価格帯を指定することができる。これにより，最も取引の多い価格帯に集中して流動性を提供することができるため，トークンの取引によって得られる取引手数料の効率性がより高くなるとされて

いる。

　DEXでは，流動性提供者に対して当該DEXのガバナンスに参加する権利を表章したトークン（例えば，UniswapにおけるUNIトークンなど）（以下「ガバナンストークン」という）を付与したりする場合がある。こうしたAMMなどのDeFiに流動性を提供することによって，利息以外の何らかの報酬を得る行為は「流動性マイニング（Liquidity Mining）」と呼ばれる。流動性マイニングにより発行されるガバナンストークンの法的性質については，当該トークンを保有するだけでは配当等を得られるものではない場合には，集団投資スキーム持分（金融商品取引法2②五）ないし電子記録移転権利（金融商品取引法2③）には該当しない可能性がある。一方で，これらのガバナンストークンはすでにDEXで取り扱われており，他の暗号資産と交換可能であることから，暗号資産（資金決済法2⑭）に該当する可能性が高い。

　なお，Uniswapをはじめ多くのDEXは，誰でもアクセスできる分散型のプロトコルであり，誰の許可を得ずともトークンペアの流動性を供給することでトークンの上場が可能であるとともに，自動でアルゴリズムが価格を提示してトークンの取引が可能である。この特徴を生かして，DEX上の流動性プールに新規に発行するトークンの在庫を置き，購入希望者に当該トークンを販売し資金調達するという手法（「Initial DEX Offering」と呼ばれることがある）も登場している。このような手法が暗号資産交換業規制に反するものであるのか否かについては，DEXの運営主体の属性やDEXに備えられたAMM機能の詳細等も踏まえた慎重な検討が必要となる。

②　レンディングプラットフォーム

　レンディングプラットフォームとは，不特定多数のユーザー間でのトークンの貸借を行うブロックチェーン上で稼働する分散型のプラットフォームである。利用者は，自らが保有するトークンを当該プラットフォーム上のコントラクトに貸し付けて利息を得ることができる。また，利用者は，コントラクトに担保としてトークンを提供することにより，コントラクトから他のトークンを借り入れることができる。代表的なレンディングプラットフォームとして，Compound，Aaveなどがある。以下では，Compoundを例に説明する（**図表2**

－7）。なお，理解を容易にする趣旨から，「貸付」「貸付け」「借入」「借入れ」「預入れ」「貸借」「利息」「担保」等の従来型の資金取引に用いられる用語を使用しているが，DeFiのレンディングプラットフォームで行われる各行為は，ブロックチェーン上のアドレスへのトークンの移転等を，スマートコントラクトを利用して実行しているものであり，法的に貸借契約や寄託契約として評価されるかどうかは明らかではない。

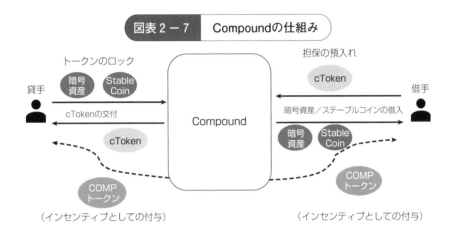

図表2－7　Compoundの仕組み

まず，Compoundにおいて利用者が保有するトークンの貸付けを行おうとする場合，Compound上のコントラクトアドレスに暗号資産やステーブルコインを送付してロックする必要がある。そして，トークンをロックした場合，事前に設定されたレートで，レンディングプールのシェアを表すcTokenが利用者に自動的に交付される。cTokenはロックされたトークンの引出し時に償還されるが，cTokenの価値はロックしたトークンに対して時間の経過とともに増加するものとされており，これにより，利用者はcTokenを保有することにより利息を獲得することができる。

これに対して，利用者がトークンの借入れを行う場合，cTokenを担保としてコントラクトアドレスに預け入れることにより，当該コントラクトアドレスから暗号資産やステーブルコインを借り入れることができる。利用者の借入残高が，未払いの利息の増大，担保価値の低下，借入資産の価格の上昇などによ

り借入能力を超えた場合，提供された担保はその時点の市場価値から割引を行った上で清算される。なお，Compoundにおいては，プラットフォーム利用に対するインセンティブとして，貸付人・借入人双方に対してガバナンストークンであるCOMPトークンが分配される。COMPトークンの保有者は，プロトコルの変更を提案したり，借入れの限度額を決定する担保係数を提案したりすることが可能となる。

　以上のとおり，Compoundでは，利用者がコントラクトに対してトークンを貸し付け，それに対してcTokenを通じた利息やCOMPトークンを得られるところ，日本法上，Compoundにおけるトークンのレンディングが，貸金，暗号資産カストディ業務（資金決済法2⑮四）に該当しないかが問題となりうる。また，Compoundにおけるトークンの貸借に際して発行されるcTokenやCompound利用の報酬として分配されるCOMPトークンの法的性質についても，金融商品取引法上の電子記録移転権利，資金決済法上の暗号資産に該当しないかについても慎重な検討が必要になろう。

③　アグリゲーター

　前記のとおり，トークンレンディングプラットフォーム等のDeFiを利用すると，利息に加えて，インセンティブとしてのガバナンストークンの付与等を受けることができるが，利用者にとって，効率的に保有する資産を運用することは容易ではない。そこで，AMMやレンディングプロトコルがインセンティブとしてトークンを発行する場合に，自動的にトークンを売却して最高と思われる利回りで再投資するDeFiが存在する。例えば，暗号資産レンディングに加えてイールドファーミング（DeFiプラットフォームにトークンを預け入れることで報酬を得る仕組みのことをいう）の最適化を目指したプラットフォームとしては，yearn.financeなどが存在する。yearn.financeは，ユーザーが暗号資産をyearn.finance上の「貯蔵庫」（VAULT）に預けることで，自動的に最高と思われる利回りで運用するDeFiプラットフォームであり，複数のAMMやレンディングプロトコルに接続し，最高のリターンを生み出すと想定される場所に資金を移動させる。yearn. financeの仕組みは，**図表2－8**のとおりである。

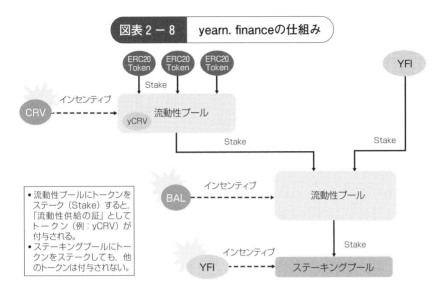

図表2-8　yearn. financeの仕組み

なお，日本法上，yearn. financeのようにブロックチェーン上の「貯蔵庫」にトークンを預け入れる行為について，暗号資産カストディとして暗号資産交換業に該当しないか，また，最高の利回りを持つ流動性プールへ自動的にトークンを割り当てる行為について，投資助言業ないし投資運用業に該当しないか等につき慎重に検討する必要がある。

④　リキッドステーキング

これまで，コンセンサス・アルゴリズムとしてプルーフ・オブ・ワーク（Proof of Work）（以下「PoW」という）を採用していたEthereumは，2022年9月にPoWからプルーフ・オブ・ステーク（Proof of Stake）（以下「PoS」という）への移行を完了した。

一般的にPoSとは，該当する暗号資産の一定量を賭ける（ステークする）ことで取引の検証を行い，新規ブロックを生成することができるコンセンサス・アルゴリズムをいう。Ethereumの他にも，PolkadotやSolanaなどのブロックチェーンでもPoSを採用している。これらPoSを採用するブロックチェーンにおいては，ビットコインにおけるマイニングに代わる方法として，ネイティブトークンである暗号資産をステークし，ネットワークに参加（以下「ステーキン

グ」という）することで，新たに発行されるトークンをその報酬として得ることができる。

　もっとも，例えば自らETHのステーキングを行う場合，最低でも32ETHをステークする必要があることや，常にインターネットに接続されたイーサリアムノードを稼働させる必要があること，不誠実な行動をとった場合にペナルティを課されるおそれがあること等，一定の負担とリスクが存在する。

　そこで，ユーザーがより容易な形でステーキングに参加することができるようにするため，小口の暗号資産をスマートコントラクトに預け入れると，当該暗号資産が自動的にステーキングに利用されるとともに，当該預け入れに対するいわば証書として別途の暗号資産が利用者に発行される，リキッドステーキングと呼ばれる仕組みが存在する。このようなリキッドステーキングを提供するプロジェクトとして，LidoやRocket Poolなどが存在する。以下ではLidoを例に説明する（図表2−9）。なお，LidoではDOTやSOLなどいくつかのトークンを扱っているが，以下ではETHの場合を取り上げる。

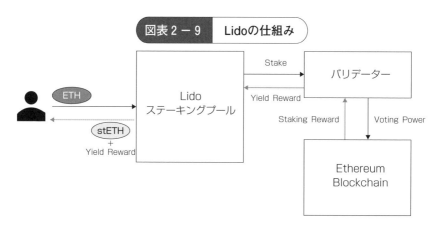

図表2−9　Lidoの仕組み

　利用者は，Lidoのステーキングプールに自らが保有するETHを預け入れることで，その代わりに当該ETHとほぼ同価値のstaking ETH（以下「stETH」という）を受け取ることができる。利用者が預け入れたETHは他の利用者が預け入れたETHとともにバリデーター（PoSのブロックチェーンにおいて生成されるブロックの提案や投票を行うことのできるノード）によってステーキングさ

れる。これにより，利用者は32ETHを保有していなくても，Lidoを通じて他のユーザーの預け入れたETHとともにステーキングを行うことができる。また，通常ステーキング中のETHは利用することができないため，その流動性は失われてしまう。しかし，Lidoステーキングプールに預け入れたETHに代わりstETHを受け取ることができるため，当該stETHを用いて上記AMM，レンディングプラットフォームまたはアグリゲーターなどのDeFiで運用することができ，ETHのステーキング報酬を得ながらさらにstETHをDeFiで運用することも可能となる。

　以上のとおり，Lido等のリキッドステーキングを通じて，利用者は預け入れたETHの代わりにstETHを得ることができ，stETHの保有者はETHのステーキング報酬を取得することができる。このステーキング報酬は，Lidoのステーキングプールに預け入れられたETHをバリデーターがステーキングすることによって得られた収益であるといいうるため，stETHの法的性質については，電子記録移転権利に該当しないか等につき慎重に検討する必要がある。

6 ── STOに関する動向

(1)　概　要

　STO（Security Token Offering）とは，国際的に共通の定義等は存在しないものの，一般的には，有価証券の性質を持つ，ブロックチェーン上で発行・管理されるデジタルなトークンの販売を通じた資金調達手法をいう。日本では，一般に，2020年 5 月 1 日に施行された金融商品取引法の改正（「情報通信技術の進展に伴う金融取引の多様化に対応するための資金決済に関する法律等の一部を改正する法律」（令和元年 6 月 7 日法律第28号）による金融商品取引法の改正）により新たに定義が設けられた「電子記録移転有価証券表示権利等」（金融商品取引業者等に関する内閣府令 1 ④十七，金融商品取引法29の 2 ①八，金融商品取引業者等に関する内閣府令 6 の 3 ）による資金調達がSTOと解されている。なお，日本法におけるSTOの金融商品取引法上の扱いについては，**第 3 章**1(5)を参照されたい。

　日本では，2020年 5 月 1 日に施行された金融商品取引法の改正以降，現在に至るまで，大手金融機関を中心に，複数の電子記録移転有価証券表示権利等が

発行されてきた。電子記録移転有価証券表示権利等の発行例としては，主に，社債，受益証券発行信託の受益権，匿名組合出資持分をトークンに表示したもの（それぞれ本項において「ST社債」，「ST受益権」，「STTK持分」という）などが発行されている。下記(2)では，日本国内における主なSTOの発行事例を紹介する。

　また，電子記録移転有価証券表示権利等は，一般に，ブロックチェーンその他の分散型台帳を用いたデジタルプラットフォームを用いてその発行および管理等が行われており，現在，複数のデジタルプラットフォームを利用して電子記録移転有価証券表示権利等が発行され，管理されている。代表的なデジタルプラットフォームとして，㈱Progmatが運営する「Progmat」，㈱BOOSTRYが主導する「ibet for Fin」，Securitize Japan ㈱が開発する「Securitizeプラットフォーム」，ADDX Pte. Ltd.が開発する「ADDX」などがある。

　さらに，セカンダリー市場については，大阪デジタルエクスチェンジ㈱（以下「ODX」という）が，2023年12月，株式のPTS業務に加えて，電子記録移転有価証券表示権利等のPTS業務の取扱いを開始した。ODXによる電子記録移転有価証券表示権利等のPTS業務の開始は，電子記録移転有価証券表示権利等の新たなセカンダリー取引の場を提供することとなり，今後，電子記録移転有価証券表示権利等の発行がより促進されることが期待される。なお，電子記録移転有価証券表示権利等のセカンダリー取引およびPTSについては，**第3章**①(5)⑥も参照されたい。

(2)　日本におけるSTOの発行事例
①　ST社債

　ST社債は，社債券不発行，かつ，非振替債の形態で発行され，証券保管振替機構などの既存の中央集権的管理とは異なり，各ST社債のデジタルプラットフォームで発行および管理等が行われることが特徴的である。証券保管振替機構で管理される社債の場合は，発行体が投資家の氏名や保有状況をリアルタイムに把握することは困難である。他方，ST社債の場合は，発行体自らがデジタルプラットフォームを通じて投資家をリアルタイムかつ直接把握することが可能である。このように，ST社債では，発行体と投資家の距離が近いことが利点の1つと考えられており，発行体はより投資家のニーズに合った社債を

発行することが可能となる。

　ST社債の発行事例としては，2022年 6 月，2022年10月および2023年 9 月に発行された㈱丸井グループを発行体とするソーシャルボンド（以下「丸井グループ債」という）や2022年 6 月に発行された㈱日本取引所グループ（以下「JPX」という）を発行体とするグリーン・デジタル・トラック・ボンド（以下「JPX債」という）などがある。

　丸井グループ債は，Securitizeプラットフォームを用いて発行および管理されており，利息の一部について金銭による支払に代えて，㈱エポスカードが発行するエポスポイントを付与する点が特徴的である。JPX債は，ibet for Finを用いて発行および管理されており，JPXが調達資金を活用して設備投資した発電設備の発電量やCO₂削減量がibet for Fin上に記録されることでデータの透明性・適時性を高められる点などが特徴的である。なお，JPX債の仕組みについては，図表 2 −10のとおりである。

| 図表 2 −10 | グリーン・デジタル・トラック・ボンドのスキームイメージ |

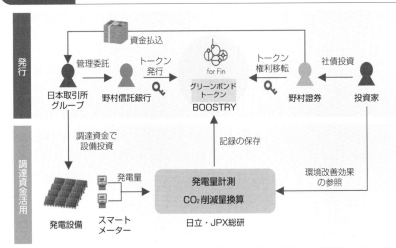

（出所：㈱日本取引所グループら公表の2022年 4 月15日付「国内初のデジタルな仕組みを用いた環境債『ホールセール向けグリーン・デジタル・トラック・ボンド』の発行に関する協業について」）

　ST社債は，次のST受益権と比べると発行実績が少ないが，今後，個々の発

行体が投資家のニーズを捉えた独自のST社債の発行を積み上げていくことで，資金調達目的だけにとどまらない魅力的な商品が揃ったマーケットに発展していくことが期待される。

② ST受益権

　ST受益権は，一般に，受益証券発行信託において，受益証券を発行しない旨が信託行為において定められた受益権（信託法185②）の形態で発行される。ST受益権は，現在，最も発行されている電子記録移転有価証券表示権利等である。電子記録移転有価証券表示権利等の中でST受益権が最も発行されている理由としては，ST受益権の裏付資産の多くが不動産であり，投資対象が明確であること，ST受益権の対抗要件具備の方法がデジタルプラットフォームと親和性があることなどが挙げられる。なお，ST受益権の対抗要件については，**第3章**3(4)②を参照されたい。

　2021年8月に第1号のST受益権が発行されて以降，ST受益権の発行事例は多く積み重ねられている。これまでに発行されてきたST受益権のデジタルプラットフォームは，主に，Progmatとibet for Finである。また，ST受益権の裏付資産である不動産の種類については，レジデンスや物流施設，ホテル・旅館などが投資対象となっている。現在既発行のST受益権は，従来型の小口の不動産証券化投資商品としてのJ-REITとは異なり，基本的に投資対象不動産が1または数物件であることに特徴があり，投資家は，自らが投資する不動産を認識した上で投資できることに魅力があると考えられている。いくつかのST受益権では，この特徴を活用し，ST受益権の購入者に投資対象不動産にちなんだ特典（例えば，旅館であれば，館内利用券など）を付与している。ST受益権の一般的な仕組みについては，**図表2−11**のとおりである。

　電子記録移転有価証券表示権利等については，これまでセカンダリー市場が整備されていないことが課題の1つに挙げられており，この課題の影響もあって，ST受益権の購入者は，原則，ST受益権を償還日まで保有し続けることが想定されている。そのため，既発行のST受益権の償還期間は，5年から10年の間で設定されることが多い。もっとも，上記(1)で記載のとおり，ODXが電子記録移転有価証券表示権利等のPTS業務の取扱いを開始したことを受けて，

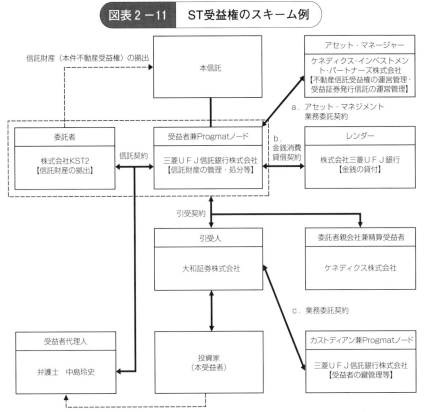

図表2－11　ST受益権のスキーム例

（出所：㈱KST2および三菱UFJ信託銀行㈱による2023年4月3日付提出有価証券届出書）

　今後，ST受益権の償還期間を既発行のST受益権の償還期間よりも伸長し，より投資期間の長い不動産証券化投資商品の組成も進展していくことが期待される。

　また，投資対象については，航空機，ローン債権，知的財産権など様々なものが検討されている。投資対象の拡大は，新たな投資家層を呼び込み，ST受益権のマーケット拡大につながっていくものと考えられる。このように，不動産証券化投資商品としてのST受益権や不動産以外を投資対象とするST受益権などST受益権は高い将来性を有しており，今後の盛り上がりが期待される。

③ STTK持分

STTK持分は，商法上の匿名組合契約に基づく出資持分をトークンに表示したものであり，現在，新たな小口の不動産証券化投資商品として期待されている。

STTK持分の発行事例としては，2021年11月に発行されたトークン合同会社を発行体とするSTTK持分や2023年2月に発行されたトークン・ツー合同会社を発行体とするSTTK持分（以下，総称して「トーセイ・プロパティ・ファンド持分」という）などがある。トーセイ・プロパティ・ファンド持分は，ADDXによって発行および管理されている。なお，トーセイ・プロパティ・ファンド持分の仕組みについては，**図表2－12**のとおりである。

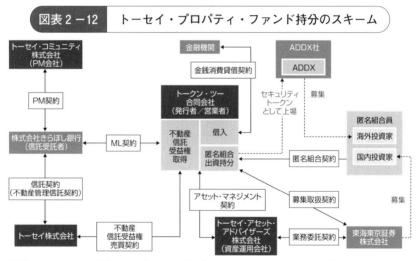

図表2－12　トーセイ・プロパティ・ファンド持分のスキーム

（出所：トーセイ㈱ら公表の2023年2月17日付「～シンガポールのデジタル証券プラットフォーム「ADDX」へ上場～　国内不動産を裏付けとしたセキュリティ・トークン第2弾の発行に関するお知らせ」）

STTK持分は，同様の小口の不動産証券化投資商品としてのST受益権と比べると発行実績が少ない。発行実績が少ない理由としては，STTK持分の税制上の取扱いがST受益権と異なることや，匿名組合出資持分の譲渡については，実務上，第三者対抗要件として，債権譲渡の場合に準じて，確定日付のある証

書による通知または承諾が必要であると考えられており，STTK持分の譲渡が
デジタルプラットフォームで完結しないことなどが挙げられている。前者につ
いては，一般社団法人日本STO協会（Japan Security Token Offering
Association，JSTOA）が税制改正要望を行っている（JSTOA「『令和6年度税制
改正要望』公表について」(2023年9月21日)）。また，後者については，産業競争力
強化法における特例制度を用いることで，STTK持分の譲渡をデジタルプラッ
トフォームで完結させることができると考えられている。なお，匿名組合出資
持分の第三者対抗要件および産業競争力強化法における特例制度については，
第3章③(4)③から⑤を参照されたい。

　上記のように，税制上の課題や第三者対抗要件の課題が解決されれば，
STTK持分の発行を検討する事業者が増え，一気に発行数が伸びると予想され
ている。STTK持分は，今後，発展が期待される不動産証券化投資商品の1つ
である。

　以上のとおり，日本におけるSTOはまだ成長段階であるが，事業者や金融
機関によるブロックチェーン技術を用いた証券取引の柔軟化および高度化に向
けた取組みへの意欲は強いものがあり，今後の市場の発展が期待される。

第 **3** 章

デジタル資産に関する法務

1──デジタル資産の金融規制法上の分類と適用法令

(1) デジタル資産の金融規制法上の分類

　デジタル資産については，明確な定義が法律で定まっているものではなく，その金融規制法上の位置付けは個別のデジタル資産の機能等によって異なる。デジタル資産と一口にいってもその機能や用途は様々であり，主に支払に使用されることが想定されているものもあれば，何らかの権利を表章するものもある。例えば，ブロックチェーン上で生成され，あるいは，発行されるトークンに株式や社債，ファンド持分などを表示したものは，セキュリティトークンまたはデジタル証券と呼ばれ，有価証券として扱われる。一方で，デジタル資産の発行者に対してあらかじめ金銭を払い込み，その金額の範囲内で当該デジタル資産を利用でき，かつ金銭への払戻しが原則的に禁止されている場合，当該デジタル資産は前払式支払手段に該当する。

　これらのデジタル資産の金融規制法上の分類，およびそれらに適用される法令の関係の概要を整理したものが**図表3−1**である。

　前述のとおり，デジタル資産の金融規制法上の位置付けはそれらの機能等に応じて分類されるところ，法的分類の主な視点は以下のとおりである。

【デジタル資産の金融規制法上の分類の視点】

(i) デジタル資産の保有者に対する利益分配の有無

(ii) 対価発行の有無：有償／無償いずれで発行されるか

(iii) 通貨建資産に該当するか

(iv) 不特定の者に対して使用できるか／不特定の者と売買・交換ができるか

(v) 金銭への払戻しが可能か

　上記の視点に基づきデジタル資産の金融規制法上の分類を行う場合，**図表3−2**のように整理することができる。

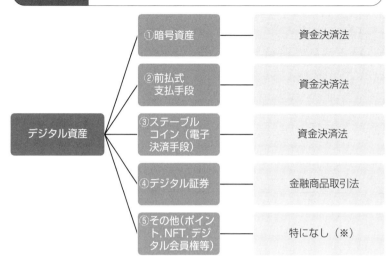

図表3－1　デジタル資産の金融規制法上の分類および適用法令

（※）NFTは暗号資産に該当し，資金決済法の適用を受ける場合がある。また，これらは金融規制法以外に，不当景品類及び不当表示防止法等の消費者保護法の適用を受ける場合がある。

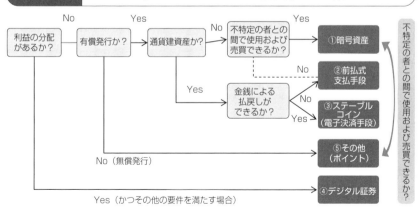

図表3－2　デジタルマネー・デジタルアセットの金融規制法上の分類フローチャート

以下，それぞれのデジタル資産の定義および金融規制法上の位置付けについて概観する。

(2) 暗号資産

① 定　義

　暗号資産とは，(i)物品等・役務提供の代価の弁済として不特定の者に対して使用でき，かつ不特定の者との間で購入・売却をすることができるものであって，(ii)電子的に記録された財産的価値で，電子情報処理組織を用いて移転することができ，(iii)本邦通貨および外国通貨，通貨建資産ならびに電子決済手段（通貨建資産に該当するものを除く）に該当しないものをいい（以下「1号暗号資産」という），1号暗号資産と相互に交換を行うことができるもの（以下「2号暗号資産」という）も暗号資産に含まれるとされている（資金決済法2⑭）。

　通貨，通貨建資産または電子決済手段に該当するものは暗号資産に該当しない（上記要件(iii)）。また，暗号資産にはビットコインのように特定の発行者がいないケースもあり，発行者等の特定の者に対して使用することを想定しているものではない（上記要件(i)および(ii)）という点で，Suicaやnanaco等の電子マネーに代表される前払式支払手段にも該当しない。

　また，暗号資産の定義から除外されている「通貨建資産」とは，本邦通貨もしくは外国通貨をもって表示され，または本邦通貨もしくは外国通貨をもって債務の履行，払戻しその他これらに準ずるものが行われることとされている資産をいう（資金決済法2⑦）。例えば，Suicaやnanaco等の電子マネーは日本円をチャージして使うもので，その単位は「円」になる。このような電子マネーは円建て資産であり，「通貨建資産」に該当するため，この点からも暗号資産とは異なることとなる。

② 業規制

　暗号資産交換業とは，次に掲げる行為のいずれかを業として行うことをいう（資金決済法2⑮）。

(i)　暗号資産の売買または他の暗号資産との交換（資金決済法2⑮一）

(ii)　(i)に掲げる行為の媒介，取次または代理（以下(i)および(ii)に掲げる行為を「暗号資産の交換等」という：資金決済法2⑮二）

(iii)　(i)または(ii)に掲げる行為に関して，利用者の金銭の管理をすること（資

金決済法2⑮三）

(iv)　他人のために暗号資産の管理をすること（当該管理を業として行うこと
　　　につき他の法律に特別の規定のある場合を除く）（以下「暗号資産の管理」
　　　という：資金決済法2⑮四）

　事業者の業務が暗号資産交換業に該当する場合には，当該業務の実施にあ
たっては，資金決済法に基づき暗号資産交換業者としての登録が必要となる
（資金決済法63の2）。

　暗号資産交換業者は，資金決済法に基づき，利用者財産の分別管理義務，利
用者への情報提供義務，利用者保護を図るための措置，禁止行為，勧誘・広告
規制等の規制に服する。以下では，暗号資産交換業者に対する行為規制のうち，
利用者保護および他の業との比較の上で，特に重要となる利用者財産の分別管
理義務および利用者への情報提供義務について概観する。

③　主要な行為規制

　利用者財産の分別管理義務として，暗号資産交換業者は，その行う暗号資産
交換業に関して，利用者から預かった金銭を自己の金銭と分別して管理し，信
託会社等へ信託しなければならない（資金決済法63の11①）。

　また，暗号資産交換業者は，利用者から預かった暗号資産についても，自己
の暗号資産と分別して管理しなければならない（資金決済法63の11②）。具体的に
は，①利用者の暗号資産と自己の暗号資産とを明確に区分し，当該利用者の暗
号資産についてどの利用者の暗号資産であるかが直ちに判別できる状態で管理
することに加えて，②利用者の利便の確保および業務の円滑な遂行等のために
必要な最小限度の暗号資産（利用者の暗号資産の本邦通貨換算額の5％未満）
を除き，一度もインターネットに接続したことのない電子機器等に記録して管
理する方法その他これと同等の技術的安全管理措置を講じて管理する方法（い
わゆるコールドウォレット）で管理する必要がある（暗号資産交換業者府令27①
一・③一，暗号資産ガイドラインⅡ-2-2-3-2(3)⑤）。暗号資産交換業者は，利用者の暗
号資産の管理を第三者に委託することも可能だが，その場合には，自己で管理
する場合と同等の利用者の保護が確保されていると合理的に認められる方法に

よって管理されていることが必要である（暗号資産交換業者府令27③二）。

　さらに，暗号資産交換業者は，暗号資産交換業の利用者の利便の確保および暗号資産交換業の円滑な遂行を図るために，その行う暗号資産交換業の状況に照らし，コールドウォレット等で管理する方法以外の方法で管理することが必要な最小限度の暗号資産（利用者の暗号資産の５％未満）については，コールドウォレット等以外（言い換えればいわゆるホットウォレット）の方法で管理することが許容されている（暗号資産交換業者府令27②）。

　ただし，この場合，ホットウォレットからの暗号資産の流出リスクを踏まえ，暗号資産交換業者は，コールドウォレット等以外の方法で管理する暗号資産と同種同量の暗号資産（以下「履行保証暗号資産」という）を自己の暗号資産として保有し，履行保証暗号資産以外の自己の暗号資産と分別して管理することが義務付けられている（資金決済法63の11の２）。

　利用者への情報提供義務については，暗号資産交換業者は，利用者との間で暗号資産の交換等を行うときは，あらかじめ，当該利用者に対し，暗号資産の性質に関する説明として，①暗号資産は本邦通貨または外国通貨ではないこと，②暗号資産は代価の弁済を受ける者の同意がある場合に限り代価の弁済のために使用することができること，といった一定の事項についての説明を行わなければならないことが定められている（資金決済法63の10①，暗号資産交換業者府令21）。また，暗号資産交換業に係る取引を行うときや，暗号資産交換業に係る取引を反復継続して行うことを内容とする契約を締結するときは，あらかじめ，当該利用者に対し，当該取引や契約の内容等についての情報を提供しなければならない（資金決済法63の10①，暗号資産交換業者府令22）。

(3)　前払式支払手段
①　定　義

　前払式支払手段とは，(i)金額等の財産的価値が記載または記録され（価値情報の保存），(ii)金額または数量等に応ずる対価を得て発行される証票等，番号，記号その他の符号であり（対価発行），(iii)発行者または発行者の指定する者に対する対価の弁済等に使用することができるもの（権利行使）をいう（資金決済法3①各号）。

　暗号資産と前払式支払手段は，いずれも物品・役務提供の代価の支払に使用することができる点で共通する。もっとも，暗号資産は「不特定の者」に対して使用することができるのに対し，前払式支払手段は，発行者や加盟店等の特定の者に対してしか使用することができないという点で異なる。また，暗号資産の定義からは通貨建資産が除かれるのに対し，前払式支払手段は通貨建資産に該当することが通常である点で異なる。

②　業規制

　前払式支払手段の発行者または当該発行者と密接な関係を有する者から物品の購入やサービスの提供を受ける場合に限り，これらの対価の支払のために使用できる前払式支払手段を発行する場合には，当該前払式支払手段は自家型前払式支払手段に該当する（資金決済法3④）。自家型前払式支払手段のみを発行する場合には，発行している前払式支払手段の未使用残高（前払式支払手段の総発行額から総回収額を控除した額（資金決済法3②，前払式支払手段に関する内閣府令4））が3月末あるいは9月末において，1,000万円を超えたときは，資金決済法に基づく自家型発行者としての届出が必要となる（資金決済法5①・14①，資金決済法施行令6）。

　一方で，前払式支払手段の発行者または当該発行者と密接な関係を有する者以外の第三者から物品の購入やサービスの提供を受ける場合にも，これらの対価の支払のために使用できる前払式支払手段を発行する場合には，当該前払式支払手段は第三者型前払式支払手段に該当し（資金決済法3⑤），第三者型発行者としての登録が必要となる（資金決済法7）。

　ただし，前払式支払手段が以下に該当する場合には，資金決済法の適用はなく，前払式支払手段の発行者は届出や登録を行う必要はない（資金決済法4，資金決済法施行令4）。

（ⅰ）乗車券，入場券，食券など，特定の施設または場所の利用に際し発行される証票等で，当該施設または場所の利用者が通常使用することとされているもの

（ⅱ）発行の日から6か月内に限り使用できるもの

(iii)　国または地方公共団体が発行するもの

(iv)　特別の法律に基づき設立された法人等が発行するもの（日本中央競馬会，日本放送協会，地方道路公社等が発行する証票等）

(v)　従業員向け，健康保険組合員向け等のもの

(vi)　割賦販売法または旅行業法の規定に基づき前受金の保全措置がすでにとられている取引に係るもの（友の会買物券，旅行クーポン券等）

(vii)　利用者のために商行為となる取引においてのみ使用することとされているもの

　加えて，以下のものについては，前払式支払手段に該当しないこととされている（前払式支払手段ガイドラインI-1-1(1)）。

（i）　「日銀券」，「収入印紙」，「郵便切手」，「証紙」等法律によってそれ自体が価値物としての効力を与えられているもの

（ii）　「ゴルフ会員権証」，「テニス会員権証」等各種会員権（証拠証券としての性格を有するものに限る）

（iii）　「トレーディング・スタンプ」等商行為として購入する者への販売であり当該業者が消費者への転売を予定していないもの

（iv）　磁気カードまたはIC カード等を利用したPOS型カード

（v）　本人であることを確認する手段等で証票等または番号，記号その他の符号自体には価値が存在せず，かつ，証票，電子機器その他のものに記録された財産的価値との結びつきがないもの

（vi）　証票等または番号，記号その他の符号のうち，証票等に記載もしくは記録されたまたはサーバに記録された財産的価値が証票等または番号，記号その他の符号の使用に応じて減少するものではないもの

　前払式支払手段発行者としての届出または登録を行った業者（以下「前払式支払手段発行者」という）は，資金決済法に基づき，発行保証金の供託義務，利用者への情報提供義務，情報の安全管理等の規制の対象となる。以下では，前払式支払手段発行者に対する行為規制のうち，利用者保護および他の業との比較の上で，特に重要となる発行保証金の供託義務および利用者への情報提供義務

について概観する。

③　主要な行為規制

　発行保証金の供託義務として，前払式支払手段発行者は，3月末あるいは9月末において，発行している前払式支払手段の未使用残高が1,000万円を超えたときは，その未使用残高の2分の1以上の額に相当する額を最寄りの供託所（法務局）に供託しなければならないとされている（資金決済法14①）。

　ただし，金融機関等との間で，発行保証金保全契約を締結しその旨を内閣総理大臣に届け出たとき，信託会社との間で発行保証金信託契約を締結し内閣総理大臣の承認を受け信託財産を信託したときは，発行保証金の供託に代えることができることとされている（資金決済法15，16）。

　また，情報提供義務としては，前払式支払手段発行者は，以下に掲げる事項を前払式支払手段に表示する方法または発行者のホームページ等で閲覧に供する方法等により，利用者に対し情報提供しなければならないとされている。また，これらの情報提供事項については，前払式支払手段の購入者等が読みやすく，理解しやすいような用語により，次の事項を正確に表示する必要がある（資金決済法13①，前払式支払手段に関する内閣府令22②）。

（ⅰ）　発行者の氏名，商号または名称

（ⅱ）　利用可能金額または物品・サービスの提供数量

（ⅲ）　使用期間または使用期限が設けられている場合は，その期間または期限

（ⅳ）　利用者からの苦情または相談を受ける窓口の所在地および連絡先（電話番号等）

（ⅴ）　使用することができる施設または場所の範囲

（ⅵ）　利用上の必要な注意

（ⅶ）　電磁的方法により金額等を記録しているものについては，未使用残高または当該未使用残高を知る方法

（ⅷ）　約款等が存する場合には，当該約款等が存在する旨

　さらに，2021年5月1日に改正前払式支払手段に関する内閣府令が施行され，上記の情報提供義務に加え，前払式支払手段発行者は，前払式支払手段を発行

する場合に，書面の交付その他の適切な方法により，以下に掲げる事項を利用者に情報提供しなければならないとされている（資金決済法13③，前払式支払手段に関する内閣府令23の2①）。

(ⅰ) 発行保証金の供託義務を定めた資金決済法14条1項の規定の趣旨および前払式支払手段の保有者が当該発行保証金について他の債権者に先立ち弁済を受ける権利を有すること

(ⅱ) 発行保証金の供託，発行保証金保全契約または発行保証金信託契約の別および発行保証金保全契約または発行保証金信託契約を締結している場合にあっては，これらの契約の相手方の氏名，商号または名称

(ⅲ) 前払式支払手段の発行の業務に関し利用者の意思に反して権限を有しない者の指図が行われたことにより発生した利用者の損失の補償その他の対応に関する方針

---

④ 残高譲渡型前払式支払手段および番号通知型前払式支払手段の新設

　2022年6月3日に成立した「安定的かつ効率的な資金決済制度の構築を図るための資金決済に関する法律等の一部を改正する法律」に基づき，2023年6月1日に施行された改正前払式支払手段に関する内閣府令において，前払式支払手段に，(ⅰ)残高譲渡型前払式支払手段および(ⅱ)番号通知型前払式支払手段という類型が新設され，それぞれ下記のとおり定義されることとなった（前払式支払手段に関する内閣府令1③四・五）。

(ⅰ) 残高譲渡型前払式支払手段

　前払式支払手段のうち，利用者の指図に基づき，発行者が電子情報処理組織を用いて一般前払式支払手段記録口座における未使用残高の減少および増加の記録をする方法その他の方法により，発行者が管理する仕組みに係る電子情報処理組織を用いて移転をすることができるもの

一般前払式支払手段記録口座	前払式支払手段発行者が自ら発行した前払式支払手段ごとにその内容の記録を行う口座であって，当該口座に前払式

支払手段の内容が記録されることにより，当該前払式支払手段を代価の弁済のために使用することまたは物品等の給付もしくは役務の提供を請求することが可能となるものをいう（前払式支払手段に関する内閣府令1③六）。

(ii) 番号通知型前払式支払手段

前払式支払手段のうち，電子情報処理組織を用いて第三者に通知することができる番号等であって，当該番号等の通知を受けた発行者が当該通知をした者をその保有者としてその未使用残高を一般前払式支払手段記録口座に記録するもの

(i)残高譲渡型前払式支払手段および(ii)番号通知型前払式支払手段を含む，個人間で支払手段の移転を行うことが可能な形態の前払式支払手段の登場を踏まえ，このような前払式支払手段の移転が，不適切な取引に利用されるのを防止するため，前払式支払手段発行者は，下記の不適切利用防止措置を取らなければならないとされる（前払式支払手段に関する内閣府令23の3，前払式支払手段ガイドラインⅡ-2-6）。

❶　残高譲渡型前払式支払手段を発行する場合
(ア)　防止すべき不適切な利用の類型の特定および必要に応じた内容の見直し
(イ)　1回または1日当たりの譲渡可能な未使用残高の上限金額を不適切な利用が抑止できると考えられる水準に設定するなど，適切かつ有効な未然防止策の検討および実施
(ウ)　一定以上の金額について繰り返し譲渡を受けている者を特定するなど，不適切な利用が疑われる取引を検知する体制の整備
(エ)　不適切な利用が疑われる取引を行っている者に対する利用停止等の対応および原因取引の主体や内容等についての必要な確認の実施
(オ)　再発防止等の観点から，不適切な利用の類型に応じ，例えば，以下のような措置を迅速かつ適切に講じる体制の整備

✓ウェブサイト等への不適切な利用に関する注意喚起の表示

✓不適切な利用に悪用されているサービス内容の見直し

❷ 番号通知型前払式支払手段又は第三者型前払式支払手段のうち，その未使用残高が前払式支払手段記録口座に記録されるものであって，国際ブランド（American Express，JCB，Diners Club，ディスカバーカード，VISA，MasterCard，銀聯等）のクレジットカードと同じ決済基盤で利用することができるプリペイドカード（いわゆるブランドプリカ）を発行する場合

(ア) 防止すべき不適切な利用の類型の特定および必要に応じた内容の見直し

(イ) 転売を禁止する約款等の策定や，サービスに係る上限金額を不適切な利用が抑止できると考えられる水準に設定するなど，適切かつ有効な未然防止策の検討および実施

(ウ) 不適切な利用が疑われる取引を検知する体制の整備

(エ) 不適切な利用が疑われる取引を行っている者に対する利用停止等の対応および原因取引の主体や内容等についての必要な確認の実施

(オ) 再発防止等の観点から，不適切な利用の類型に応じ，例えば，以下のような措置を迅速かつ適切に講じる体制の整備

✓ウェブサイト等への不適切な利用に関する注意喚起の表示

✓販売時における販売端末，店頭に陳列するプリペイドカード等への不適切な利用に関する注意喚起の表示

✓不適切な利用に悪用されているサービス内容の見直し（例えば，悪用されている販売チャネルや販売券種における販売上限額の引下げ，取扱いの停止など）

❸ 電子決済手段に該当する前払式支払手段を発行しないための適切な措置

❹ 前払式支払手段の発行の業務の内容および方法に照らし必要があると認められる場合にあっては，当該業務に関し前払式支払手段の利用者以外の者に損失が発生した場合における当該損失の補償その他の対応に関する方針を当該者に周知するための適切な措置

⑤　高額電子移転可能型前払式支払手段の新設

　前払式支払手段発行者は，犯罪による収益の移転防止に関する法律（以下「犯収法」という）上の「特定事業者」に該当せず，犯収法の適用はない。もっとも，残高譲渡型前払式支払手段や番号通知型前払式支払手段等の電子移転可能型の前払式支払手段について，支払手段の電子的な譲渡・移転が反復継続して行われれば，マネー・ローンダリング等に悪用されるリスクが特に高くなるとの考え方に基づき，本改正法によって改正された資金決済法において，アカウントのチャージ可能額の上限額が高額または上限設定がないといった一定の要件を満たすものを「高額電子移転可能型前払式支払手段」と定義し，高額電子移転可能型前払式支払手段を発行するために業務実施計画を届け出た者は，新たに犯収法上の「特定事業者」に該当することとなった（犯収法2②三十一の二）。

　資金決済法において，高額電子移転可能型前払式支払手段の定義は下記のとおり新設されることとなった（資金決済法3⑧，5の2）。

（i）　第三者型前払式支払手段のうち，その未使用残高が前払式支払手段記録口座に記録されるものであって，電子情報処理組織を用いて移転をすることができるもののうち，下記の要件を満たすもの

❶　残高譲渡型前払式支払手段（電磁的方法によりその未使用残高の記録の加算が行われるものに限る）である場合，次に掲げる要件のいずれかに該当すること。
　　✓ 1回当たりの譲渡額が10万円を超えるもの
　　✓ 1月間の譲渡額の累計額が30万円を超えるもの

❷　番号通知型前払式支払手段（電磁的方法によりその未使用残高の記録の加算が行われるものに限る）である場合（残高譲渡型前払式支払手段のうちその発行を受けた者に関する情報を発行者が管理することとなるものである場合を除く）において，次に掲げる要件のいずれかに該当すること。
　　✓ 1回当たりのチャージ額が10万円を超えるもの
　　✓ 1月間のチャージ額の累計額が30万円を超えるもの

（ii）　第三者型前払式支払手段（電磁的方法によりその未使用残高の記録の加

算が行われるものに限る）のうち，その未使用残高が前払式支払手段記録口座に記録されるものであって，次に掲げる要件のすべてに該当するもの

❶　1月間のチャージ額の累計額が30万円を超えるもの

❷　国際ブランド（American Express，JCB，Diners Club，ディスカバーカード，VISA，MasterCard，銀聯等）のクレジットカードと同じ決済基盤で利用することができるプリペイドカード（いわゆるブランドプリカ）

❸　上記ブランドの加盟店において代価の弁済に充てることまたは物品等の給付もしくは役務の提供を請求することが可能な1月間のチャージ額の累計額が30万円を超えるもの

❹　当該第三者型前払式支払手段に係る証票等がなくても，代価の弁済のために使用することまたは物品等の給付もしくは役務の提供を請求することが可能であること

　高額電子移転可能型前払式支払手段を発行しようとする者は，あらかじめ，所定の事項を記載した業務実施計画を内閣総理大臣に対して届け出なければならない（資金決済法11の2①，前払式支払手段に関する内閣府令20の2②）。

(4)　ステーブルコイン
①　概　要

　いわゆるステーブルコインとは，一般的には，特定の資産と関連して価値の安定を目的とするデジタルアセットで分散台帳技術（いわゆるブロックチェーン）またはこれと類似の技術を用いているものをいうと考えられている。

　ステーブルコインは，法定通貨等に価値が連動するよう設計されているため，法定通貨と比較すると価格変動が激しい暗号資産よりも，価値尺度や決済手段としての機能が高いと考えられる。また，ステーブルコインは瞬時にブロックチェーン上で世界中どこでも送付が可能であり，送金コストも小さいため，1円未満の少額送金や迅速かつ安価な外国送金も可能となると考えられている。さらに，ブロックチェーン上での証券取引について，ステーブルコインで決済

することによって，システム的にDVP決済（Delivery Versus Paymentの略で，証券の引渡し（Delivery）と代金の支払（Payment）を相互に条件を付け，一方が行われない限り他方も行われないようにすること）を行うことが可能となると期待されている。

　ステーブルコインは，その価値の裏付けとなっている担保資産の有無および価格安定メカニズムの観点から，いくつかの類型に分類することが可能であるが，2022年1月11日に公表された金融審議会資金決済ワーキング・グループ報告では，(i)デジタルマネー類似型（法定通貨の価値と連動した価格（例：1コイン＝1円）で発行され，発行価格と同額で償還を約するもの（およびこれに準ずるもの）および(ii)暗号資産型（(i)以外の，アルゴリズムで価値の安定を試みるもの等）に分類されている。このうち，(i)を送金・決済の手段として規律するため，2022年6月3日に「安定的かつ効率的な資金決済制度の構築を図るための資金決済に関する法律等の一部を改正する法律」が成立し，2023年6月1日より施行された。

　本改正法は，(i)デジタルマネー類似型ステーブルコインを示す「電子決済手段」の定義，(ii)ステーブルコインの発行者（銀行，資金移動業者，信託会社）に対する規制および(iii)ステーブルコインの仲介（取引所）業務を行う電子決済手段等取引業者に対する規制をその主要な内容としている。以下では，これらのうち主要な項目について焦点を当てて解説する。

　なお，(ii)暗号資産型ステーブルコインについては，基本的に，資金決済法に規定する「暗号資産」に該当するものと整理され，既存の暗号資産に関する法制に則った規制の適用を受けることとなる（これらの規制の詳細については，上記①(2)を参照）。

②　「電子決済手段」の定義
　本改正法では，デジタルマネー類似型のステーブルコインを指す概念として，「電子決済手段」という定義が新設された（資金決済法2⑤一～四）。

＜資金決済法2条5項＞
この法律において「電子決済手段」とは，次に掲げるものをいう。

一　物品等を購入し，若しくは借り受け，又は役務の提供を受ける場合に，これらの代価の弁済のために不特定の者に対して使用することができ【要件①】，かつ，不特定の者を相手方として購入及び売却を行うことができる【要件②】財産的価値（電子機器その他の物に電子的方法により記録されている通貨建資産に限り，有価証券，電子記録債権法…第2条第1項に規定する電子記録債権，…前払式支払手段その他これらに類するものとして内閣府令で定めるもの【要件③―1】（流通性その他の事情を勘案して内閣府令で定めるもの【要件③―2】を除く。）を除く。次号において同じ。）であって，電子情報処理組織を用いて移転することができるもの（第3号に掲げるものに該当するものを除く。）

二　不特定の者を相手方として前号に掲げるものと相互に交換を行うことができる財産的価値であって，電子情報処理組織を用いて移転することができるもの（次号に掲げるものに該当するものを除く。）

三　特定信託受益権

四　前3号に掲げるものに準ずるものとして内閣府令で定めるもの

（i）　1号電子決済手段

　1号電子決済手段は，大要，電子的に記録・移転される通貨建資産であって不特定の者に対する代価の弁済のために使用でき，かつ，不特定の者との間で購入・売却を行うことができるものをいうが，定義を構成する各要件の該当性の解釈は難解である。1号電子決済手段に該当するための要件として重要なものについて，以下詳述する。

❶　**要件①**（「代価の弁済のために不特定の者に対して使用することができ」（る））

　要件①の該当性は，「ブロックチェーン等のネットワークを通じて不特定の者の間で移転可能な仕組みを有しているか」，「発行者と店舗等との間の契約等により，代価の弁済のために電子決済手段を使用可能な店舗等が限定されていないか」，「発行者が使用可能な店舗等を管理していないか」といった観点から，個別具体的に判断される（電決業者ガイドラインI-1-1①）。基本的にこれらの観

点は，暗号資産交換業者に関するガイドライン（暗号資産ガイドライン）において，暗号資産該当性の判断の基準として示されているのと同一である。

　これらの観点から検討を行った結果，ブロックチェーン等を用いることなく発行され，発行者が中央集権的に利用者ごとの残高や使用可能な店舗（加盟店）の範囲を管理している資金移動業者（いわゆる「Pay」業者等）が発行する電子マネー，前払式支払手段（プリペイドカード），および各種ポイント等，日本国内でリテール部門において現在広く流通している決済手段の大半は電子決済手段に該当しないことになる。

❷　**要件②（「不特定の者を相手方として購入および売却を行うことができる」）**

　要件②に関しては，「ブロックチェーン等のネットワークを通じて不特定の者の間で移転可能な仕組みを有しているか」，「発行者による制限なく，本邦通貨又は外国通貨との交換を行うことができるか」，「本邦通貨又は外国通貨との交換市場が存在するか」といった観点から判断される（電決業者ガイドラインI-1-1②）。

　この点，電決業者ガイドラインI-1-1②（注1）においては，銀行や資金移動業者が発行するデジタルマネーにつき，発行者が，犯収法に基づく取引時確認を行った者にのみ移転を可能とする技術的措置が講じられており，かつ，移転の都度発行者の承諾その他の関与が必要となるものは，要件②を満たさず，電子決済手段に該当しないとの考え方が示されている。この結果，銀行または資金移動業者がブロックチェーンを用いて通貨建てのトークンを発行する場合であっても，上記の技術的措置を講じ，かつ移転の都度発行者の承諾その他の関与を要する設計とした場合には，基本的に電子決済手段に該当しないことになるものと思われる。他方，銀行，資金移動業者または海外発行体がパーミッションレス型のブロックチェーン上で発行するステーブルコインは1号電子決済手段に該当することになると思われる。

❸　**要件③**

(ア)　**要件③―1（「電子決済手段」の定義から除外されるもの）**

　1号電子決済手段の定義から，(a)有価証券，(b)電子記録債権法2条1項に規

定する電子記録債権，(c)前払式支払手段，および(d)当該(a)から(c)に類するものとして内閣府令で定めるものが除外されている。

(d)として，電子決済手段等取引業者に関する内閣府令（以下「電決府令」という）2条1項は，「対価を得ないで発行される財産的価値であって，…代価の弁済のために提示，交付，通知その他の方法により使用することができるもの」と規定していることから，いわゆる通貨建ての無償ポイントがこれに該当するものと考えられる。このようなポイントについては，仮にパーミッションレスチェーン上のトークンとして発行されたとしても，原則として，電子決済手段の定義から除外されることとなる。もっとも，パーミッションレスチェーン上のポイントについては，暗号資産に該当する可能性があり，暗号資産の定義に該当しないか別途検討を要する。

(イ) 要件③―2（「電子決済手段」の定義から除外されないもの）

資金決済法2条5項1号においては，上記(a)から(d)として電子決済手段の定義から除外されるものから，さらに要件③―2として，「流通性その他の事情を勘案して内閣府令で定めるもの」が除外されており，これに該当する場合には電子決済手段に該当する（すなわち，例外の例外が定められている）。電決府令2条2項は，要件③―2を満たすもの，すなわち電子決済手段に該当するものとして，下記のいずれにも該当しない前払式支払手段と規定している。

- 残高譲渡型前払式支払手段（意義は上記①(3)④を参照）
- 番号通知型前払式支払手段（意義は上記①(3)④を参照）
- その他その移転を完了するためにその都度当該前払式支払手段を発行する者の承諾その他の関与を要するもの

すなわち，1号電子決済手段の定義から前払式支払手段が除かれているが，移転を完了するためにその都度発行者の承諾その他の関与を要しない前払式支払手段（電決府令2②），例えば，発行者がブロックチェーン等の基盤を利用して不特定の者に対して流通可能な仕様で発行し，発行者や加盟店以外の不特定の者に対する送金・決済手段として利用できる前払式支払手段は，電子決済手段に該当する（電決業者ガイドラインI-1-1②（注2））。

また，利用者保護および業務の健全かつ適切な運営を確保する観点から，前払式支払手段発行者は，電子決済手段に該当する前払式支払手段を発行しない

よう適切な措置を講じることが新たに義務付けられた（上記①(3)④参照）。

　以上を踏まえると，前払式支払手段の形式で，電子決済手段（パーミッショ
ンレス型のステーブルコイン）を発行することは，今回の改正によって事実上
禁止されることになったものと整理できる。もっとも，電決府令2条2項の適
用に関しては，経過措置により，同府令の施行日（2023年6月1日）から2年
間は，同府令2条2項は適用されない（附則2）。そのため，当該期間の間は，
パーミッションレス型のブロックチェーン上で発行されるプリペイド型のス
テーブルコインは電子決済手段に該当せず，電子決済手段に関連する規制は適
用されないこととなる。

(ii)　2号電子決済手段

　不特定の者を相手方として購入および売却を行うことができない財産的価値
であっても，不特定の者を相手方として1号電子決済手段と相互に交換できる
ものについては，2号電子決済手段として電子決済手段に該当する。

　不特定の者を相手方として1号電子決済手段と相互に交換できるものか否か
を判断するにあたっては，「ブロックチェーン等のネットワークを通じて不特
定の者の間で移転可能な仕組みを有しているか」，「発行者による制限なく，1
号電子決済手段との交換を行うことができるか」，「1号電子決済手段との交換
市場が存在するか」，「1号電子決済手段を用いて購入又は売却できる商品・権
利等にとどまらず，当該電子決済手段と同等の経済的機能を有するか」等の観
点から判断される（電決業者ガイドラインI-1-1③）。

(iii)　3号電子決済手段

　3号電子決済手段として，「特定信託受益権」が規定されている。

　信託受益権が「特定信託受益権」に該当するためには，電子的に記録・移転
される信託受益権であって，受託者が信託財産たる金銭の全額を預貯金により
管理するものである必要がある（資金決済法2⑨）。

　さらに，特定信託受益権が円建てで発行される場合には，信託財産の全部が，
その預金者等がいつでも払戻しを請求することができる預金等（外貨預金等・
譲渡性預金等を除く）により管理されるものであること，また，特定信託受益

権が外貨建てで発行される場合には，信託財産の全部が，その預金者等がいつでも払戻しを請求することができる，当該信託財産の外国通貨に係る外貨預金等（譲渡性預金等を除く）により管理されるものであることを要する（電決府令3）。

　なお，特定信託受益権については，金融商品取引法2条に規定する「有価証券」には該当せず（金商法2②，金融商品取引法施行令1の2，定義府令4の2），金融商品取引法上の発行開示規制，業規制等は適用されない。

(iv)　4号電子決済手段

　4号電子決済手段として規定される「前3号に掲げるものに準ずるものとして内閣府令で定めるもの」は，1号電子決済手段の上記要件①および②を満たし，「電子情報処理組織を用いて移転することができるもの」のうち，金融庁長官が定めるものとされている（電決府令2③）。

　そのため，ブロックチェーン等のネットワークを通じて移転可能な仕組みを有する財産的価値であれば，金融庁長官が指定することにより，4号電子決済手段に該当する。ただし，本書執筆時点（2023年8月）においては，金融庁長官による指定はなされておらず，4号電子決済手段に該当するものは存在しない。

　この点，資金決済法上の暗号資産の定義を充足するデジタル資産であれば，要件①を充足すると考えられるところ，今後，特定の暗号資産が決済手段として広く普及・利用されるような状況となった場合には，金融庁長官の指定により，当該デジタル資産が4号電子決済手段に該当する可能性があることに十分留意する必要がある。なお，電子決済手段に該当することとなったデジタル資産は，資金決済法上の暗号資産には該当しない（資金決済法2⑭一参照）。

③　電子決済手段の「発行者」に課される規制

(i)　銀行・資金移動業者（特定信託会社を除く）

　上記②のとおり，電子決済手段は，法定通貨建ての財産的価値である必要があり，当該電子決済手段を発行・償還することによって，直接現金を輸送することなく隔地者間で資金の授受をすることができることとなるため，電子決済

手段の発行・償還行為は「為替取引」に該当する。そのため，そのような電子決済手段を発行・償還するためには，原則として銀行業免許または資金移動業登録を受ける必要がある（銀行法2②二・4①，資金決済法2②・37）（なお，特定信託会社については，下記(ii)を参照）。

　もっとも，本書執筆時点において，金融当局は，銀行等の預金取扱金融機関が現実に電子決済手段を発行することについて慎重な立場をとっている（銀行法施行規則13の6の9および2023年5月26日付パブリックコメントに対する回答（電子決済手段等関係）No.8）。

　上記②(i)❷（要件②）で述べたとおり，銀行または資金移動業者がパーミッションレス型のブロックチェーン上で発行するトークンおよびパーミッションド型のブロックチェーン上で発行するトークンのうち移転の都度発行者の承諾その他の関与を要する設計となっていないものは，電子決済手段に該当することになる。発行体が銀行である場合，信託兼営銀行が特定信託受益権として発行する場合を除けば，トークン上に表示される権利は，利用者に償還請求権がある場合には，銀行に対する預金債権と整理することが自然なように思われる。しかし，パーミッションレスチェーン上で流通する電子決済手段は，電子決済手段等取引業者が管理するウォレットだけでなく，保有者自身が管理するアンホステッドウォレットに移転しうることから，発行者である銀行が適時に当該電子決済手段の保有者（＝預金者）の情報を把握することは技術的に困難であると考えられる。このような事態は，銀行の破綻時における迅速な名寄せを前提とする現行の預金保険制度において想定されていない事態であるといえ，また，本改正法においても特段の手当てはなされていないように見受けられる。そうすると，この点が実務上または立法的に解決されるまでは，事実上銀行が預金債権と紐付いた電子決済手段（tokenized deposit）を発行することは困難であるものと思われ，当局による慎重な立場の背景にはこのような未解決の論点の存在があるように思われる。

　このため，当面の間は，1号電子決済手段の発行者は資金移動業者となるものと思われる。そこで，電子決済手段に該当するデジタルマネーを発行・償還する資金移動業者に対して課される規制について，以下概説する。

❶ 電子決済手段を発行する資金移動業者に対する規制

　⑺　滞留規制・送金上限

　第一種資金移動業者が電子決済手段の発行者として為替取引を行うことは，法令上明示的に禁止されていないものの，厳格な滞留規制（資金決済法51の2）が課されるため，償還がなされない限り顧客資金が資金移動業者において滞留することとなる電子決済手段の仕組みと合致せず，事実上困難と思われる。

　第二種資金移動業者については，電子決済手段の発行者として為替取引を行うことができ，その場合は，下記の滞留規制や送金上限等，第二種資金移動業者としての規制に服する。

【滞留規制】

　第二種資金移動業者は，各利用者の電子決済手段の履行等金額（＝保有残高）が100万円を超える場合は，当該電子決済手段の利用者の資金が為替取引に用いられるものであるかを確認するための体制を整備しなければならない（資金決済法51，資金移動業府令30の2②）。ただし，電子決済手段等取引業者（ステーブルコインの取引所）（詳細は下記④参照）が管理するウォレット内の各利用者の残高について管理すれば足り，アンホステッドウォレット内において管理されている残高についてまで100万円の計算に含めることは求められていない。

　電子決済手段等取引業者が電子決済手段の移転・管理に係る業務を行う場合，発行者である第二種資金移動業者が上記の態勢整備義務を履行するためには，以下の点を遵守する必要がある（資金移動業者ガイドラインⅣ-2⑴）。

- 電子決済手段等取引業者が管理するウォレットにおいて，利用者の電子決済手段の額が1人当たり100万円を超えている場合，自らまたは電子決済手段等取引業者をして，電子決済手段等取引業者が管理する電子決済手段に係る利用者の資金が為替取引に関するものであるかを確認するための態勢を整備すること
- 仮に為替取引に用いられる蓋然性が低いと判断される場合，自らまたは電子決済手段等取引業者をして，利用者に償還を請求するようにし，利用者がこれに応じない場合，利用者に電子決済手段を償還する等当該電子決済

手段に係る利用者の資金を保有しないための措置を講じること

【送金上限】

第二種資金移動業者が電子決済手段を発行する場合，1件当たり100万円相当額という送金上限規制が適用される。

具体的には，発行者である第二種資金移動業者が当該送金上限規制を履行するためには，以下の点を遵守する必要がある（資金移動業者ガイドラインⅣ-2(2)）。

- 電子決済手段等取引業者が利用者の指図により電子決済手段を移転させる場合（電子決済手段等取引業者が管理しないウォレットに移転する場合を含む），自らまたは電子決済手段等取引業者をして，当該移転の1件当たりの金額が100万円を超えないようにするための措置を講ずる態勢を整備すること
- 第二種資金移動業者が，利用者が自身で管理するウォレット（アンホステッドウォレット）に対し新規に電子決済手段を発行する場合も上記と同様。他方，電子決済手段等取引業者に対して発行する場合および，電子決済手段等取引業者が管理する利用者のウォレットに直接発行する場合には，送金上限規制の対象とならない。

また，電子決済手段等取引業者から利用者が電子決済手段を購入する行為自体は，為替取引（送金行為）には該当せず，送金上限規制の対象とならないものと考えられる。

(イ)　利用者保護のために追加された規制

電子決済手段を発行する資金移動業者は，通常の資金移動業者としての行為規制に加え，利用者保護の観点から，主として下記の行為規制が課せられる。

- 事前届出義務（①新たに電子決済手段の発行による為替取引を行おうとすることによる資金移動業の内容または方法の変更，②電子決済手段の発行による為替取引を行っている場合には，発行する電子決済手段の変更）（資金移動業府令9の9五，六）
- 電子決済手段の内容に関する説明義務（資金移動業府令29の3）
- 利用者の保護または資金移動業の適切かつ確実な遂行に支障を及ぼすおそ

れがあると認められる電子決済手段を発行しないために必要な措置を講じる義務（資金移動業府令31五）

　具体的に講じるべき措置（資金移動業者ガイドラインII-2-2-1-1 (9)）のうち，主要なものは以下のとおりである。

✓発行する電子決済手段について，権利の移転時期やその手続を明確化すること

✓電子決済手段等取引業者に取引記録の作成・保存，取引モニタリング等の犯収法上の義務の履行に必要な事務を委託する場合における態勢，パーミッションレス型のブロックチェーンにおいて電子決済手段を発行する場合には自らが管理しないウォレット（筆者注：アンホステッドウォレットを含むと思われる）に係る電子決済手段の移転および償還を停止するための態勢等，資金移動業者ガイドラインII-2-1-2に定めるAML／CFTについて必要な態勢を整備すること

✓資金移動業者や電子決済手段等取引業者の破綻時や技術的な不具合等（サイバー攻撃のほか，事務処理ミス，内部不正，システムの不具合等）が生じた場合に，資金移動業者や電子決済手段等取引業者による電子決済手段等取引業に係る取引の解除・取消しや損失の補償等を確保すること

✓利用者が電子決済手段の償還請求をする場合，速やかに適切な償還が行われる態勢として，受付窓口の設置や償還手続に関する社内規程の策定等

　　上記のうち，１点目の「発行する電子決済手段について，権利の移転時期やその手続を明確化すること」との関係で，１号電子決済手段の移転につき，どのように法的に構成するかが問題となる。

　　この点，電子決済手段の移転が発行体（資金移動業者）に対する金銭債権の譲渡であるという法的構成をすると債権譲渡の対抗要件の具備（確定日付のある証書による通知が必要）が必要となりワークしない。そのため，移転元アドレスの保有者の発行体に対する金銭債権は消滅し，同時に，移転先アドレスの保有者の発行体に対する金銭債権が発生すると構成することなどが想定されるが，そのような方法で法的に問題なく

機能するかといった点については，さらなる検討を要する。

(ⅱ)　特定信託会社

信託会社または外国信託会社は，「特定信託会社」として，3号電子決済手段を発行することができる（資金決済法2㉗，同施行令2の2）。ここでいう「信託会社」には，運用型信託会社だけではなく管理型信託会社も含まれることから（信託業法2②），管理型信託会社であっても3号電子決済手段を発行することができる。

❶　特定信託会社が電子決済手段を発行する場合に必要な手続

特定信託会社が3号電子決済手段を発行することで業として為替取引を行う場合，銀行業免許または資金移動業登録を受ける必要はなく（資金決済法37の2①），所定の事項について届出を行えば足りる（同③，資金移動業府令3の6）。

❷　特定信託会社に対する規制

特定信託会社が業として3号電子決済手段を発行する場合，特定信託会社を資金移動業者とみなして，資金移動業者に適用される一定の行為規制等が適用される（資金決済法37の2②）。また，資金移動業者ガイドラインのうち，第一種から第三種の資金移動業者に共通して適用される記載についても，特定信託会社に適用される（資金移動業者ガイドラインⅥ-2）。

(ア)　滞留規制・送金上限
【送金上限】

特定信託会社にも，第二種資金移動業者と同様の100万円相当額の送金上限規制が適用される（資金移動業者ガイドラインⅥ-1）。

もっとも，特定信託会社は，別途認可を受けることにより，1件当たり100万円を超える移転が可能な3号電子決済手段を発行することも可能である。この場合，特定信託会社は，業務実施計画（移動させる資金の額の上限額等）を定め，認可を受ける必要がある（資金決済法37の2②，40の2①，同施行令12の4）。この場合，第一種資金移動業者と同様に，高額の為替取引を行うことが可能な

３号電子決済手段を発行することに伴うリスクを踏まえた充実した体制整備が求められる（資金移動業者ガイドラインⅥ-1）。

【滞留規制】

特定信託会社には，資金移動業者に課されている滞留規制は課されていない[1]。

(ｲ)　利用者保護のために追加された規制

一般の資金移動業者に適用される規制に加え，上記(ⅰ)❶(ｲ)記載の，第二種資金移動業者が電子決済手段を発行する場合と同様の規制が利用者保護の観点から適用される。

このうち，資金移動業者ガイドラインⅡ-2-2-1-1(9)①に規定される，「発行する電子決済手段について，権利の移転時期やその手続を明確化すること」との関係で，信託会社が発行するパーミッションレス型のブロックチェーンを利用した特定信託受益権の場合に，トークンの移転につきどのように法的に構成するかが問題となる。

すなわち，通常の信託受益権の譲渡は，確定日付のある証書によって通知または承諾しなければ受託者以外の第三者に対抗することができず（信託法94），受益証券発行信託の受益権の譲渡の場合は，その受益権を取得した者の氏名または名称および住所を受益権原簿に記載し，または記録しなければ，受益証券発行信託の受託者（受益証券を発行しない受益権の場合は「受託者その他の第三者」）に対抗することができない（信託法195）。

しかし，信託会社が発行するパーミッションレス型のブロックチェーンを利用したトークンの移転につき，信託受益権の譲渡と法律構成すると，受益証券

---

(1)　資金決済法37条の2第2項において適用される同法51条の読み替えにおいて「利用者から受け入れた資金のうち為替取引に用いられることがないと認められるものを保有しないための措置」の部分は準用されておらず，また，第一種資金移動業者について厳格な滞留規制を定める同法51条の2は準用されていない。信託がもともと信託財産の預託を前提とした制度であり，かつ，特定信託受益権の裏付資産となる信託財産については上記のように，全額預貯金により管理が義務付けられており，全額倒産隔離が図られることを受けての整理と考えられる。

発行信託を用いることは困難（アンホステッドウォレットへの移転が想定される以上，受益権を取得した者の氏名または名称および住所を受益権原簿に記載・記録が困難）であり，受益証券発行信託とせず通常の信託受益権と構成する場合であっても，ブロックチェーン上の移転に確定日付のある証書による通知・承諾はなじまない。したがって，信託会社が発行するパーミッションレス型のトークンの移転は，受益権の譲渡ではなく，他の法律構成とする必要があるものと考えられる。

　具体的には，信託行為の定めにより受益者となるべき者として指定された者は，当然に受益権を取得する旨規定する信託法88条1項本文に基づきトークンを移転すると，（特段の意思表示なく自動的に）移転元アドレスの保有者の受益権は消滅し，移転先アドレスの保有者の受益権が発生するとの構成（消滅・発生構成）に基づき，常に，トークンの保有者と特定信託受益権の受益者を法的に一致させる試みなどが検討されることになる。

　さらに，特定信託会社に課される規制として，特定信託受益権の受益者が信託契約期間中に当該特定信託受益権について信託の元本の償還を請求した場合は，遅滞なく当該特定信託受益権に係る信託契約の一部を解約することにより当該請求に応じるか，または，遅滞なく当該特定信託受益権をその履行等金額と同額で買い取る必要がある（資金決済法37の2④，資金移動業府令3の7，資金移動業者ガイドラインVI-3）。

④　電子決済手段の仲介業者である「電子決済手段等取引業者」等に課される規制

(i)　「電子決済手段等取引業」および「電子決済等取扱業」の定義

　本改正法によって，資金決済法に「電子決済手段等取引業」の定義が，銀行法に「電子決済等取扱業」の定義がそれぞれ以下のとおり設けられた。

＜資金決済法2条10項＞

　この法律において「電子決済手段等取引業」とは，次に掲げる行為のいずれかを業として行うことをいい，「電子決済手段の交換等」とは，第1号又は第2号に掲げる行為をいい，「電子決済手段の管理」とは，第3号に掲げる行為をいう。

一　電子決済手段の売買又は他の電子決済手段との交換

二　前号に掲げる行為の媒介，取次ぎ又は代理

三　他人のために電子決済手段の管理をすること（その内容等を勘案し，利用者の保護に欠けるおそれが少ないものとして内閣府令で定めるものを除く。）。

四　資金移動業者の委託を受けて，当該資金移動業者に代わって利用者（当該資金移動業者との間で為替取引を継続的に又は反復して行うことを内容とする契約を締結している者に限る。）との間で次に掲げる事項のいずれかを電子情報処理組織を使用する方法により行うことについて合意をし，かつ，当該合意に基づき為替取引に関する債務に係る債権の額を増加させ，又は減少させること。

　イ　当該契約に基づき資金を移動させ，当該資金の額に相当する為替取引に関する債務に係る債権の額を減少させること。

　ロ　為替取引により受け取った資金の額に相当する為替取引に関する債務に係る債権の額を増加させること。

＜銀行法2条17項＞

　この法律において「電子決済等取扱業」とは，次に掲げる行為を行う営業をいい，「電子決済等関連預金媒介業務」とは，第2号に掲げる行為をいう。

一　銀行の委託を受けて，当該銀行に代わって当該銀行に預金の口座を開設している預金者との間で次に掲げる事項のいずれかを電子情報処理組織を使用する方法により行うことについて合意をし，かつ，当該合意に基づき預金契約に基づく債権（以下この号において「預金債権」という。）の額を増加させ，又は減少させること。

> 　イ　当該口座に係る資金を移動させ，当該資金の額に相当する預金債権
> 　　の額を減少させること。
> 　ロ　為替取引により受け取った資金の額に相当する預金債権の額を増加
> 　　させること。
> 二　その行う前号に掲げる行為に関して，同号の銀行（以下「委託銀行」
> 　という。）のために預金の受入れを内容とする契約の締結の媒介を行う
> 　こと。

　まず，「電子決済手段等取引業」の定義を規定する資金決済法2条10項のうち，電子決済手段の売買・交換（1号），売買・交換の媒介，取次または代理（2号），管理（3号）[2]は，総称して「電子決済手段関連業務」と定義されている（資金決済法2⑪）。

　この点に関連し，電子決済手段等取引業者が利用者に対して電子決済手段を引き渡し，その引換えに利用者から暗号資産を受領する場合は，「電子決済手段の売買」（資金決済法2⑩一）に該当し，電子決済手段等取引業者が利用者に対して暗号資産を引き渡し，その引換えに利用者から電子決済手段を受領する場合は，「暗号資産の売買」（資金決済法2⑮一）に該当するとされている（電決業者ガイドラインI-1-2-2②）。したがって，電子決済手段と暗号資産の双方向の交換を業務として取り扱うためには，電子決済手段等取引業者と暗号資産交換業者の双方の登録を取得することが必要となる。

　また，「電子決済手段等取引業」のもう1つの類型である資金決済法2条10項4号の行為は，電子決済手段等取引業者が，資金移動業者から委託を受けていることを前提に，利用者アカウント間で資金の移動を行うことを利用者との間で合意し，その結果として生ずる資金移動業者との関係での未達債務にかかる債権の増加（受取人との関係，4号ロ）または減少（送金人との関係，同号イ）の効果を生じさせるものである。本類型は，「電子決済手段等取引業」という名称にもかかわらず，電子決済手段を取り扱わないことを前提とした行為類型であ

---

[2]　電子決済手段の管理（3号）からは，「信託会社等が信託業法又は金融機関の信託業務の兼営等に関する法律の規定に基づき信託業法第2条第1項に規定する信託業として行う」管理が除外されている（電決府令4）。

る。具体的には，パーミッションレスチェーンを用いることなく，発行者である資金移動業者（およびその委託を受けた電子決済手段等取引業者）が中央集権的にすべての利用者ごとの残高を管理するスキームを念頭に置いた類型であるということができる。

「電子決済等取扱業」の定義を規定する銀行法2条17項の基本的な建付けは，上記の資金決済法2条10項4号とパラレルになっている。すなわち，電子決済等取扱業とは，電子決済等取扱業者が，銀行から委託を受けていることを前提に，利用者との間で，他の利用者に資金の移動を行うことを合意し，その結果として生ずる銀行との関係での預金債権の増加（受取人との関係，銀行法2⑰一ロ）または減少（送金人との関係，銀行法2⑰一イ）の効果を生じさせるものである。したがって，こちらも銀行が発行する電子マネーが「電子決済手段」に該当しないことを前提としたビジネスモデルである。

(ⅱ)　**電子決済手段等取引業者に課される行為規制**

本書においては，実務上の関心が高いと思われる電子決済手段関連業務（電子決済手段の売買・交換（1号），売買・交換の媒介，取次または代理（2号），管理（3号））に課される行為規制に焦点を当てて解説を行う。

❶　国内で発行された電子決済手段を取り扱う場合および海外で発行された電子決済手段を取り扱う場合に共通して課される規制

国内で発行された電子決済手段と海外で発行された電子決済手段を取り扱う場合に共通して課される規制の概要は**図表3−3**のとおりである。

以下では，特に実務上留意すべきと思われる点に焦点を当てて解説する。

(ア)　利用者保護等措置

電子決済手段等取引業者は，ステーブルコインの発行者との誤認防止のための説明，手数料その他の契約内容の情報提供，その他の利用者の保護を図り，業務の適正かつ確実な遂行を確保するために必要な措置を講じなければならない（資金決済法62の12）。

図表 3 － 3　電子決済手段に係る規制（国内・海外共通）

情報の安全管理	情報の安全管理のために必要な措置を講じなければならない（資金決済法62の10）。
委託先に対する指導	電子決済手段等取引業の一部を第三者に委託をした場合には，当該業務の適正かつ確実な遂行を確保するために必要な措置を講じなければならない（資金決済法62の11）。
利用者保護等措置	ステーブルコインの発行者との誤認防止のための説明，手数料その他の契約内容の情報提供，その他の利用者の保護を図り，業務の適正かつ確実な遂行を確保するために必要な措置を講じなければならない（資金決済法62の12）。
金銭等の預託禁止	電子決済手段等取引業に関して利用者から金銭その他の財産の預託を受けること等を原則として禁止する（資金決済法62の13）。ただし書において，「利用者の保護に欠けるおそれがない場合として内閣府令で定める場合」に例外が認められている。
利用者電子決済手段の分別管理義務	利用者の電子決済手段を自己の電子決済手段と分別して管理し，その管理の状況について，定期的に公認会計士または監査法人の監査を受けなければならない（資金決済法62の14）。
発行者等との契約締結義務	発行者等との間で，利用者に損害が生じた場合における賠償責任の分担等について定めた電子決済手段等取引業に係る契約を締結し，これにしたがって当該発行者等に係る電子決済手段等取引業を行わなければならない（資金決済法62の15）。
紛争解決機関との契約締結義務等	資金決済法上の資金移動業者や暗号資産交換業者と同等の裁判外紛争解決措置が求められている（資金決済法62の16）。
金融商品取引法の準用	通貨の価格その他の指標に係る変動によりその価格が変動する恐れがある電子決済手段として内閣府令で定めるものに係る電子決済手段関連業務を行う電子決済手段等取引業者について，金融商品取引法の規定を準用する（資金決済法62の17）。
取引時確認義務等	特定事象者に電子決済手段等取引業者が追加されたことで（犯収法2②三十一の二），顧客についての取引時確認，疑わしい取引の届出等，犯収法上の特定事業者に課された各種の義務の対象となる。
トラベルルール等	特定事業者一般の義務ではなく，電子決済手段等取引業者に特有の義務として，犯収法上，①外国において電子決済手段の交換または管理を行っている者との間で，電子決済手段の移転を反復継続して行う場合の先方の取引時確認等の状況の確認措置（犯収法10の2），および②いわゆるトラベルルール（電子決済手段の移転時の移転先の電子決済手段等取引業者への顧客情報の通知義務等）（犯収法10の3）が課されている。ただし，電子決済手段のうち，3号電子決済手段（特定信託受益権）については，これらの義務の対象とならない。

　利用者保護措置の1つとして，電子決済手段等取扱業者が取り扱うことのできる電子決済手段の適切性の判断基準が下記のとおり定められている（電決業者ガイドラインI-1-2-3⑴）。当該基準は，電子決済手段の発行者（資金移動業者）に課されている利用者保護のための態勢整備義務（上記③(i)❶(イ)参照）と同様の内容となっている。

① 　取り扱う電子決済手段について，権利の移転時期やその手続が明確になっていること（例えば，契約書や利用約款等において電子決済手段の移転の手続や，移転の確定する時期およびその根拠を記載すると共に，これらの事項について利用者に対して十分な説明が行われていること）

② 　電決業者ガイドラインII-2-1-2に規定するAML／CFTについて必要な態勢が適切に整備されていること

③ 　発行者や電子決済手段等取引業者の破綻時や技術的な不具合等（サイバー攻撃のほか，事務処理ミス，内部不正，システムの不具合等を含むがこれに限られない）が生じた場合において，発行者や電子決済手段等取引業者による取引の解除・取消し（原状回復を含む）や損失の補償等が確保されているなど，利用者の権利が適切に保護されていること

④ 　利用者が電子決済手段の償還請求をする場合，速やかに適切な償還が行われる態勢として，以下の措置を講じること

✓ 　発行者による受付窓口の設置および電子決済手段等取引業者によるその確認（電子決済手段等取引業者が利用者から償還請求を受け付けることとしている場合には，電子決済手段等取引業者による受付窓口の設置）

✓ 　利用者に対する適切な情報提供

✓ 　電子決済手段等取引業者が利用者から償還請求を受け付けることとしている場合には，償還手続に関する社内規程の策定等

(イ)　金銭等の預託禁止

　電子決済手段等取扱業者は，電子決済手段等取引業に関して利用者から金銭その他の財産の預託を受けること等が原則として禁止される（資金決済法62の13）。

　もっとも，電子決済手段の交換等（資金決済法 2 条10項 1 号および 2 号に掲げる行為）に関して利用者から金銭の預託を受ける場合であって，当該金銭を信託会社等[(3)]への信託（以下「利用者区分管理金銭信託」という）により自己の固有財産と区分して管理する場合は適用除外となる（電決府令33①一）。したがって，電子決済手段の取引に関して利用者から金銭の預託を受ける場合は，信託会社等に対する金銭信託（利用者区分管理金銭信託）を行う必要がある。

　これにより，現行の暗号資産交換所のように，一旦電子決済手段等取引業者が利用者の金銭を預かり，当該金銭を使ってステーブルコイン（電子決済手段）を購入するといったビジネスモデルについても，当該金銭の信託を行うことを条件に許容されることになる。

　(ウ)　利用者電子決済手段の分別管理義務

　電子決済手段等取扱業者は，利用者の電子決済手段を自己の電子決済手段と分別して管理しなければならない（資金決済法62の14）。

　(a)　利用者区分管理電子決済手段信託による分別管理

　管理の方法としては，原則として，利用者から預かった電子決済手段（以下「預託SC」という）を，信託会社等に対して信託（以下「利用者区分管理電子決済手段信託」という）し，当該信託会社等において，預託SCを分別管理（利用者の電子決済手段とそれ以外の電子決済手段とを明確に区分させ，かつ，当該利用者の電子決済手段についてどの利用者の電子決済手段であるかがただちに判別できる状態（当該利用者の電子決済手段に係る各利用者の数量が信託会社等の帳簿によりただちに判別できる状態を含む）で管理することをいう（以下同じ））させなければならない（電決府令38①）。また，利用者区分管理電子決済手段信託に係る電子決済手段等取引業者と信託会社との間の契約は，電決府令38条 2 項各号に定める要件（電子決済手段等取引業者を委託者，信託会社等を受託者とし，かつ，利用者を元本の受益者とすること，受託者が信託財産につき保存

[(3)]　大要，信託会社および信託業務を営むことの認可を受けた銀行等の金融機関をいう（資金決済法 2 ㉖）。

行為または性質を変えない範囲内の利用行為・改良行為のみを行うものであること等）をすべて満たす必要がある。

　既存の暗号資産交換業者に対する規制では，基本的に預かり暗号資産の管理は基本的に自社の管理するコールドウォレットにおける分別管理で足りるものとされており，原則として信託が求められるのは電子決済手段等取引業者に特有の規制であるといえる。

　(b)　利用者区分管理電子決済手段自己信託による分別管理

　もっとも，例外的に当局の承認を得た場合は，預託SCを信託法3条3号に定める方法により自己信託（以下「利用者区分管理電子決済手段自己信託」という）し，信託財産に属する預託SCをコールドウォレットで管理する方法による分別管理も許容される（電決府令38③④）。実務的には，当該方法による分別管理がより現実的な選択肢になるように思われる。

　ただし，当局から承認を得るためには，下記の要件①～③をすべて満たす必要がある。

　①　資本金の額および純資産額が3,000万円以上であること
　②　利用者区分管理電子決済手段自己信託に係る事務の内容および方法を記載した書類の規定が，法令に適合し，かつ，当該事務を適正に遂行するために十分なものであること
　③　人的構成に照らして，利用者区分管理電子決済手段自己信託に係る事務を的確に遂行することができる知識および経験を有すること

　また，利用者区分管理電子決済手段自己信託として，電決府令38条5項各号に定める要件（利用者を元本の受益者とすること，受託者が信託財産につき保存行為または性質を変えない範囲内の利用行為・改良行為のみを行うものであること等）をすべて満たす必要がある。

　(c)　コールドウォレットでの分別管理

　上記(a)および(b)にかかわらず，電子決済手段が当該利用者に帰属することが明らかであるときは，（利用者区分管理電子決済手段信託および利用者区分管

理電子決済手段自己信託によって管理する必要はなく）原則としてコールド
ウォレットで分別管理すれば足りる（電決府令38⑦）。「電子決済手段が当該利用
者に帰属することが明らかであるとき」とは，例えば，電子決済手段等取引業
者が，3号電子決済手段（特定信託受益権）のうち受益証券発行信託に係る受
益権に該当するものを利用者のために管理する場合であって，各利用者が受益
権原簿において受益権者として記載されているときがこれに当たるとの考え方
が示されている（電決業者ガイドラインII-2-2-3-2(3)④（注））。言い換えれば，利
用者が電子決済手段等取引業者に対して返還請求権を有するだけでは足りず，
電子決済手段が利用者に直接的に帰属していることが法的に明らかな場合にの
みこの例外規定によることができるとする趣旨と考えられる。

(d)　発行者等との契約締結義務

電子決済手段等取扱業者は，発行者等との間で，所定の事項について定めた
電子決済手段等取引業に係る契約を締結し，これに従って当該発行者等に係る
電子決済手段等取引業を行わなければならない（資金決済法62の15）。

具体的には，下記の事項について定めた契約を発行者等との間で締結する必
要がある（電決府令40②一，電決業者ガイドラインII-2-2-4-2(1)(2)）。

- 利用者に損害が生じた場合における当該損害について，当該電子決済手段
  等取引業者が取り扱う電子決済手段の発行者と電子決済手段等取引業者と
  の賠償責任の分担に関する以下の事項
  ①　利用者からの被害申告の受付窓口
  ②　補償する場合の基準や手続（利用者に求める情報や，過失の有無の判
  　　断等）
  ③　補償する場合の方法（補償の実施者，損害の算定方法等を含む）
  ④　補償する場合の補償範囲
  ⑤　いずれか一方が補償した場合の求償関係（損害の分担）
- 当該電子決済手段等取引業者が取り扱う電子決済手段の発行者が発行する
  電子決済手段の保有者を把握するために必要な情報を当該電子決済手段等
  取引業者が当該発行者の求めに応じて速やかに提供するために必要な事項
  （当該情報の提供の頻度および時期に関する事項を含む）として，例えば，

電決府令75条1項1号および76条1項に定める取引記録や電決府令75条1項7号に定める電子決済手段の管理に係る情報などを提供すること（なお，発行者等の求めがあった場合，有事または平時を問わず，速やかにこれに応じる態勢を整備する必要がある）

　発行者との契約締結義務については，すでに海外で発行され流通する主要なデジタルマネー類似型ステーブルコインはいずれもパーミッションレス型であり，発行者と仲介者との間の契約締結を原則として想定していないため，これらのステーブルコインの日本における流通の障害となる可能性がある。もっとも，外国で発行された電子決済手段の取扱いにあたって，下記❷(イ)に記載する発行者破綻時の買取義務・買取資金の保全義務を果たした場合，発行者との契約締結義務は免除され（電決府令40①），府令レベルで一定の手当てがなされたといえる。他方，日本において発行されるステーブルコインについてはこのような手当てはなされていないため，パーミッションレス型であっても，発行者と電子決済手段等取引業者との間の契約の締結が必要になると考えられる。

　(e)　トラベルルール等
　電子決済手段等取引業者には，犯収法上，①外国において電子決済手段の交換または管理を行っている者との間で，電子決済手段の移転を反復継続して行う場合の先方の取引時確認等の状況の確認措置（犯収法10の2），および②いわゆるトラベルルール（電子決済手段の移転時の移転先の電子決済手段等取引業者への顧客情報の通知義務等）（犯収法10の3）が課されている。
　トラベルルールの対象は，カストディアルウォレット（他の電子決済手段等取引業者・外国電子決済手段等取引業者（アメリカ，カナダ，ドイツ，シンガポール等，金融庁・財務省告示（犯罪による収益の移転防止に関する法律施行令17条の2および17条の3の規定に基づき国または地域を指定する件）1条各号において定める国または地域（以下「指定国等」という）に所在する電子決済手段等取引業者に限る）の管理するウォレット）との間の電子決済手段の移転であって，アンホステッドウォレット（個人が保有するウォレット）および指定国等「以外」に所在する電子決済手段等取引業者の管理するカストディアルウォレットとの間

の電子決済手段の送受はトラベルルールの対象から外れている。もっとも，アンホステッドウォレットとの間の電子決済手段の送受を行う場合でも，犯収法施行規則31条の4第1項に規定する通知事項[4]を取引記録に記載しなければならない（犯罪による収益の移転防止に関する法律施行規則（以下「犯収法施行規則」という）24八ハ・ニ）。

　また，この場合，電子決済手段等取引業者は，下記の措置を講じることが求められる（犯収法施行規則32⑥）。

- 当該電子決済手段の移転に係る取引の相手方の属性について調査し，および分析し，ならびに当該取引の犯罪による収益の移転の危険性の程度を評価すること
- 当該電子決済手段の移転に係る最初の移転元および最後の移転先の名義その他の当該移転に関する情報を収集すること

　法令レベルでは，上記の措置を講じることは努力義務とされているものの，電決業者ガイドラインにおいて，下記の措置を講じることが事実上求められている（同ガイドラインII-2-1-2-2⑾）。

① 犯収法7条1項および11条ならびに犯収法施行規則24条および32条に基づき，犯収法施行規則31条の4第1項に定める事項に相当する事項を収集し，記録すること（アンホステッドウォレット等から電子決済手段を受け取る場合には，電子決済手段等取引業者が知り得た事項に限る）

② 犯収法11条および犯収法施行規則32条に基づき，アンホステッドウォレット等との取引を行う場合には，当該アンホステッドウォレット等の属性について調査・分析を行い，そのリスクを評価すること

③ 上記②に加え，特に送金・決済手段として広く利用・取引される可能性がある電子決済手段については，当該性質を踏まえたリスクを特定・評

---

(4) アンホステッドウォレットへの（またはアンホステッドウォレットからの）電子決済手段の移転を行う顧客に関する情報およびアンホステッドウォレットの所有者の情報の記録が必要になる。アンホステッドウォレットの所有者に関しては，具体的には，（1）氏名または名称および，（2）当該移転に係る識別子（ブロックチェーンアドレスを指すと考えられる）またはそれを特定するに足りる記号番号の記録が必要になる（犯収法施行規則24八ニ）。

価し，当該リスクに応じた適切な態勢整備が必要であり，例えば，以下の態勢を整備すること

✓ 経営陣は，アンホステッドウォレット等との取引について，テロ資金供与やマネー・ローンダリング等に利用されるリスクを低減するための体制を整備するとともに，定期的にその有効性を検証するなど，法令等遵守・リスク管理事項として，当該リスクの低減を明確に位置付けること

✓ アンホステッドウォレット等との取引を監視・分析するにあたって，ブロックチェーンを検証等することによりリスクを把握すること

✓ アンホステッドウォレット等との取引を行う利用者や自らの調査を通じて，アンホステッドウォレット等に関する情報を適切に取得するとすること

  ➢ 具体的には，アンホステッドウォレット等に電子決済手段を移転する場合，移転先のアンホステッドウォレット等の情報を利用者等から取得し，疑わしい取引と判断した場合には，利用者に電子決済手段を移転させない対応が可能な態勢を整備すること

  ➢ アンホステッドウォレット等から電子決済手段を受け取る場合，アンホステッドウォレット等の情報を利用者等から取得し，疑わしい取引と判断した場合には，受領した電子決済手段を利用者に利用させない対応が可能な態勢を整備すること

❷ 海外で発行された電子決済手段を取り扱う場合に追加的に課される規制

電子決済手段等取引業者が，外国で発行された電子決済手段（以下「外国電子決済手段」という）を取り扱う場合に，上記❶に加えて課される規制を概観する。

㈠ 不適切な電子決済手段を取り扱わないために必要な措置

電子決済手段等取引業者が，外国電子決済手段を取り扱う場合には，当該電子決済手段が下記の要件を満たす必要がある（電決府令30①五）。

• 資金決済法または銀行法に相当する外国の法令の規定により，当該外国電子決済手段を発行することにつき必要なライセンスを取得し，当該外国電

子決済手段の発行を業として行う者により発行されていること（発行者の
ライセンス）
- 当該外国電子決済手段の発行者が当該外国電子決済手段を償還するために
  必要な資産を資金決済法，銀行法，金融機関の信託業務の兼営等に関する
  法律または信託業法に相当する外国の法令の規定により管理しており，か
  つ，当該管理の状況について，当該外国電子決済手段の発行が行われた国
  において公認会計士の資格に相当する資格を有する者または監査法人に相
  当する者による監査を受けていること（発行者による資産保全）
- 捜査機関等から当該外国電子決済手段に係る取引が詐欺等の犯罪行為に利
  用された旨の情報の提供があることその他の事情を勘案して犯罪行為が行
  われた疑いがあると認めるときは，当該外国電子決済手段を発行する者に
  おいて，当該外国電子決済手段に係る取引の停止等を行う措置を講ずるこ
  ととされていること（取引停止等措置）

上記に関連し，電子決済手段等取引業に係る登録申請手続において，下記の
対応が求められる（電決業者ガイドラインⅢ-2-1⑴③）。
- 外国電子決済手段の発行者が，自らまたは第三者をして，国内の一般利用
  者に対し電子決済手段の発行および償還ならびにその勧誘行為と評価され
  る行為を行わないこととなっているかについて説明すること
- 外国電子決済手段について，その取扱いが適法であることおよびその発行
  が外国の法令上，適法であることを説明すること（なお，当該説明にあ
  たっては，法律専門家の法律意見書および関連する条文等の必要な資料を
  提出すること）

⒟　発行者破綻時における買取義務・買取資金の保全
　外国電子決済手段を取り扱う電子決済手段等取引業者は，当該外国電子決済
手段の発行者がその債務の履行等を行うことが困難となった場合や，当該外国
電子決済手段の価値が著しく減少した場合に，当該電子決済手段等取引業者が，
国内の利用者のために管理をする当該外国電子決済手段について，当該債務の
履行等が行われることとされている金額と同額で買取りを行うことを約し，か

つ，当該買取りを行うために必要な資産の保全その他これと同等の利用者の保護を確保するための措置を講じる必要がある（電決府令30六イ）。

　具体的には，下記の対応を行う必要がある（電決業者ガイドラインI-1-2-3⑵イ）。

- 必要な資産の保全その他これと同等の利用者の保護が確保されていると合理的に認められる措置として，例えば，履行保証金保全契約（資金決済法44）または履行保証金信託契約（同法45①）と同等の契約を締結する方法による保全を行うこと
- 電子決済手段等取引業者が電子決済手段を買い取る場合の手続および当該買取りに必要な資産保全等の説明および情報提供を行うこと

　この結果，上記❶(ｳ)のとおり，預かり電子決済手段は別途分別管理しなければならないため，外国電子決済手段を取り扱う電子決済手段等取引業者は，別途自己の資金を原資に上記の資産保全措置を実施することが必要となる。

⑴　預り額および移転額の上限金額

　また，利用者のために外国電子決済手段の管理・移転をすることができる金額として，当該電子決済手段等取引業者が第二種資金移動業者の発行する電子決済手段を取り扱う場合と同等の水準となることを確保するための措置を講じなければならない（電決府令30六ロ）。当該規制の結果，日本における外国電子決済手段の保管，利用は相当程度制約されることになると考えられる。

　具体的には，下記の対応を行う必要がある（電決業者ガイドラインI-1-2-3⑵ロ）。

- 電子決済手段等取引業者が管理する利用者の外国電子決済手段を移転する場合（電子決済手段等取引業者が管理しないウォレットに移転する場合を含む）において，その1回当たりの移転可能額を100万円以下に限定する措置
- 電子決済手段等取引業者が管理する利用者の外国電子決済手段の金額が，1人当たり100万円を超える場合において，電子決済手段等取引業者が管理する電子決済手段のうち，その移転がなされる蓋然性が低いと判断されるものについては，その利用者の外国電子決済手段の買取り等，当該利用者が当該外国電子決済手段を保有しないための措置

(5)　デジタル証券
①　定　義

デジタル証券とは，法令上明確に定義された概念ではないが，一般に，株式や社債，ファンド持分などを，紙媒体ではなく，「電子情報処理組織を用いて移転することができる財産的価値（電子機器その他の物に電子的方法により記載されるものに限る。）に表示」したものをいう。このようなデジタル証券は，セキュリティトークンとも呼ばれ，原則として，金融商品取引法上の有価証券に該当する。

トークンに表示される有価証券には以下の類型がある。

(ⅰ)　トークンに表示される有価証券表示権利（「トークン表示型第一項有価証券」）
(ⅱ)　トークンに表示される特定電子記録債権
(ⅲ)　トークンに表示される金融商品取引法2条2項各号に掲げる権利のうち流通性等があるもの（「電子記録移転権利」）
(ⅳ)　トークンに表示される金融商品取引法2条2項各号に掲げる権利のうち流通性等がないもの（「適用除外電子記録移転権利」）

金融商品取引法上，(ⅰ)ないし(ⅳ)は「電子記録移転有価証券表示権利等」と総称される（金商業等府令1④十七，6の3，金商法29の2①八）。

(ⅰ)ないし(ⅳ)と対応する規制との関係を図示すると**図表3－4**のとおりとなる。

図表3－4　有価証券がトークンに表示されるパターンおよび対応する規制の関係

	電子的方法により記録され，電子情報処理組織を用いて移転することができる財産的価値に表示されるもの	
金融商品取引法2条2項柱書に規定する有価証券表示権利（例：株券，社債券）	トークン表示型第一項有価証券→第一項有価証券として規制される	
金融商品取引法2条2項各号に掲げる権利（例：信託受益権集団投資スキーム持分）	（トークン表示型第二項有価証券）電子記録移転権利→第一項有価証券として規制される	適用除外電子記録移転権利→第二項有価証券として規制される

以下，それぞれについて概説する。

　金融商品取引法2条1項各号は，株券や社債券など，権利が証券または証書に表示されるタイプの有価証券を列挙している。これらの有価証券については，証券または証書が発行されない場合であっても，有価証券に表示されるべき権利（以下「有価証券表示権利」という）自体を有価証券とみなすこととされている（金商法2②柱書）。このような有価証券表示権利は，ブロックチェーンその他の電子情報処理組織上で発行されるトークンで表示されるとしても，当該権利自体が有価証券とみなされることには変わりはない。

　したがって，株券や社債券といった有価証券をブロックチェーンその他の電子情報処理組織上のトークンに表示した場合には，トークン表示型第一項有価証券として上記(i)に該当する。

　(ii)の「特定電子記録債権」とは，電子記録債権法に規定する電子記録債権のうち政令で指定するものをいうところ（金商法2②柱書），現時点では政令で指定されているものはない。

　したがって，特定電子記録債権をトークンに表示することは現時点では想定されず，(ii)に該当するものは事実上存在しない。

　(iii)の電子記録移転権利とは，信託受益権や集団投資スキーム持分等の金融商品取引法2条2項各号に掲げる権利（いわゆる第二項有価証券）のうち，「電子情報処理組織を用いて移転することができる財産的価値（電子機器その他の物に電子的方法により記録されるものに限る。）に表示される」ものをいう（金商法2③柱書）。

　もっとも，上記のようなものであっても，「流通性その他の事情を勘案して内閣府令で定める場合」には，電子記録移転権利には該当しないこととされている。具体的には，以下の要件が全て満たされている場合[5]には，電子記録移転権利には該当しない（定義府令9の2①一イロ）。

> A) 適格機関投資家または特例業務対象投資家以外の者に取得・移転させることができないようにする技術的措置がとられていること

---

[5]　なお，この場合のほか，金融商品取引法2条2項3号に掲げる権利については，特別に，一定の要件を満たす場合，電子記録移転権利には該当しないこととされている（定義府令9の2②ニイロ）。

B）当該財産的価値の移転が，その都度，当該権利を有する者からの申し出
　　および当該権利の発行者の承諾がなければ，することができないように
　　する技術的措置がとられていること

　なお，資金決済法上の「暗号資産」の定義からは電子記録移転権利が除外され
ているため（資金決済法2⑭ただし書），あるトークンが電子記録移転権利の定
義に該当する場合には，暗号資産の定義に規定されているような性質を同時に
併せ持つようなものであったとしても，暗号資産には該当しない。

　暗号資産と電子記録移転権利は，ともに電子情報処理組織を用いて移転する
ことができる電子的方法により記録された財産的価値ではあるものの，その表
章する権利の内容および法規制において違いがある。

　すなわち，電子記録移転権利は金融商品取引法2条2項各号に掲げる権利を
流通可能なトークンに表示したものであるため，電子記録移転権利は金融商品
取引法上の有価証券としての性質を有する。そのため，電子記録移転権利に関
する取引については，以下②でも述べるとおり，金融商品取引法上の有価証券
規制の対象となる。他方，暗号資産については，表章される権利に限定はなく，
決済手段として用いられる暗号資産のように，そもそも表章される権利が存在
しないものもある（例：ビットコイン）。暗号資産に関する取引は，資金決済
法の規制の対象となる（前記「(2)　暗号資産」も参照）。

　また，電子記録移転権利は，その保有者に対して事業収益の配分等が行われ
る金融商品取引法上の有価証券であるという点で，資金決済法で決済手段の1
つとして位置付けられ規制される前払式支払手段や為替取引とも異なるものと
いえる。

　(iv)の適用除外電子記録移転権利とは，金融商品取引法2条2項各号に掲げる
権利のうち，「電子情報処理組織を用いて移転することができる財産的価値
（電子機器その他の物に電子的方法により記録されるものに限る。）に表示され
る」ものではあるものの，上記のとおり「流通性その他の事情を勘案して内閣
府令で定める場合」に該当するため，電子記録移転権利には該当しないとされ
るものである。そのようなトークンについても，有価証券とみなされる金融商
品取引法2条2項各号に掲げる権利をトークンに表示したものである以上，有

価証券に該当する。

② 適用法令

　従来，金融商品取引法2条1項各号に掲げる権利については第一項有価証券，金融商品取引法2条2項各号に掲げる権利については第二項有価証券として取り扱われ，第一項有価証券についてはその高い流通性に鑑みて，厳格な開示規制や業規制の対象とされてきた。

　この点について，電子記録移転権利は，金融商品取引法2条2項各号に掲げる権利ではあるものの，トークンに表示されることによって事実上多くの投資家間で流通する可能性が高まりうることから，第一項有価証券として取り扱われる。他方，適用除外電子記録移転権利についても，金融商品取引法2条2項各号に掲げる権利をトークンに表示するものではあるが，「流通性その他の事情を勘案して内閣府令で定める場合」に該当する場合には当該トークンが広く流通する蓋然性が事実上ないと考えられるため，第二項有価証券としての取扱いを受ける。

③ 開示規制

　金融商品取引法上，有価証券の募集は，原則として，発行者が届出をしているものでなければすることができないこととされている（金商法4①）。「募集」の定義は，その対象が第一項有価証券か第二項有価証券かで異なる。

　まず，第一項有価証券については，「募集」とは以下のいずれかに該当する場合をいう（金商法2③一・二）。

(i) 50名以上の者（適格機関投資家私募の要件を満たした有価証券を取得する適格機関投資家を除く）を相手方として有価証券の取得勧誘を行う場合
(ii) (i)の場合のほか，適格機関投資家私募，特定投資家私募および少人数私募のいずれにも該当しない場合

　トークン表示型第一項有価証券および電子記録移転権利は第一項有価証券であるため，その発行が上記(i)および(ii)のいずれかの募集の要件に該当する場合には，原則として発行開示が必要となる。具体的には，トークン表示型第一項

有価証券および電子記録移転権利の発行者は，発行にあたり有価証券届出書の提出義務（金商法4①）および目論見書の作成義務を負い（金商法13①），その後も有価証券報告書などの継続開示書類を提出する義務を負う。

　これに対して，第一項有価証券の募集に該当しない場合は，開示規制の適用は免除される。第一項有価証券の募集に該当しない場合には，適格機関投資家私募，少人数私募，および特定投資家私募があり，以下ではそれぞれの要件について説明する。

　適格機関投資家私募とは，以下のAおよびBの要件をいずれも満たすものをいう（金商法2③二イ）。

A）適格機関投資家のみを相手方として行うこと

※　適格機関投資家とは，有価証券について専門的知識および経験を有するものとして内閣府令で定められるものをいい，具体的には第一種金融商品取引業または投資運用業を行う金融商品取引業者，投資法人，銀行，保険会社などの機関投資家のほか，有価証券残高が一定の基準を満たすなどの要件に該当する一般事業会社や個人であって金融庁長官に届出をした者などが含まれる。

B）適格機関投資家以外の者に譲渡されるおそれが少ない場合として，有価証券（トークン表示型第一項有価証券であることを前提とする）の区分に応じた要件を満たす場合に該当すること（金商令1の4）。なお，下記ではトークン表示型第一項有価証券のうちトークン表示型株券およびトークン表示型社債券の場合について例示する（以下，少人数私募，特定投資家私募についても同様とする）。

　（i）　トークン表示型株券の場合（金商令1の4一）

　　• 発行者が，その発行する株券と同一の内容を表示した株券等について有価証券報告書提出義務を負っていないこと

　　• 発行する株券と同一種類の有価証券が特定投資家向け有価証券（金商法4③）でないこと

　　• 株券に係る権利が表示される財産的価値を適格機関投資家以外の者に移転することができないようにする技術的措置がとられていること

　（ii）　トークン表示型社債券の場合（金商令1の4三，定義府令11②一イ）

- 発行者が，その発行する社債券と同一種類の有価証券について有価証券報告書提出義務を負っていないこと
- 発行する社債券と同一種類の有価証券が特定投資家向け有価証券（金商法4③）でないこと
- 社債券に係る権利が表示される財産的価値を適格機関投資家以外の者に移転することができないようにする技術的措置がとられていること

　少人数私募とは，以下のAおよびBの要件をいずれも満たすものをいう（金商法2③二ハ）。

A) 50名未満の者を相手方として勧誘すること（金商法2③一，金商令1の5）
B) 多数の者に所有されるおそれが少ない場合として，特定投資家のみを相手方とし，かつ50名以上の者を相手方として行う場合でないこと。また，有価証券（トークン表示型第一項有価証券であることを前提とする）の区分に応じた要件を満たす場合に該当すること（金商法2③二ハ，金商令1の7）
　(i)　トークン表示型株券の場合（金商令1の7二イ）
- 発行者が，その発行する株券と同一の内容を表示した株券等について有価証券報告書提出義務を負っていないこと
- 発行する株券と同一種類の有価証券が特定投資家向け有価証券（金商法4③）でないこと
　(ii)　トークン表示型社債券の場合（金商令1の7二ハ，定義府令13③一イ）
- 発行者が，その発行する社債券と同一種類の有価証券について有価証券報告書提出義務を負っていないこと
- 発行する社債券と同一種類の有価証券が特定投資家向け有価証券（金商法4③）でないこと
- (a)社債券に係る権利を取得し，もしくは買い付けたものがその取得もしくは買付けに係る権利を表示する財産的価値を一括して移転する場合以外に移転することができないようにする技術的措置がとられていること，または(b)社債券の枚数もしくは単位の総数が50未満である場

合において，単位に満たない社債券に係る権利を表示する財産的価値を移転することができないようにする技術的措置がとられているという要件を満たしていること

特定投資家私募とは，以下のAないしCの要件をいずれも満たすものをいう（金商法2③二ロ）。

A）特定投資家のみを相手方として行う場合であること
B）取得勧誘の相手方が日本国，日本銀行および適格機関投資家以外の者である場合には金融商品取引業者等が顧客からの委託によりまたは自己のために取得勧誘を行うこと
C）当該有価証券がその取得者から特定投資家等以外に譲渡されるおそれが少ないものとして有価証券（トークン表示型第一項有価証券であることを前提とする）ごとに定められている譲渡制限を満たすこと（金商令1の5の2②）
　（i）　トークン表示型株券の場合（金商令1の5の2②一）
　　・その発行する株券と同一の内容を表示した株券等について有価証券報告書提出義務を負っていないこと
　　・株券に係る権利が表示される財産的価値を特定投資家以外の者に移転することができないようにする技術的措置がとられていること
　（ii）　トークン表示型社債券の場合（金商令1の5の2②三，定義府令12①一）
　　・その発行する社債券と同一種類の有価証券について有価証券報告書提出義務を負っていないこと
　　・社債券に係る権利が表示される財産的価値を特定投資家以外の者に移転することができないようにする技術的措置がとられていること

　第二項有価証券については，「募集」とは，第二項有価証券の取得勧誘に応じることにより500名以上のものが当該有価証券を所有することとなる場合をいう（金商法2③三，金商令1の7の2）。第一項有価証券の場合とは異なり，第二項有価証券を499名以下の者に取得させる形で私募を行う場合には，私募要件との関係では転売制限を付すことは求められていない。

　第二項有価証券の募集が行われる場合には，第一項有価証券と同様，原則として発行開示が必要となる（ただし，金融商品取引法3条3号の適用除外有価証券に該当する場合を除く）。

④　業規制

　第一項有価証券であるトークン表示型第一項有価証券，トークンに表示される特定電子記録債権および電子記録移転権利の売買や募集の取扱い等を行うにあたっては，金融商品取引法に基づき，第一種金融商品取引業者としての登録が必要となる（金商法29，28①一）。一方で，第二項有価証券である適用除外電子記録移転権利の売買や募集の取扱い等を行うにあたっては，第二種金融商品取引業者としての登録が必要となる（金商法29，28②二）。また，すでに登録を受けている金融商品取引業者が，新たに電子記録移転有価証券表示権利等を取り扱おうとする場合には，変更登録を受ける必要がある（金商法31④）。

　金融商品取引業者は，金融商品取引法に基づき，顧客への情報提供義務（契約締結前交付書面の交付義務等），勧誘・広告規制，禁止行為，適合性原則，顧客財産の分別管理義務，適切な体制整備義務等の規制に服する。以下では，利用者保護および他の業との比較の上で，特に重要となる顧客財産の分別管理義務や適切な体制整備義務について概観する。

（i）　顧客財産の分別管理義務

　金融商品取引業者は，有価証券の取引に関して，顧客から預かった金銭を自己の金銭と分別して管理し，信託会社等へ信託しなければならない（金商法43の2②，金商業等府令141）。

　また，金融商品取引業者は，顧客から預かった電子記録移転有価証券表示権利等についても，自己の電子記録移転有価証券表示権利等と分別して管理しなければならない（金商法43の2①）。具体的には，金融商品取引業者は，①預託を受けた電子記録移転有価証券表示権利等を自己の有価証券等と明確に区分し，どの顧客の電子記録移転有価証券表示権利等であるかが直ちに判別できる状態で管理しなければならない。これに加え，原則として，②(i)電子記録移転権利を自己で管理する場合は，一度もインターネットに接続していない電子機器等

で管理するか，これと同等の技術的安全管理措置を講じて管理し，(ⅱ)第三者に管理を委託する場合にも，自己で管理する場合と同等の顧客の保護が確保されていると合理的に認められる方法で管理することが必要である（金商業等府令136①五・六，金商業者等監督指針Ⅳ-3-6-6）。

なお，「顧客から電子記録移転有価証券表示権利等を預かる」とは，例えば，顧客の関与なく，単独または委託先と共同して，権利等を表示する財産的価値を移転することができうるだけの秘密鍵を保有する場合など，主体的に財産的価値の移転を行いうる状態にある場合には，基本的に，当該権利の預託を受けたことになると考えられている（金融庁2020年4月3日パブコメNo.160，161）。

(ⅱ) 適切な体制整備義務

電子記録移転有価証券表示権利等の取引を行う金融商品取引業者は，顧客の投資経験や財産状況に加えて，電子記録移転有価証券表示権利等の保有・移転の仕組み，これに起因するリスクに関する理解度，同様の仕組みを用いた商品の取引経験等についても考慮した取引開始基準を定める必要がある（金商業者等監督指針Ⅳ-3-6-2(1)②）。

また，金融商品取引業者が電子記録移転権利の引受け等を行うにあたっては，①取引に利用されるネットワーク等の実質的かつ的確な審査および審査結果の確実な検証を行うための社内体制・規程の整備，②他者に依存しない自主的な審査の確保，③審査部門の独立性確保のための体制整備，④利益相反防止のための態勢整備，⑤価格の算定方法その他の引受け等の条件を適切に決定するための態勢・規程の整備が求められている（金商業者等監督指針Ⅳ-3-6-8(1)）。

⑤ 自主規制機関

電子記録移転有価証券表示権利等を取り扱う金融商品取引業者が自主規制機関（金融商品取引法に定める認可金融商品取引業協会または認定金融商品取引業協会をいう（以下同じ））の会員である場合，上記④の金融商品取引法をはじめとする法令上の規制に加えて，当該自主規制機関が定める各種の自主規制規則も遵守する必要がある。

電子記録移転有価証券表示権利等を自主規制の対象とする自主規制機関は，

現時点で，日本証券業協会（Japan Securities Dealers Association, JSDA）および一般社団法人日本STO協会（Japan Security Token Offering Association, JSTOA）の２つである。JSDAおよびJSTOAが自主規制の対象とする電子記録移転有価証券表示権利等の範囲は，**図表３－５**のとおりである。

図表３－５	自主規制の対象である電子記録移転有価証券表示権利等の範囲

自主規制機関	自主規制の対象とする電子記録移転有価証券表示権利等の範囲
JSDA	トークン表示型第一項有価証券
JSTOA	電子記録移転権利および適用除外電子記録移転権利

　JSDAおよびJSTOAは，自らが自主規制の対象とする電子記録移転有価証券表示権利等について，会員である金融商品取引業者が整備すべき体制や，募集または私募の取扱い，引受け等を行うにあたって遵守すべき事項を自主規制規則に定めている。

⑥　セカンダリー取引

　電子記録移転有価証券表示権利等のセカンダリー取引の場としては，主に，❶金融商品取引所（金商法２⑯），❷私設取引システム，❸店頭取引が挙げられる。

　❶金融商品取引所とは，金融商品取引法上，同法80条１項の規定により内閣総理大臣の免許を受けて金融商品市場を開設する金融商品会員制法人または株式会社と定義されている。金融商品市場については，公正な価格形成機能を確保する必要があることから，金融商品市場の開設にあたっては，厳格な免許制が導入されており（金商法80①），その開設のハードルが高く，現在，国内において，電子記録移転有価証券表示権利等を取り扱う金融商品取引所は存在しない。

　また，❸店頭取引とは，一般的に，金融商品取引所を通さず，金融商品取引業者が自ら投資家の売買の相手となる取引（相対取引）をいうところ，❶金融商品取引所や❷私設取引システムのように免許や認可を取得する必要はなく，

金融商品取引業者が通常有する登録（金商法29）のライセンスにて取引を行うことができることから，現時点では，既発行の電子記録移転有価証券表示権利等のセカンダリー取引は主にこの方法で行われている。もっとも，相対取引であるため，その取引量は，各金融商品取引業者に依拠せざるを得ないことから，その取引量は少なく，また，店頭取引の態様が，金融商品市場の開設行為やPTS業務（下記(i)で定義する）に該当してはならないことから，その取引態様は，流動性の低い方法（例えば，顧客との電話による取引）とならざるを得ない。したがって，店頭取引は，高い流動性が期待されるトークン表示型第一項有価証券や電子記録移転権利のセカンダリー取引の場としては，最適な取引方法とはいいがたい。

そこで，セカンダリー取引の場として，現在，❷私設取引システムの活用が期待されている。

以下では，❷私設取引システムについて，その概要，私設取引システムでの価格決定方式や取り扱われる電子記録移転有価証券表示権利等を確認した上で，私設取引システムでの電子記録移転有価証券表示権利等の取扱いに関する近年の動向を概観する。

(i) 私設取引システム（Proprietary Trading System, PTS）

PTSとは，有価証券の売買またはその媒介，取次ぎもしくは代理であって，電子情報処理組織を使用して，同時に多数の者を一方の当事者または各当事者として一定の売買価格の決定方法またはこれに類似する方法により行う行為（金商法2⑧十，以下「PTS業務」という）による有価証券の売買を行う市場をいい，PTS業務を行うにあたっては，金融商品取引業者は内閣総理大臣の認可を受けなければならない（金商法30①，金商業等府令1④九）。なお，認可を要しないPTS業務については，下記(iv)を参照されたい。

このPTS業務の認可の基準は以下のとおりである（金商法30の4各号）。

- 損失の危険の管理に関し，適切な体制および規則の整備を行っていること（金商法30の4一）
- 資本金の額および純資産額が3億円以上であること（金商法30の4二・三，

金商令15の11①)

- 自己資本規制比率が120％を下回らないこと（金商法30の4四，46の6②)
- 売買価格の決定方法，受渡しその他の決済の方法その他内閣府令で定める業務の内容および方法が，公益または投資者保護のため必要かつ適当なものであること（金商法30の4五，金融商品取引業等に関する内閣府令19)

　また，金商業者等監督指針上，PTS業務の認可にあたっては，主に，㋐組織，人員配置および社内規則など適切な内部管理態勢が整備されていること，㋑PTS業務に係る顧客への十分な説明を行う体制が整備されていること，㋒システムの容量等の安全性・確実性の確保が整備されていること，㋓取引情報の機密保持のための予防措置が講じられていることが留意事項として定められている（金商業者等監督指針Ⅳ-4-2-1②)。

　また，PTS業務の認可に際しては，①価格情報等の外部公表（例えば，PTSの最良気配・取引価格等を他のPTSと比較可能な形で，リアルタイムで外部から自由にアクセス可能な方法により公表することなど）や②取引量に係る数量基準（例えば，PTSの一定の取引量の数値に抵触しないことなど）についての条件が付されることもある（金商業者等監督指針Ⅳ-4-2-1③)。

(ⅱ) 売買価格決定方法

　PTSにおいては，以下のように複数の売買価格決定方法にしたがって金融商品の価格形成がなされる（金商法2⑧十イ～ホ)。

❶　競売買方法（金商法2⑧十イ)：
　　オークションの方法（有価証券の売買高が一定の基準を超えない場合に限られる）
❷　市場価格売買方法（金商法2⑧十ロ，ハ)：
- 金融商品取引所に上場されている有価証券について当該金融商品取引所の開設する取引所金融商品市場における当該有価証券の売買価格を用いる方法
- 店頭売買有価証券についてその登録を行う認可金融商品取引業協会が公

表する当該有価証券の売買価格を用いる方法

❸ 顧客間交渉売買方法（金商法2⑧十二）：

顧客の間の交渉に基づく価格を用いる方法

❹ 顧客注文対当方法（金商法2⑧十ホ，定義府令17一）：

顧客の提示した指値が取引相手方となる他の顧客の提示した指値と一致する場合に当該顧客の提示した指値を用いる方法

❺ 売買価格気配提示方法（金商法2⑧十ホ，定義府令17二）：

金融商品取引業者が同一の銘柄に対し自己または他の金融商品取引業者等の複数の売付け・買付けの気配を提示して当該複数の売付け・買付けの気配に基づく価格を用いる方法

(iii) PTSで取り扱われる電子記録移転有価証券表示権利等

従前は，法令上，PTSでは金融商品取引法上の「有価証券」（金商法2①）のうち「特定投資家向け有価証券」以外の有価証券が取扱いの対象であったが（金商法2⑧十，金商令1の9の3），2023年7月1日に施行された改正金融商品取引法施行令により「有価証券」全般を取り扱えることとなった。したがって，PTSでは，電子記録移転有価証券表示権利等全般を取り扱うことができる。

現時点では，ODXが運営するPTS「START」が，電子記録移転有価証券表示権利等の取扱いを開始している。

(iv) 近年の動向

PTS業務については，現状，上場株式等を念頭に置いた規制体系となっている。もっとも，2023年12月12日付の「金融審議会市場制度ワーキング・グループ・資産運用に関するタスクフォース報告書」は，「こうした規制は，小規模な取引プラットフォームで電子的に非上場有価証券のセカンダリー取引を仲介しようとする事業者にとってはハードルが高く，取引の場を提供する事業者がいないため，非上場有価証券のセカンダリー取引が活性化しない一因となっている」と指摘した。そのうえで，同報告書は，「非上場有価証券のセカンダリー取引の場を提供する事業者の参入を促進するため，PTS業務の規制につい

て，想定される取引量等に応じた参入要件とすることが適当である」旨を提言した。この提言の具体的な内容としては，「非上場有価証券のみを扱うPTSであって，流動性や取引規模等が限定的なものについては，取引の管理等に関する必要な規制を適用する前提で，認可を要さず第一種金融商品取引業の登録制の下で参入可能とし，資本金や純財産要件等の財産規制やシステムに関する要件等を緩和する」という考えが示されている。

そして，この提言を受けて，2024年3月15日に国会に提出された金融商品取引法及び投資信託及び投資法人に関する法律の一部を改正する法律案では，概要として，流動性の低い非上場有価証券のみを取り扱い，かつ，取引規模が限定的なPTS業務については，その認可を要せず，第一種金融商品取引業の登録により実施可能とする旨の改正案が示されている（新設される金商法30①但書。以下，第一種金融商品取引業の登録によって運営されるPTSを「登録PTS」という）。この登録PTSの対象となる流動性の低い非上場有価証券には，受益証券発行信託の受益証券に表示されるべき権利であって，金融商品取引法2条2項により有価証券とみなされるものが含まれることから，ST受益権（ST受益権の詳細については，第2章⑥(2)②を参照されたい）も登録PTSの対象となり，今後，登録PTSが新たなセカンダリー取引の場として活用されることが期待される。なお，登録PTSの対象となる有価証券の範囲については，その一部が政令に委任されていることから，今後の政令の内容次第では，ST受益権以外の電子記録移転有価証券表示権利等も対象となり得るため，政令の改正にも注視が必要である。

また，JSDAやJSTOAは，2023年7月1日付の金融商品取引法施行令の改正を受けて，PTSに関する自主規制規則およびガイドラインを新たに制定した。この制定により，PTSに関するルールがより明確化され，PTSでの取引はこれまでよりも活発化することが見込まれる。以下では，PTSに関する自主規制規則を概観する。

PTSに関する自主規制規則について，JSDAは非上場有価証券について「私設取引システムにおける非上場有価証券の取引等に関する規則」を，JSTOAは電子記録移転権利について「私設取引システムにおける電子記録移転権利の取引等に関する規則」を制定しており，いずれの自主規制規則も2023年7月1

日に施行されている。

　なお，両者の自主規制規則はPTSにおける取引に関して必要な事項などを整備しているところ，その規定内容は大部分が共通することから，以下では，JSTOAの定める「私設取引システムにおける電子記録移転権利の取引等に関する規則」（以下「PTS規則」という）について概説する。

　PTS規則は，PTS運営正会員（PTS規則2七，私設取引システム運営業務（金商業等府令1条4項9号に規定する私設取引システム運営業務をいう）の認可を受けて，PTS運営業務を行うJSTOAの正会員をいう）とPTS取引正会員（PTS規則2八，PTS取引業務を行うJSTOAの正会員をいう）を対象に，それぞれの会員が遵守すべき事項を定めている。

PTS運営業務	JSTOAの正会員が自ら開設する私設取引システムにおいてPTS銘柄の売買またはその媒介等を行う業務（PTS規則2四）。
PTS取引業務	JSTOAの正会員が他の正会員の開設する私設取引システムにおいてPTS銘柄の売買もしくはその媒介等を行う業務または当該媒介等の委託の取次ぎを行う業務（PTS規則2五）。

　主な遵守事項として，社内規則の作成（PTS規則4），業務内容・価格情報などの公表および公表のための態勢整備（PTS規則5，9），取引対象の電子記録移転権利の審査や売買審査（PTS規則6，11）を定めている。また，これらの遵守事項については，JSTOAが別途制定する「私設取引システムにおける電子記録移転権利の取引等に関する規則の考え方（ガイドライン）について」（JSDAについては「『私設取引システムにおける非上場有価証券の取引等に関する規則』の考え方について（ガイドライン）」）において，留意事項が定められている。

　なお，PTS規則で定める各会員の遵守事項の一覧は，**図表3－6**のとおりである。

図表3－6　PTS規則で定める各会員の遵守事項の一覧

PTS規則上の項目	PTS運営正会員	PTS取引正会員
法令等の遵守（3条）	○	○
社内規則の制定等（4条）	○	－
業務内容の公表（5条）	○	－
PTS銘柄の適正性審査（6条）	○	－
発行体との契約締結（7条）	○	－
発行体による適時の情報提供（8条）	○	－
価格情報の公表等（9条）	○	○
不公正取引の防止（10条）	○（※）	○
売買審査の実施（11条）	○	－
売買停止措置（12条）	○	－
上場有価証券との誤認防止措置（13条）	○	○

（※）PTS規則14条により，PTS取引正会員による媒介等が行われないPTS運営業務に準用される。

(6)　その他

　その他のデジタル資産として考えられるものとしては，ポイント，ノンファンジブル・トークンおよびデジタル会員権等がある。

①　ポイント

　ポイントとは，明確な法律上の定義はないが，一般に，利用者が商品を購入した際または役務の提供を受けたときに利用者に無償で付与され，次回以降の買い物等の際に代価の弁済の一部に充当することができたり，商品の交付や役務の提供を求めたりすることができるものをいう。

　ポイントは，通常，商品等の購入にあわせて，景品やおまけとして無償で付与されるものであることから，前払式支払手段の要件である（①(3)①の）「(ii)金額または数量等に応ずる対価を得て発行される証票等，番号，記号その他の符号であること（対価発行）」の要件を欠き，前払式支払手段には該当しない。ただし，前払式支払手段や為替取引を行う業者によって発行されるデジタルマネーまたは暗号資産に該当するデジタルマネーを支払ってポイントの付与を受ける場合など，対価を得てポイントを付与していると認められるときは，①(3)

①の(ⅱ)対価発行の要件を満たし，当該ポイントは前払式支払手段に該当するものと考えられる。

　また，ポイントは，通常，当該ポイントの発行者およびその加盟店等の特定の者に対してのみ使用することができるため，「不特定の者」に対する使用可能性を欠き，1号暗号資産には該当しないものと考えられる。ただし，ポイントをブロックチェーン上のトークンとして発行した場合，当該ブロックチェーン上で不特定の者との間で1号暗号資産であるビットコインなどと相互に交換することができる仕組みが備わっているときは，2号暗号資産に該当する可能性がある。

②　ノンファンジブル・トークン（NFT）

　ノンファンジブル・トークン（NFT）とは，一般に，ブロックチェーン上で発行されるトークンのうち，トークン自体に固有の値や属性を持たせた代替性のないトークンをいう。通常のブロックチェーン上のトークンとは異なり，NFTには同じトークンは存在せず，1つひとつが他のトークンと区別可能な個性を有している。

　もっとも，同一または類似コンテンツに紐付いて多数のNFTが発行されるなど，ブロックチェーン上に記録されたトークンについて，同種のものが複数存在する場合，暗号資産に該当しないかどうか必ずしも明らかではない場合がある。そこで，NFTを含むトークンの暗号資産該当性に関する解釈の明確化等を図るべく，2023年3月24日，金融庁は，暗号資産ガイドラインに係る改正内容（以下「本ガイドライン改正」という）[6]を公表し，あわせて本ガイドライン改正に係るパブリックコメントの結果（以下「本パブコメ回答」という）[7]も公表された。

　この点，本ガイドライン改正前より，1号暗号資産の要件である「代価の弁済のために不特定の者に対して使用することができる」か否かの判断基準として，「ブロックチェーン等のネットワークを通じて不特定の者の間で移転可能

---

(6)　https://www.fsa.go.jp/news/r4/sonota/20230324-2/2.pdf
(7)　https://www.fsa.go.jp/news/r4/sonota/20230324-2/1.pdf

な仕組みを有しているか」，「発行者と店舗等との間の契約等により，代価の弁済のために暗号資産を使用可能な店舗等が限定されていないか」，「発行者が使用可能な店舗等を管理していないか」等の判断要素が挙げられていた（暗号資産ガイドラインI-1-1①）。しかしながら，同種のデジタルコンテンツを表章するNFTを複数枚発行する場合など（例えば同じアイドルの写真データが紐付けられたNFTを複数枚発行する場合など），同種のトークンが複数存在する場合，「代価の弁済のために不特定の者に対して使用することができる」（①(4)②(i)❶要件①）といえるかは必ずしも明確ではなかった。

　また，NFTが不特定の者との間でビットコイン，イーサその他の1号暗号資産と相互に交換可能である場合，2号暗号資産に該当するかが問題となるところ，この点については，本改正前より，1号暗号資産と相互に交換できる場合であっても，1号暗号資産と同等の決済手段等の経済的機能を有していないものは2号暗号資産には該当しないとの考え方が示されていた（暗号資産ガイドラインI-1-1③，令和元年9月3日金融庁「『事務ガイドライン（第三分冊：金融会社関係）』の一部改正（案）に対するパブリックコメントの結果について―コメントの概要及びコメントに対する金融庁の考え方」No.4参照）。しかしながら，2号暗号資産該当性の判断基準である「1号暗号資産と同等の決済手段等の経済的機能」の有無についても具体的な判断基準は示されていなかった。

　そこで，本ガイドライン改正では，1号暗号資産の要件「代価の弁済のために不特定の者に対して使用することができる」か否かに関して，以下のとおり暗号資産ガイドラインI-1-1①（注）が追加された。なお，2号暗号資産該当性の判断基準である「1号暗号資産と同等の決済手段等の経済的機能」の有無についても，暗号資産ガイドラインI-1-1①（注）が同様に当てはまることとされており，同様の基準で判断することとされている（暗号資産ガイドラインI-1-1③（注））。

＜暗号資産ガイドラインI-1-1①＞［下線は筆者による］

（注）以下のイ及びロを充足するなど，社会通念上，法定通貨や暗号資産を用いて購入又は売却を行うことができる，物品等にとどまると考えられ

るものについては，「代価の弁済のために不特定の者に対して使用することができる」ものという要件は満たさない。ただし，イ及びロを充足する場合であっても，法定通貨や暗号資産を用いて購入又は売却を行うことができる物品等にとどまらず，現に小売業者の実店舗・ECサイトやアプリにおいて，物品等の購入の代価の弁済のために使用されているなど，不特定の者に対する代価の弁済として使用される実態がある場合には，同要件を満たす場合があることに留意する。

イ．発行者等において不特定の者に対して物品等の代価の弁済のために使用されない意図であることを明確にしていること（例えば，発行者又は取扱事業者の規約や商品説明等において決済手段としての使用の禁止を明示している，又はシステム上決済手段として使用されない仕様となっていること）

ロ．当該財産的価値の価格や数量，技術的特性・仕様等を総合考慮し，不特定の者に対して物品等の代価の弁済に使用し得る要素が限定的であること。例えば，以下のいずれかの性質を有すること

- 最小取引単位当たりの価格が通常の決済手段として用いるものとしては高額[※1]であること
- 発行数量を最小取引単位で除した数量（分割可能性を踏まえた発行数量）が限定的[※2]であること

なお，以上のイ及びロを充足しないことをもって直ちに暗号資産に該当するものではなく，個別具体的な判断の結果，暗号資産に該当しない場合もあり得ることに留意する。

（※1）本パブコメ回答No.16によれば，「一般的に最小取引単位当たりの価格が高額であるほど通常の決済手段として用いられる蓋然性が小さいと考えられ，例えば1000円以上のものについては「最小取引単位当たりの価格が通常の決済手段として用いるものとしては高額」なものであると考えられます。」とされている。

（※2）本パブコメ回答No.20,21によれば，「一般的に発行数量を最小取引単位で除した数量（分割可能性を踏まえた発行数量）が少ないほど通常の決済手段として用いられる蓋然性が小さいと考えられ，例えば100万個以下である場合には，「限定的」といえると考えられます。」とされている。

　以上のとおり，本ガイドライン改正および本パブコメ回答により，NFTを含むトークンについて，(i)利用規約等により決済手段としての利用を禁止するとともに，(ii)当該トークンの発行上限を（分割可能性を考慮の上）100万個以下に設定したり，または最小取引単価を1,000円以上に設定したりすることにより，「社会通念上，法定通貨や暗号資産を用いて購入又は売却を行うことができる，物品等にとどまる」といえる場合には，基本的に暗号資産に該当しないこととなる。これにより，同種のデジタルコンテンツを表章するNFTを複数枚発行・販売する場合に，どのような設計であれば暗号資産に該当しないか，予測可能性が向上するものといえる。

　ただし，上記ガイドラインのイおよびロはあくまで例示であり，イおよびロ双方を充足する場合であっても，不特定の者に対する代価の弁済として使用される実態がある場合には暗号資産に該当すると評価される可能性がある[8]。また，イおよびロを充足しない場合だからといってただちに暗号資産に該当するわけではなく，個別具体的な判断の結果，暗号資産に該当しない場合もありうるとされていることに注意が必要である。

2 ── 暗号資産等とマネー・ローンダリング

(1)　暗号資産の特徴

　暗号資産の代表的存在であるビットコインの歴史は，2008年10月に発表されたSatoshi Nakamoto名義の「Bitcoin: Peer-to-Peer Electronic Cash system」という論文から始まった。タイトルのとおり，ビットコインの特徴は，インターネット上で価値（ビットコイン）をやりとりできる仕組みになっている点である。ビットコインは分散化されたピア・トゥ・ピア（P2P）のネットワークで取引されるため，銀行などの中央管理者が存在しなくても，パソコンやスマートフォンがあれば，個人間で安く，早くネットワーク上の誰にでも送付することができる。

---

[8]　なお，トークンの発行後の使用実態，経時的要素によって，発行当時は暗号資産に該当しないトークンが，いずれかの時点以降，暗号資産に該当する可能性があることにも注意が必要である（本パブコメ回答No.10）。

　ビットコインにおいては，そのネットワークを支えるコンピューター機器（以下「ノード」という）が分散して保有されており，特定の機関や法人が当該ネットワークを運営しているわけではないことから，ネットワークへの攻撃がしづらいという利点がある一方で，規制当局からみた場合，ネットワークそのものに規制をかけることが困難である。

　また，ビットコインのアドレスおよび取引履歴はすべて公開されており，インターネット上で誰でも閲覧可能であるという点も特徴として挙げられる。ビットコインには匿名性があるともいわれるが，アドレスや取引履歴はすべて公開されていることから，完全な匿名性はない（半匿名性ともいわれる）。つまり，アドレスと個人とが紐付いていない場合，それが誰のアドレスであるかはわからないが，一度，アドレスと個人が紐付けば，ネットワーク上でのすべての取引履歴が明らかになるという性質もある。とはいえ，ビットコインのアドレスを保有するのに規制当局が監督する事業者による本人確認手続はもとより不要であるから，ビットコインのネットワークに記録された取引と特定の個人を結び付けることは必ずしも容易ではない。

　これらのビットコインの特徴，すなわちP2Pの分散化されたネットワークにおいて価値の移転が可能であるという点や，一定の匿名性があるという点は，個々の暗号資産において例外もあるものの，おおむね暗号資産一般に共通するということができる。

(2)　マネー・ローンダリングのリスク

　暗号資産は銀行等を通さずに個人間で簡単にクロスボーダーの取引ができるという大きな利便性を提供するが，こうした利便性は，他方で犯罪者に対しても大きな利便性を提供することになる。

　例えば，ビットコインの初期の歴史においては，ダークウェブ上の違法薬物取引サイト「Silk Road」でビットコインが決済手段として利用されていたことが有名である。同サイトは，2013年10月に運営者の逮捕によって閉鎖されたが，その後も同種のサイトが生まれているといわれている。また，近時ではコンピュータウイルス等のマルウェアによるシステムへのアクセス制限において，これを解除するための身代金としてビットコインの支払を攻撃者が求めること

が珍しくない。

国家公安委員会が公表している令和4年12月版「犯罪収益移転危険度調査書」においては，暗号資産は，利用者の匿名性が高く，その移転が国境を越えて瞬時に行われるという性質を有するほか，暗号資産に対する規制が未導入または不十分な国もあること等から，そうした国の暗号資産交換業者が犯罪に悪用された場合には，その移転を追跡することが困難となることなどを理由として，暗号資産取引がマネー・ローンダリングに利用されるリスクは，他業態よりも相対的に高いと結論付けている。

暗号資産取引を行う業者は，銀行などと同じ法律の枠組みにおいてマネー・ローンダリング対策に取り組んでいるが，これら暗号資産の特徴やリスクを前提に，対策に取り組む必要がある。

(3) 犯罪収益移転防止法およびAML／CFTガイドライン

① 犯罪収益移転防止法

犯罪による収益が移転することを見逃すと，その犯罪収益が組織的犯罪を助長するために使用されることや，他の事業活動に用いられることにより健全な経済活動が害されたり，犯罪収益の剥奪や被害回復が困難になるなどの重大な結果が生じるリスクがある。これらのリスクに対処する一方策として，わが国では犯収法が定められている。

同法の目的は，犯罪収益の移転防止を図り，あわせてテロリズムへの資金供与の防止に関する国際条約等の的確な実施を確保し，国民生活の安全と平穏を確保するとともに，経済活動の健全な発展に寄与することにある。このような目的を達成するため，犯収法においては，金融機関等の一定類型の事業者（特定事業者）に対して，以下の義務を課している（犯収法1）。なお，特定事業者には暗号資産交換業者も含まれるが，暗号資産交換業者の登録のみでは法定通貨の送金取引を行うことはできないため，暗号資産交換業者は，**図表3－7**のうち，法定通貨の送金取引が可能な金融機関に対する義務の対象とはなっていない。

なお，2022年6月の資金決済法の改正により，デジタルマネー類似型のステーブルコインとなる電子決済手段に係る新制度が導入された。そして，電子

| 図表 3 − 7 | 犯罪収益移転防止法で定められている義務 |

義務主体	義務の内容
特定事業者	取引時確認（4条）
特定事業者	取引時確認を行った場合の確認記録の作成・保存（7年間保存，6条）
特定事業者	取引記録の作成・保存（7年間保存，7条）
特定事業者（士業者を除く）	疑わしい取引の届出義務（8条）
銀行や資金移動業者等，為替取引（送金取引）の可能な金融機関	コルレス契約（外国為替取引のために金融機関が海外の金融機関と結ぶ，為替業務代行の契約）締結時の確認（9条）
特定事業者	外国為替取引（外国送金取引）に係る通知（10条）
電子決済手段等取引業者	外国所在電子決済手段等取引業者との提携契約（電子決済手段の移転を反復・継続的に行うことを内容とする契約）の締結時の確認（10条の2）
電子決済手段等取引業者	電子決済手段の移転に係る通知（10条の3）
暗号資産交換業者	外国所在暗号資産交換業者との提携契約（暗号資産の移転を反復・継続的に行うことを内容とする契約）の締結時の確認（10条の4）
暗号資産交換業者	暗号資産の移転に係る通知（10条の5）
特定事業者	取引時確認等を的確に行うための措置（11条） 具体的には，以下の措置をとることが求められる（②〜⑧の措置は努力義務） ①　確認した情報を最新の内容に保つための措置 ②　使用人に対する教育訓練の実施 ③　取引時確認等の措置の実施に関する規程の作成 ④　リスク評価，情報収集，記録の精査 ⑤　取引時確認等の実施等に関する事項を統括管理する者の選任 ⑥　リスクの高い取引を行う際の対応 ⑦　必要な能力を有する職員の採用 ⑧　取引時確認等に係る監査の実施

決済手段の交換等を行う事業者などを電子決済手段等取引業者として規制対象としたところ，犯収法上も電子決済手段等取引業者が特定事業者として取り扱われることとなった。よって，電子決済手段等取引業者は暗号資産交換業者と同様に以下の義務を遵守する必要がある（犯収法のみならず，②のAML／CFTガイドラインおよび⑷①の外為法についても，電子決済手段等取引業者

は暗号資産交換業者と同様の義務を負う）。

　図表3－7のうち，取引時確認は，KYC（Know Your Customer）とも呼ばれる犯収法上の中核的な義務の1つである。取引時確認を行い，その結果を記録することによって，マネー・ローンダリング等の不正行為の抑止効果が期待されるとともに，不正行為が疑われる取引（疑わしい取引）の発見や，警察当局等による事後的な追跡・捕捉を可能とすることが目的と考えられる。取引時確認が求められる要件については法令上詳細に定められているが，一般的には，暗号資産交換業者での口座開設時に取引時確認が求められ，その後はIDやパスワード等により取引時確認済みであることの確認を行うことになる。

　取引時確認は，取引のリスクに応じて通常の取引時確認と厳格な取引時確認に分かれている。このうち，通常の取引時確認の顧客属性ごとの確認項目は，図表3－8のとおりである。

図表3－8　顧客属性ごとの確認項目

確認項目 ＼ 顧客属性	自然人	法　人	国，地方公共団体，上場企業等	人格のない社団等
顧客等の本人特定事項	○（氏名・住居・生年月日）	○（名称・本店または主たる事務所の所在地）	不要	不要
取引を行う目的	○	○	不要	○
職業または事業の内容	○（職業）	○（事業の内容）	不要	○（事業の内容）
実質的支配者の本人特定事項	不要	○	不要	不要
代表者等が顧客等のために取引の任に当たっていること	代理人等による取引の場合は必要	○	○	不要
代表者等の本人特定事項	代理人等による取引の場合は必要	○	○	○

　これに対して，ハイリスク取引については，通常の取引時確認と同様の確認事項に加え，その取引が200万円を超える財産の移転を伴うものである場合には，「資産および収入の状況」の確認を行うことが必要となる。なお，ハイリ

スク取引とは，次のいずれかに該当する取引をいう。

- なりすましの疑いがある取引または本人特定事項を偽っていた疑いがある顧客等との取引
- 特定国等（本書執筆時点ではイランおよび北朝鮮）に居住・所在している顧客等との取引
- 外国PEPs（重要な公的地位にある者（Politically Exposed Persons））との取引

　犯収法においては，取引時確認の方法についても詳細な規定がなされている。自然人との対面取引においては，顧客等または代表者等から運転免許証などの写真付き本人確認書類の提示を受ける方法が典型的である。

　暗号資産取引においては，ほとんどの場合はインターネット経由での非対面取引となる。非対面取引の場合，例えば，顧客等または代表者等から，2種類の本人確認書類の送付を受けるとともに，当該本人確認書類に記載されている顧客等の住居宛に，取引関係文書を書留郵便等により，転送不要郵便物等として送付する方法がとられる場合が多い。また，2018年11月施行の犯収法施行規則の改正により，オンラインで取引時確認を完了させる方法，いわゆるeKYC（electronic Know Your Customer）が可能となった。eKYCによる場合，例えば，顧客等または代表者等から，特定事業者が提供するソフトウェアを使用して，本人確認用画像情報（当該ソフトウェアにより撮影された顧客等の容貌および顔写真付き本人確認書類）の送信を受ける方法をとることが可能である。

　次に，**図表3-7**のうち，疑わしい取引の届出について補足する。同制度は，犯罪収益に係る取引に関する情報を集めて捜査に役立てることを主目的とするが，金融サービスが犯罪に利用されることを防止し，金融サービスへの信頼を確保することも目的とする制度である。

　犯収法では，司法書士等の士業者を除く特定事業者は，以下のいずれかの場合に，疑わしい取引の届出を行政庁に行うこととされている。

- 特定業務において収受した財産が犯罪による収益である疑いがある場合
- 顧客等が特定業務に関し組織的犯罪処罰法10条の罪もしくは麻薬特例法6条の罪に当たる行為を行っている疑いがある場合

　「犯罪による収益」については，組織的犯罪処罰法2条4項に規定する「犯罪収益等」または麻薬特例法2条5項に規定する「薬物犯罪収益等」のことを指すが，例えば，詐欺や横領・背任，贈収賄，税法違反，覚せい剤取締法違反など多くの犯罪を含むことに留意が必要である。「組織的犯罪処罰法10条の罪」とは，犯罪収益等の取得もしくは処分につき事実を仮装し，または犯罪収益等を隠匿する罪をいう。「麻薬特例法6条の罪」とは，大麻や麻薬等の薬物犯罪により得た収益の仮装，隠匿する罪をいう。

　さらに，図表3－7のうち，暗号資産の移転に係る通知（いわゆるトラベルルール）などについて補足する。トラベルルールは，暗号資産の取引経路を追跡することを可能とするため，暗号資産交換業者に対し，暗号資産の移転時に送付人・受取人の情報を通知することを義務付ける制度である。当該制度の対象となるのは，他の暗号資産交換業者等が管理するホステッドウォレットに対する暗号資産の移転となり，個人が管理するアンホステッドウォレットや無登録業者が保有するウォレットなど（アンホステッドウォレット等）に対する移転は，対象外となる。当該制度における通知事項は次のとおりであり，通知した事項または通知を受けた事項について，暗号資産取引業者は記録を作成し，保存する義務を負う。

図表3－9　通知事項

	自然人	法人
送付人情報	ⅰ）氏名 ⅱ）住居または顧客識別番号等 ⅲ）ブロックチェーンアドレスまたは当該アドレスを特定できる番号	ⅰ）名称 ⅱ）本店もしくは主たる事務所の所在地または顧客識別番号等 ⅲ）ブロックチェーンアドレスまたは当該アドレスを特定できる番号
受取人情報	ⅳ）氏名 ⅴ）ブロックチェーンアドレスまたは当該アドレスを特定できる番号	ⅳ）名称 ⅴ）ブロックチェーンアドレスまたは当該アドレスを特定できる番号

　なお，（トラベルルールの対象とはならない）アンホステッドウォレット等との間の移転については，暗号資産交換業者は，当該アンホステッドウォレット等の所有者情報を取得し，記録すること（移転を受ける場合は，知り得た事

項に限る）が求められるほか，当該アンホステッドウォレット等の属性について調査および分析を行い，マネロンリスクの評価を行うなどの措置を講ずることが求められる。

また，暗号資産交換業者が外国所在暗号資産交換業者との提携契約（暗号資産の移転を反復・継続的に行うことを内容とする契約）を締結するに際しては，その締結先が取引時確認等に相当する措置を的確に行うために必要な体制を整備していること等を（その締結先から申告を受ける方法などにより）確認しなければならない。

② 金融庁AML／CFTガイドライン

金融庁は，2018年2月6日，犯収法の特定事業者のうち，金融庁管轄の事業者に対して，リスクベース・アプローチでのマネロン・テロ資金供与対策と管理体制の整備を求める内容の「マネー・ローンダリング及びテロ資金供与対策に関するガイドライン」（以下「AML／CFTガイドライン」という）を公表し，同日から適用が開始された。

AML／CFTガイドラインは，実質的に犯収法上の義務に要求事項を上乗せするものとなっている。ただし，犯収法は，基本的に行うべきことが一律に決まっているルール・ベースの内容となっているのに対して，AML／CFTガイドラインはリスクベース・アプローチを採用しており，各事業者が自らのマネロン・テロ資金供与リスクを特定・評価し，これを実効的に低減するため，当該リスクに見合った対策を講ずることを求めている点において，アプローチに大きな違いがある。

このように実質的に法令上の規制の上乗せとなるガイドラインが策定されたのは，後述するFATF勧告で各国に対して要求されるリスクベース・アプローチ等の要件に準拠するためと考えられる。AML／CFTガイドラインの法律上の位置付けについて，金融庁は，法令等に定められた監督権限に基づき，各金融機関等に「対応が求められる事項」等を明確化したものであり，FATF基準における「Enforceable Means」（執行可能な手段）に該当すると説明している（金融庁「コメントの概要及びコメントに対する金融庁の考え方」(2018年2月6日)[9]）。

AML／CFTガイドラインは，リスクベース・アプローチを(i)リスクの特定，

(ⅱ)リスクの評価，(ⅲ)リスクの低減の３つに分けた上で，「対応が求められる事項」と「対応が期待される事項」をそれぞれ定めている。

AML／CFTガイドラインによれば，リスクの特定とは，当該金融機関自身が提供している商品・サービスや，取引形態，取引に係る国・地域，顧客の属性等のリスクを包括的かつ具体的に検証し，直面するマネロン・テロ資金供与リスクを特定するものであり，リスクベース・アプローチの出発点とされる。

次に，リスクの評価とは，特定されたマネロン・テロ資金供与リスクの自らへの影響度等を評価し，リスク低減措置等の具体的な対応を基礎付け，リスクベース・アプローチの土台となるものであり，自らの事業環境・経営戦略の特徴を反映したものである必要がある。

そして，リスクの低減については，特定し評価されたリスクを前提に，実際の顧客の属性・取引の内容等を調査し，調査の結果をリスク評価の結果と照らして，講ずべきリスク低減措置を判断した上で，当該措置を実施することが求められる。リスク低減措置のうち，特に個々の顧客に着目し，金融機関自らが特定・評価したリスクを前提として，個々の顧客の情報や当該顧客が行う取引の内容等を調査し，調査の結果をリスク評価の結果と照らして，講ずべき低減措置を判断・実施する一連の流れを「顧客管理」（カスタマー・デュー・ディリジェンス，CDD）と呼んでおり，リスク低減措置の中核的な項目であるとされている。

AML／CFTガイドラインは，金融機関における管理体制の整備に関し，次のような内容を求めている。

- マネロン・テロ資金供与対策に係る方針・手続・計画等の策定・実施・検証・見直し（PDCA）を行って改善を図っていくこと
- マネロン・テロ資金供与対策を経営戦略等における重要な課題の１つとして位置付けることなど，経営陣の主体的な関与・理解を高めること
- 営業部門，コンプライアンス部門等の管理部門および内部監査部門のそれぞれが自らの担う役割を明確に自覚して実施することで「３つの防衛線（three lines of defense）」を有効に機能させるなど，各金融機関の業務の

内容や規模等に応じ，有効なマネロン・テロ資金供与リスク管理態勢を構築すること

- 金融機関等がグループを形成している場合には，グループ全体としてのマネロン・テロ資金供与対策に係る方針・手続・計画等を策定し，グループ全体に整合的な形で，必要に応じ傘下事業者等の業態等による違いも踏まえながら，これを実施すること
- 役割に応じた専門性・適合性等を有する職員を必要な役割に応じ確保・育成しながら，適切かつ継続的な研修等（関係する資格取得を含む）を行うことにより，組織全体として，マネロン・テロ資金供与対策に係る理解を深め，専門性・適合性等を維持・向上させていくこと

③　金融庁事務ガイドライン

「事務ガイドライン」は，行政部内の職員向けの手引書であるが，行政の統一的な運営を図るための法令解釈，行政部内の手続および金融機関の財務の健全性や業務の適切性等の着眼点等につき，まとめられており，一般に公表されている。

金融庁は，暗号資産交換業者に関する事務ガイドラインとして，暗号資産ガイドラインを公表している。このうち「Ⅱ－2－1－4　取引時確認等の措置」において，マネー・ローンダリング対策について定められている。犯収法やAML／CFTガイドラインに関し，暗号資産の特徴を反映した解釈も示されているため，参考になる。例えば，疑わしい取引の届出を行うための態勢構築にあたりブロックチェーン解析ツールを導入する場合には，疑わしい取引該当性の確認・判断にあたって，顧客が保有するアドレス等を通じて行われたブロックチェーン上の取引の態様も考慮すべきことなどが示されている。

なお，電子決済手段等取引業者に関する事務ガイドラインとして，電決業者ガイドラインが公表されており，このうち「Ⅱ－2－1－2　取引時確認等の措置」において，マネー・ローンダリング対策について定められている。

④　日本暗号資産取引業協会の自主規制規則

暗号資産交換業および暗号資産関連デリバティブ取引業の自主規制団体であ

る日本暗号資産取引業協会(Japan Virtual and Crypto assets Exchange Association, JVCEA)は，自主規制規則としてマネー・ローンダリング対策の自主規制規則を策定している。当該規則は，基本的には犯収法およびAML／CFTガイドライン，金融庁事務ガイドライン等の内容に沿ったものとなっているが，犯収法上は取引記録等の作成義務が免除されている少額の取引についても取引記録の作成を義務付けるなど，法令上の義務を加重する内容が含まれているため，留意が必要である。

また，JVCEAは，定款および自主規制規則に基づき，会員である暗号資産交換業者に対するマネー・ローンダリング対策に係る体制整備の状況のチェックを含む監査や，会員による疑わしい取引の届出状況のモニタリングを行うことで，暗号資産業界の健全な発展に取り組んでいる。

⑷　その他の関連法令
①　外国為替及び外国貿易法

外国為替及び外国貿易法（以下「外為法」という）は，わが国と外国との間の資金や財・サービスの移動などの対外取引や，居住者間の外貨建取引に適用される法律である。外為法は，これらの対外取引を決済するための「支払または支払の受領」に係る規制や制限も定めている。

2018年5月，財務省は，外為法の「支払または支払の受領」について，法定通貨の移転だけでなく，当事者間で債権債務の消滅や財産的価値の移転があったと同視しうる財の移転があれば，同法上の「支払」に含まれるとして，暗号資産に関する取引もこれに該当しうることを明らかにした。具体的には，例えば，日本と外国との間または居住者と非居住者との間で，債権債務の消滅や財産的価値の移転を行い，その対価として暗号資産により支払をした場合または支払の受領をした場合であって，当該対価が3,000万円相当額を超える場合には，日本円や米国ドル等の法定通貨を用いた支払または支払の受領と同様に，財務大臣への報告が必要となる。そのほか，報告が必要となる暗号資産に関する取引の主な事例として，以下の取引が挙げられている。

- 暗号資産を売買する取引であって，当該取引に関して支払または支払の受領が法定通貨または暗号資産で行われたもの

- 暗号資産を交換する取引
- 暗号資産を移転する取引
- 暗号資産に関する取引で生じた利益金，配当金または手数料等に係る支払または支払の受領
- 暗号資産に関する取引を委託し，または受託した際の預け金または預り金に係る支払または支払の受領
- 財貨，サービスまたは金融等に関する原取引があり，当該取引に関して支払または支払の受領が暗号資産で行われたもの 等

2022年4月，外為法が改正され，(i)暗号資産の移転（移転元および移転先がホステッドウォレットのものに限る（以下本(4)①において同じ））時の適法性確認義務の追加，(ii)暗号資産の移転時の本人確認義務の追加，(iii)暗号資産に係る一定の取引を資本取引とみなす規定の追加，が行われた。

(i)により，暗号資産交換業者は，顧客の暗号資産の移転（被仕向を含む）を行う際に，当該移転が制裁対象者に対するものでないことなどを（スクリーニング等を行って）確認することが必要となった。また，(ii)により，暗号資産交換業者が海外へ向けた顧客の暗号資産の移転または居住者の顧客の非居住者との間の暗号資産の移転（被仕向を含む）を行う際に，当該顧客に対する本人確認を行うことが必要となった（ただし，外為法上の本人確認義務は基本的に(3)①で記載した取引時確認義務に包摂されていることから，通常は取引時確認済み確認を行うことで足りる）。

(iii)により，居住者（多くの暗号資産交換業者が該当）と非居住者との間の暗号資産の管理に係る契約（すなわち管理口座に係る契約）に基づく当該暗号資産の移転を求める権利の発生，変更または消滅に係る取引などが（外為法上後述の義務の対象となる）資本取引とみなされることとなった。これにより，制裁対象者と資本取引とみなされる取引を行う場合に，財務大臣の許可を得ることが必要となったほか，資本取引とみなされる取引の中でも口座開設や暗号資産の売買など一定の取引を行う際に，顧客に対する本人確認を行うことが必要となった（ただし，暗号資産の移転に係る本人確認と同様の理由により，通常は取引時確認または取引時確認済み確認を行うことで足りる）。加えて，資本取引とみなされることで，資本取引に係る報告義務の対象となるため，資本取

引とみなされる取引を行った暗号資産交換業者は，基本的に取引の当事者や種類などを財務大臣に対して報告することが必要となる。

さらに，2023年6月施行の外為法改正により，暗号資産と電子決済手段があわせて「電子決済手段等」と定義され，電子決済手段等取引業者も上記の暗号資産交換業者と同等の義務を電子決済手段の取引に関して負うこととなった。

② 国際テロリスト等財産凍結法

国際テロリスト等財産凍結法（正式名称は「国際連合安全保障理事会決議第千二百六十七号等を踏まえ我が国が実施する財産の凍結等に関する特別措置法」）は，国家公安委員会が氏名等を公告する国際テロリストについて，規制対象財産の贈与や貸付け，売却などの行為を行う場合に，都道府県公安委員会の許可を要するものとしている。

2017年4月1日施行の改正法によって，規制対象財産に暗号資産が追加され，公告国際テロリストによる暗号資産の売却等には許可が必要となった。また，同法は，何人に対しても，公告国際テロリストを相手方として規制対象財産の贈与，貸付けをすること，規制対象財産の売却，貸付その他の処分の対価を支払うことなどの行為を禁止している。これに違反した場合には，公安委員会から違反してはならない旨の命令を受けるおそれがあり，命令にも違反した場合には，刑事罰の対象となる。

(5) FATF勧告

① FATFとは

金融活動作業部会（Financial Action Task Force, FATF）とは，1989年のアルシュ・サミット経済宣言を受けて設立された政府間会合である。

主に，マネロン対策の国際協力を強化するために設立されたが，2001年9月の米国同時多発テロ事件発生以降は，テロ資金供与に関する国際的な対策と協力の推進も行うことを目的としている。本書執筆現在，日本を含む38の国・地域および2つの国際機関が参加している。さらに，世界の各地域に設けられているFATF型地域体に参加すればFATF勧告を含むFATFの枠組みに参加することとなり，その意味でFATF勧告は190以上の国・地域に適用されていること

となる。

　FATFの主な活動は以下のとおりである。

- マネロンおよびテロ資金供与対策に関する国際基準（以下「FATF勧告」という）の策定・見直し
- FATF参加国・地域相互間におけるFATF勧告の遵守状況の監視（相互審査）
- FATF非参加国・地域におけるFATF勧告遵守の推奨
- マネロンおよびテロ資金供与の手口および傾向に関する研究

　FATF勧告の概要は**図表 3 − 10**のとおりである。

　後述のとおり，FATF勧告に関するガイダンスの改正や日本に対するFATF審査の結果を踏まえて，犯収法などマネー・ローンダリングに関する法令の改正が行われることがあり，FATFの動向と日本におけるマネロン等規制の動向には連動性が認められる。

図表 3 − 10　**FATF勧告40の概要**

勧告	内容	勧告	内容
1	リスク評価とリスクベース・アプローチ	21	内報禁止及び届出者の保護義務
2	国内関係当局間の協力	22	DNFBPにおける顧客管理
3	資金洗浄の犯罪化	23	DNFBPによる疑わしい取引の報告義務
4	犯罪収益の没収・保全措置	24	法人の実質的所有者
5	テロ資金供与の犯罪化	25	法的取極の実質的所有者
6	テロリストの資産凍結	26	金融機関に対する監督義務
7	大量破壊兵器の拡散に関与する者への金融制裁	27	監督当局の権限の確保
8	非営利団体（NPO）悪用防止	28	DNFBPに対する監督義務
9	金融機関秘密法が勧告実施の障害となることの防止	29	FIUの設置義務
10	顧客管理	30	資金洗浄・テロ資金供与の捜査
11	本人確認・取引記録の保存義務	31	捜査関係等資料の入手義務
12	PEP（重要な公的地位を有する者）	32	キャッシュ・クーリエ(現金運搬者)への対応
13	コルレス銀行業務	33	包括的統計の整備
14	送金サービス提供者の規制	34	ガイドラインの策定業務
15	新技術の悪用防止	35	義務の不履行に対する制裁措置
16	電信送金（送金人・受取人情報の通知義務）	36	国連諸文書の批准
17	顧客管理措置の第三者依存	37	法律上の相互援助，国際協力
18	金融機関・グループにおける内部管理方針の整備義務，海外支店・現法への勧告の適用	38	法律上の相互援助：凍結及び没収
19	勧告履行に問題がある国・地域への対応	39	犯人引渡
20	金融機関における資金洗浄，テロ資金供与に関する疑わしい取引の届出	40	国際協力（外国当局との情報交換）

（注1） DNFBP（Designated Non-Financial Businesses and Professions：指定非金融業者・職業専門家）とは，(a)カジノ，(b)不動産業者，(c)貴金属商，(d)宝石商，(e)弁護士，公証人その他の独立法律専門家及び会計士，(f)トラスト・アンド・カンパニー・サービスプロバイダー（その他の業種に含まれない，法人設立の仲介者として行動する業者等のこと。

（注2） FIU（Financial Intelligence Unit：資金情報機関）とは，資金洗浄やテロ資金に係る資金情報を一元的に受理・分析し，捜査機関等に提供する政府機関のこと。

（出所） 財務省国際局「金融活動作業部会について」（2019年6月14日） 4頁。

②　FATF審査の概要

FATF審査は，FATF勧告の遵守状況等につき，メンバー国から選出された審査団により相互に審査を行うものである。相互審査の結果，FATFからハイリスク・非協力国として国名公表された場合，各国の金融当局が，自国の金融機関に対し，当該国の金融機関との取引におけるマネロン対策強化を指示することにもつながりかねない。その結果，当該国の金融機関と各国金融機関の取引が遅延したり，取引自体が回避される動きに至る可能性もあるため，相互審査の結果は極めて重要な意味を持つことになる。

FATF審査は，第1次から第3次まで実施済みであり，日本に対する第4次相互審査についても，2019年10月最終週から11月中旬にかけてオンサイト審査が実施され，その後，コロナ禍の影響を受けて対日審査報告書の公表の延期が重なったものの，2022年8月30日に公表された。この対日審査報告書を踏まえて，マネロン・テロ資金供与・拡散金融対策に関する行動計画が策定された。同計画に基づいて，マネロン罪（組織的犯罪処罰法10）の法定刑の引上げなどの法改正が行われた。

③　暗号資産に関するFATFの対応

FATFは，暗号資産が金融イノベーションを促進する可能性や，金融包摂を向上させる可能性を示しつつ，暗号資産の利用にはマネロン・テロ資金供与リスクが存在しているという懸念を様々な報告書で指摘するとともに，適切な規制に向けた方針等を示してきた。

2015年6月，FATFは「仮想通貨に関するリスクベースアプローチガイダンス」（"Guidance for a Risk-Based Approach to Virtual Currencies"）（以下「2015年ガイダンス」という）を公表した。2015年ガイダンスでは，仮想通貨交換業者

を仮想通貨と規制された法定通貨システムとの交点（intersection）とし，仮想通貨交換業者がFATF勧告の適用対象である金融機関に含まれることを明確にした。そして，仮想通貨交換業者に関して，登録・免許制を採用するとともに，顧客の本人確認や疑わしい取引の届出，記録保存の義務などを課すなどのマネロン・テロ資金供与規制を適用すべきとした。2015年ガイダンスは，日本において2017年に仮想通貨交換業者に対する登録制度が導入された際の法改正の契機の１つとなったものである。

④　仮想資産および仮想資産サービスプロバイダーの定義の追加

2018年10月，FATF は，「仮想資産の規制に関する件」（"Regulation of Virtual Assets"）において，FATF勧告15を改正するとともに，用語定義集に新たに「仮想資産」（Virtual Asset）および「仮想資産サービスプロバイダー」（Virtual Asset Service Provider）（以下「VASP」という）の定義を追加したことを公表した。

これにより，FATF加盟国において，VASPを登録制または免許制の対象とすべきであり，顧客に対する継続的な監視，記録の保管，疑わしい取引の報告などのマネロン・テロ資金供与規制の対象となることが明確化された。

FATFにおける仮想資産およびVASPの定義については，2015年ガイダンスの改正（2019年および2021年）を経て，より明確化された。仮想資産およびVASPはより広義に解釈されることが示されており，VASPにICO（Initial Coin Offering）のための金融サービスの提供者などが入ることが明記されているなどの特徴はあるが，基本的には現在の日本における暗号資産および暗号資産交換業者はこの定義に含まれるものと考えられる。また，ステーブルコインに関与する幅広い主体はFATF基準のもとでVASPに該当しうることが明確化されているところ，電子決済手段および電子決済手段等取引業者についても，基本的には仮想資産およびVASPの定義に含まれるものと考えられる。

⑤　勧告15解釈ノートの改正によるトラベル・ルールの導入

また，2019年 6 月にトラベル・ルールを含む勧告解釈ノート15および2015年ガイダンスの改正がFATF定例会合において正式に採択された。確定した勧告

15解釈ノート7.(b)の概要は**図表３−11**のとおりである。

図表３−11　勧告15解釈ノート7.(b)の概要

7.(b)勧告16：各国は，送付側VASPsが，VAの移転に関し，正確な必須送付人情報および必須受取人情報を取得および保持し，当該情報を受取側VASPまたは金融機関（もしあれば）に，即時かつ安全に提出し，かつ，適切な規制当局の求めに応じて利用可能にすることを，確保すべきである。各国は，受取側VASPsが，VAの移転に関し，必須送付人情報および正確な必須受取人情報を取得および保持し，かつ，適切な規制当局の求めに応じて利用可能にすることを，確保すべきである。勧告16のその他の要請（情報の利用可能性の監視，凍結措置，指定された個人および団体との取引禁止）は勧告16と同様に適用される。金融機関が顧客のためにVA送付を授受する場合には同じ義務が適用される。

　これを受けて，2022年６月に犯収法が改正され，(3)①で記載した暗号資産交換業者および電子決済手段等取引業者に対するトラベル・ルール（犯収法10の３，10の５）が導入された。

③ ── 私法上の取扱い

(1)　暗号資産における排他的な帰属関係の私法上の性質

　上記①「(2)暗号資産」でも述べたとおり，資金決済法上，暗号資産は，(i)物品等・役務提供の代価の弁済として不特定の者に対して使用でき，かつ不特定の者との間で購入・売却をすることができるものであって，(ii)電子的に記録された財産的価値で，電子情報処理組織を用いて移転することができ，(iii)本邦通貨および外国通貨，通貨建資産ならびに電子決済手段に該当しないものをいう（資金決済法２⑭）。しかしながら，資金決済法上の定義から，直ちに暗号資産の私法上の性質が明らかになるわけではなく，秘密鍵の排他的な管理を通じて暗号資産を排他的に支配している状態について，私法上どのような意味を持つのかは必ずしも見解の一致をみない。

　以下では，暗号資産を排他的に支配していることの私法上の意味合いについて，議論の状況を概説する[10]。

①　権利性を肯定する立場

　まず，秘密鍵の排他的な管理を通じて暗号資産を排他的に支配している状態について，何らかの権利性を肯定する立場が存在する。暗号資産の排他的な支配について権利性を肯定する立場には，その権利の内容について3つの見解が対立している。

(i)　物権またはこれに準ずるものを認める見解

　所有権の客体となる「物」（民法206参照）とは，「有体物」をいうとされている（民法85）。この点について，暗号資産はもっぱらブロックチェーン上の価値データとして存在するにすぎず，有体性を欠くために民法上の物（民法85）には該当しない。そのため，暗号資産を客体とする所有権（民法206）は観念できないと考えられている。裁判例でも，ビットコインについて，有体性を欠くため，物権である所有権の客体とはならないことを明示的に判示するものが存在する（東京地判平成27年8月5日）。

　もっとも，暗号資産を動産類似の「モノ」として捉えて動産と同様の取扱いをすべきと考える見解（田中幸弘・遠藤元一「分散型暗号通貨・貨幣の法的問題と倒産法上の対応・規制の法的枠組み（上）」『金融法務事情』1995号（2014年）59頁）や，暗号資産を権利の対象や取引の対象として捉えてその帰属や権利の移転については物権法のルールに従うと考える見解（森下哲朗「FinTech時代の金融法のあり方に関する序説的検討」黒沼悦郎＝藤田友敬編『江頭憲治郎先生古稀記念 企業法の進路』（有斐閣，2017年）807頁）がある。その理由としては，有体物でないものの帰属についても物権法のルールを適用するという考え方は，すでにペーパーレス化された証券の取引との関係で採用されてきた考え方であることや，預金の帰属との関係でも有力に説かれてきた見解であることなどが挙げられている。

　具体的には，暗号資産の帰属や移転については，「一次的には帳簿や台帳の記録を手掛かりとしつつ，そこで権利者として記録されている者が本来の権利

---

(10)　暗号資産の私法上の性質に関する議論を整理した比較的近時の論文として，小島冬樹「暗号資産の私法上の性質」『金融・商事判例』1611号（2021年）30頁および芝章浩「暗号資産の移転その他の処分の法律関係と実務」『金融・商事判例』1611号（2021年）83頁等がある。

者ではない場合には，本来の権利者に帰属させることが望ましい」とした上で，暗号資産の取引については，暗号資産を物や証券と同様に考えた上で，暗号資産に関する当事者間の契約関係により，売買や寄託と同様に扱うべき場合や，消費寄託と同様に扱うべき場合等を考えていくことになるとされている（森下・前掲書（黒沼＝藤田編）（2017年）808頁）。

　この見解によれば，元の保有者は，何らの原因なく暗号資産が第三者に移転した場合には，当該暗号資産について，物権的請求権またはこれに準ずる権利を行使して，第三者に対して暗号資産の返還を求めることが可能と考えることになると思われる。

　この見解に対しては，物権法定主義（民法175）に照らすと解釈論として無理があり，また，物権的返還請求権が認められると暗号資産の決済手段としての有用性が損なわれるのではないか，との批判がある（芝章浩「各種FinTechビジネスと法制度」西村あさひ法律事務所編『ファイナンス法大全（下）［全訂版］』（商事法務，2017年）843頁，852頁）。

(ii)　財産権を認める見解

　この見解は，暗号資産は，民法典にいう「財産権」としての性質が認められると考えるものである（森田宏樹「仮想通貨の私法上の性質について」『金融法務事情』2095号（2018年）16頁）。

　この見解では，物権，債権その他の排他的な帰属関係が認められる財産的利益を広く包摂するものとして「財産権」という概念を採用し，一定の利益が「財産権」として排他的に帰属することにより，当該帰属者に認められる法的機能が「処分権」であると考える。その上で，暗号資産は，そのような「財産権」としての性質を有するものであると考える。この点について，資金決済法上，暗号資産は「不特定の者との間で購入・売却をすることができる」ものとして定義されているが，売買は「財産権」の移転とその代金の支払を相互に約することを内容とする契約（民法555）であるため，暗号資産が「財産権」であるという見解は，民法上の売買の規定とも整合すると主張されている。

　この見解によれば，暗号資産についても所有と占有が一致し，観念的な帰属ないし移転を認めない現金と同様の規律が及ぶ（森田・前掲論文（2018年）21頁）。

したがって，何らの原因なく暗号資産が第三者に移転した場合には，元の保有者は，当該暗号資産について物権的請求権として暗号資産の返還を請求することはできないが，第三者に対して，不当利得返還請求（民法703，704）や不法行為に基づく損害賠償請求（民法709）を行うことは可能と考えられる。

　この見解に対しては，財産権の存在を肯定する根拠とともに，暗号資産について，金銭についての「所有と占有の一致」の原則と同様の法的取扱いを認める根拠が議論の対象になりうるとの見方がある（芝章浩「暗号資産の民事法上の取扱い」『NBL』1138号（2019年）51頁）。

(iii)　取引参加者全員の「合意」に基づく権利を認める見解

　この見解は，ビットコインの取引においては，所定のプロトコルに基づき，そのデータはブロックチェーン技術を用いてネットワーク上に記録・保持され，分散型台帳という形でネットワーク参加者全員により管理される仕組みが構築されているところ，ビットコインの保有を可能としているのは，取引参加者がそのような仕組みに「合意」しているためであるとして，そのような取引参加者の合意を根拠として，暗号資産に対する権利性を肯定する見解である（末廣裕亮「仮想通貨の私法上の取扱いについて」『NBL』1090号（2017年）68頁）。

　この見解に依拠する場合には，暗号資産やその排他的支配について一義的に性質を説明することは困難であるが，暗号資産やその取引はネットワーク参加者において合意された存在として捉えれば十分であり，あえて明確な性質決定をしなくとも，問題となる取引場面に応じて個別にルールを検討すれば足りると考えられている。

　この見解によれば，何らの原因なく暗号資産が第三者に移転した場合には，元の保有者は暗号資産の保有について財産的な価値を侵害されたといえるため，元の保有者は，第三者に対して，不当利得返還請求（民法703，704）や不法行為に基づく損害賠償請求（民法709）を行うことができると考えられる（末廣・前掲論文（2017年）70頁）。

　他方，この見解によれば，少なくともビットコインの場合には，暗号資産の返還を請求する権利まで認めることは難しいと考えられている。ビットコインの仕組みにおいては，ある保有者が秘密鍵とこれに対応するアドレスによって

自己のビットコインを排他的に支配しているときに，真の権限者が他に存在しうるということは，取引参加者の「合意」において前提とされていないためである（末廣・前掲論文（2017年）70頁）。

この見解に対しては，そのような合意の存在自体や，その法的意義について疑問がありうるとの批判がある（芝・前掲論文（2019年）52頁）。

②　権利性を否定し，事実状態として整理する立場

一方で，秘密鍵の排他的な管理を通じて暗号資産を排他的に支配している状態について，権利性を否定する立場も存在する。

この立場は，暗号資産の保有は，秘密鍵の排他的な管理を通じて当該秘密鍵に係るアドレスに紐付いたビットコインを他のアドレスに送付することができる状態を独占しているという事実状態にほかならず，何らかの権利または法律関係をも伴うものではないと考えるものである（芝・前掲書（西村あさひ法律事務所編）（2017年）845頁）。そして，そのような事実状態そのものに財産的価値が認められ，様々な取引が行われていると説明される。

この立場によれば，そのような財産的な価値を侵害されたといえる以上，元の保有者は第三者に対して不法行為に基づく損害賠償請求（民法709）を行うことができると考えられるが（芝・前掲書（西村あさひ法律事務所編）（2017年）845頁），暗号資産の返還を請求する権利まで認めることは難しいと考えられる。他方，トークンが何らかの権利を表章している場合には，当該トークンの秘密鍵が奪われた等により保有者の意思に基づかずに第三者に暗号資産が移転したケースや当該トークンが二重譲渡されたケースでは，後に(4)で述べる問題と同様の問題があると考えられる。

この立場に対しては，金銭債務の弁済は通貨に含まれる支払単位の移転によって実現されるものであるから，単なる事実状態のみによって決済手段を説明することは困難であるという批判がある（森田・前掲論文（2018年）23頁）。

(2)　ブロックチェーンの分岐による新規暗号資産の発生
①　ブロックチェーンの分岐

暗号資産の取引台帳は「ブロックチェーン」と呼ばれ，分散型暗号資産の場

合には，P2P型ネットワークの参加者の各コンピューター上に過去のすべてまたは一部の取引が記録されている。暗号資産のブロックチェーンには，承認作業が完了した新しい取引記録を集めたブロックを時系列に沿って一定期間ごとにその末尾に接続することにより，暗号資産の移転取引が連鎖的かつ不可逆的に記録されることとなるが，ブロックチェーンのプログラムのアップデートを実施する際に，ネットワーク参加者の各コンピューターの間でタイムラグが発生することから，アップデート完了後の新バージョンが適用されるコンピューターとアップデート未了の旧バージョンが適用されるコンピューターとの間で，それぞれ別のブロックチェーンを作成する状況が発生する可能性がある。

　また，特定のブロックチェーンのプロトコルについてネットワーク参加者間で意見が分かれ，以前とは異なるプロトコルを採用するブロックが意図的に作成されることもある（例：ビットコインからビットコインキャッシュの分岐）。これらの場合に起こりうるブロックチェーンの分岐をフォークといい，新旧のブロックチェーンに互換性がある場合をソフトフォーク，新旧のブロックチェーンに互換性がない場合をハードフォークという。

②　新規暗号資産の発生に関する法律関係

　ハードフォークの場合には，既存のブロックチェーンの仕様を変更し，互換性のない新たなブロックチェーンが発生するため，新たなブロックチェーンの仕様に合わせた新規の暗号資産が誕生することになる。ハードフォークが実施される直前のブロックの時点で暗号資産を保有している者は，新旧両方のブロックチェーンにおいてそれぞれ従前の取引記録を利用できることから，分岐したブロックチェーンにおいて新規暗号資産を保有することになる。あたかも新規の暗号資産の付与を受けるかのようであるが，特定の誰かから付与されるものではなく，ハードフォークによって自動的に取得するものである。

　既存のブロックチェーンにおける暗号資産の保有者が，暗号資産の管理を暗号資産交換業者に委託しているケースでは，ハードフォークが発生した場合には，ブロックチェーン上のアドレスを有する暗号資産交換業者が既存のブロックチェーンにおける暗号資産に対応する新規暗号資産が一括して取得すること

となる。

　この点について，暗号資産交換業者は顧客に対してハードフォークに伴い発生した新規暗号資産を付与する義務を負うかについては論点となりうる。この点，ビットコインのブロックチェーンのハードフォークによって誕生したビットコインゴールドという新規暗号資産につき，①暗号資産交換業者の利用規約および取引説明書上，ハードフォークによって生じた新規暗号資産の取扱いに関する規定や説明がなく，②暗号資産交換業者において，新規暗号資産に対応するシステムの開発整備が未了で当該新規暗号資産の移転に必要なシステムが備わっておらず，また③暗号資産交換業者が新規暗号資産に関し監督官庁への届出等を行っていないといった事情の下では，暗号資産交換業者は顧客に対してハードフォークに伴い発生した新規暗号資産を移転する明示または黙示の合意があったとはいえないとして，暗号資産交換業者が顧客に対して新規暗号資産を付与する義務を否定した裁判例がある（東京地裁令和元年12月20日）。

　ハードフォークに伴い新規暗号資産が発生した場合の対応については，法令や日本暗号資産取引業協会の自主規制規則上，暗号資産交換業者に対して特段対応は義務付けられていない。原則として各々の暗号資産交換業者に対応は委ねられている状況にあるといえる。

(3)　暗号資産の差押え

　債務者が資産として暗号資産を保有している場合，当該債務者に対して債務名義を有する債権者は，債務者が保有する暗号資産を差し押さえることが可能かが問題となる。

①　債務者が保有する暗号資産の管理を自己で行っている場合

　債務者が保有する暗号資産の管理を自己で行っている場合には，暗号資産の排他的な帰属関係について，(ⅰ)物権またはこれに準ずるものを認める見解に立つのであれば動産執行（民事執行法122以下の類推適用）の方法により，(ⅱ)暗号資産に財産的価値を認めるその他の見解に立つのであれば，執行対象適格のある財産を包摂的に対象とする「その他の財産権」に対する強制執行（民事執行法167）として債権執行の例によることとなると考えられる（高松志直「電子マ

図表3－12	債務者が保有する暗号資産の管理を自己で行っている場合の強制執行を検討する際のイメージ

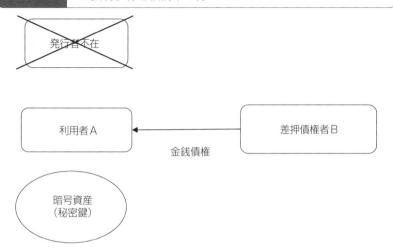

ネーおよび仮想通貨に対する強制執行」『金融法務事情』2067号（2017年）56頁）。そして，(i)の場合には，執行官が暗号資産を占有する方法によって差押えを行い（民事執行法123①），(ii)の場合には，第三債務者たる発行者が存在しない暗号資産については暗号資産を保有する債務者に差押え命令を送達し（民事執行法145③），譲渡命令または売却命令によって手続を行うこととなるものと考えられる（民事執行法161）。

　もっとも，(i)の場合においては，債務者が暗号資産の秘密鍵情報を開示しなければ，執行官は実際に暗号資産を占有することはできない。また，(ii)の場合においても，債務者が暗号資産の秘密鍵情報を開示しなければ，譲渡命令が発令されても，暗号資産を差押債権者に帰属する形で移転させることはできず，売却命令に基づき執行官が暗号資産を売却することもできない（高松・前掲論文（2017年）57頁）。

　このように，債務者が暗号資産の管理を自己で行っており，当該暗号資産の秘密鍵情報が債務者から任意に開示されない場合には，間接強制（民事執行法172）の方法によることも考えられるが，金銭債務の履行を怠っていた債務者にさらに間接強制で金銭の支払を命じたとしても，実効性があるか疑問である。

債権証書の引渡しの規定（民事執行法148）を類推する方法等の可能性も検討されているが（青木哲「暗号資産（ビットコイン）と強制執行・倒産」『金融法務事情』2119号（2019年）21頁，柳原悠輝「仮想通貨に関する強制執行」『金融法務事情』2123号（2019年）18頁および中島弘雅「暗号資産をめぐる民事執行法上の問題点（下）」『NBL』1227号（2022年）41頁），現状では債務者が満足できる強制執行を実現することは事実上困難であると考えられる。

② 債務者が保有する暗号資産の管理を暗号資産交換業者に委託している場合

暗号資産自体に対する強制執行が事実上困難であることは上で述べたとおりであるが，債務者が暗号資産交換業者に暗号資産の管理を委託している場合には，債務者は，暗号資産交換業者との間で，利用規約等に基づく暗号資産の管理に係る契約を締結していると考えられる。そして，利用規約等において，(i)暗号資産交換業者が資金決済法上の暗号資産交換業者であり，(ii)利用者から預かった暗号資産を当該暗号資産交換業者の指定するウォレットにおいて管理し，

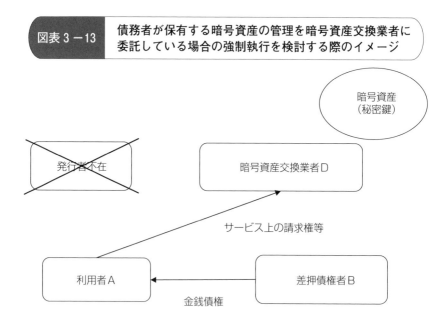

図表3-13 債務者が保有する暗号資産の管理を暗号資産交換業者に委託している場合の強制執行を検討する際のイメージ

(ⅲ)利用者の要求により上記ウォレットからの暗号資産の送信等に応じる旨の規定がある場合には，利用者の暗号資産交換業者に対する暗号資産返還請求権を契約上観念することができ，かつ暗号資産交換業者において暗号資産の送信等に必要な秘密鍵を管理しているものと推認することが可能であると解されている。

　したがって，この場合には，当該債務者に対して債務名義を有する債権者は，「その他の財産権」に対する強制執行として（民事執行法167①），当該債務者が暗号資産交換業者に対して有する暗号資産返還請求権を差し押さえることが可能であると考えられる（本多健司「仮想通貨返還請求権の差押えをめぐる実務上の諸問題」『金融法務事情』2111号（2019年）9頁）。実際に，2018年9月から2021年1月までの間に，暗号資産交換業者に対して暗号資産に係る請求権に対する差押命令または仮差押命令が発令された40件のうち，37件が暗号資産返還請求権を対象に含むものであり，暗号資産返還請求権を強制執行の対象とすることが主流になりつつある（満田智彦「暗号資産（仮想通貨）をめぐる強制執行」『金融法務事情』2164号（2021年）44頁）。

　暗号資産交換業者に暗号資産を預託している利用者が，債権者から暗号資産返還請求権の差押えを受けた場合には，裁判所から暗号資産交換業者宛てに譲渡命令または売却命令（民事執行法167①，161①）が発令され，当該命令に従って暗号資産返還請求権が換価されることとなる。具体的には，譲渡命令が発令された場合には，譲渡命令が暗号資産交換業者に送達された時点に遡って債権者の債権および執行費用がその譲渡価格で弁済されたものとみなされ（民事執行法161⑦，160），債権者は暗号資産返還請求権を取得することとなる。また，売却命令が発令された場合には，執行官は，暗号資産返還請求権を売却し，暗号資産返還請求権の売却代金は配当手続を通じて債権者への弁済に充てられる（民事執行法166①二）。

(4)　デジタル証券の私法上の取扱い

　デジタル証券は有価証券をトークンに表示したものを指すところ，ある有価証券に表示されるべき権利がトークンに表示されるか否かによって，その権利の内容が変わるわけではない。そのため，デジタル証券の私法上の取扱いを検

討するにあたっては，そのトークンに表示されている権利ごとに検討を行うことが適当と考えられる。

デジタル証券においてトークンにどのような権利が表示されているかは個別事例ごとに検討するほかないが，以下では，トークンに表示して発行されている主要な有価証券として，①社債をトークンに表示する場合，②受益証券発行信託の受益証券が発行されない受益権をトークンに表示する場合および③集団投資スキーム持分のうち，商法上の匿名組合契約に基づく投資者（匿名組合員）の地位をトークンに表示する場合の対抗要件について検討する[11]。

①　社債の譲渡に係る第三者対抗要件

大手証券会社を中心として，株式会社が国内でブロックチェーン債（ブロックチェーン上に記録される社債）を発行するためのプラットフォームが構築されており，そこでは，社債券不発行社債（非振替社債）が（電子記録移転有価証券表示権利等として）用いられている。社債券不発行社債（非振替債）については，当事者間の意思表示によって譲渡することが可能であり，社債原簿の名義書換が発行会社その他の第三者に対する対抗要件となる（会社法688①）。

会社法上は，電磁的記録をもって社債原簿を作成することも可能（会社法684②二参照）であり，電磁的記録とは，「電子的方式，磁気的方式その他人の知覚によっては認識することができない方式で作られる記録であって，電子計算機による情報処理の用に供されるもの」であって，具体的には「磁気ディスクその他これに準ずる方法により一定の情報を確実に記録しておくことができる物をもって調整するファイルに情報を記録したもの」をいう（会社法26②，会社法施行規則224）。そのため，そのような定義を充足するような具体的方法をもってブロックチェーン上の記録がなされるのであれば，発行会社または社債原簿管理人の管理するサーバ上に記録されているブロックチェーン上の記録を，社債原簿（またはその一部）として取り扱うことにより，電子的なプラットフォー

---

(11)　デジタル証券の私法上の取扱いを整理した比較的近時の論文として，河合健ほか「トークン表示有価証券の譲渡および第三者対抗要件に関する問題点（上）―匿名組合出資持分のトークン化と流通に向けた試論―」『金融法務事情』2158号（2021年）17頁がある。

ム内で第三者対抗要件の具備手続を完結させることが可能となる。

　社債の譲渡については，以上のような仕組みを設けることにより，電子的なプラットフォーム内で譲渡手続を完結させることが可能となるが，社債の譲渡とは別個に，当該社債から派生する具体的な利息請求権（支分権）のみを譲渡し，当該債権譲渡について確定日付のある通知を発行会社に送付することも理論上は考えられる。このような場合，ブロックチェーンを用いた社債原簿上の社債権者のほかに個別の利息請求権を有する者が電子的なプラットフォーム外にも存在しうることになり，電子的なプラットフォームにおいて社債に関する権利関係を一元的に管理し，権利関係の明確化と取引の安全性，効率性を高めようとする関係者の意思に合致しない結果が生じる可能性がある。もっとも，この点に関しては，支分権たる利息請求権のみが譲渡された場合においても，発行会社は社債原簿上の社債権者に対して利息を支払えば足りると解する余地はあるようにも思われる。

②　受益証券発行信託の受益証券が発行されない受益権の譲渡に係る第三者対抗要件

　受益証券発行信託においては，受益証券を発行しない旨を信託行為に定めることができ（信託法185③），かかる受益証券発行信託の受益証券が発行されない受益権については，当事者間の意思表示によって譲渡することが可能であり（寺本昌広『逐条解説　新しい信託法［補訂版］』（商事法務，2008年）396頁），受益権原簿への記載または記録が受託者その他の第三者に対する対抗要件となる（信託法195①）。

　信託法上は，電磁的記録をもって受益権原簿を作成することも可能（信託法190②二）であり，受託者または受益権原簿管理人が管理するサーバに記録されているブロックチェーン上の記録を，受益権原簿（またはその一部）として取り扱うことにより，電子的なプラットフォーム内で譲渡手続を完結させることが可能となる（河合ほか・前掲論文（上）（2021年）22頁）。

③　匿名組合出資持分の譲渡に係る第三者対抗要件

　匿名組合契約は，(i)匿名組合員から営業者への出資と(ii)営業者の匿名組合員

に対する利益分配の約束で構成されるところ（商法535），匿名組合出資持分の譲渡は，かかる匿名組合契約上の地位の譲渡にあたると解される。かかる契約上の地位の譲渡は，契約の相手方（匿名組合契約の匿名組合員による譲渡の場合，営業者）の承諾により，契約の同一性を維持したまま譲渡人から譲受人に契約上の地位が移転する効果を有するが（民法539の2），契約上の地位の譲渡の第三者対抗要件を具備するために，確定日付のある証書による通知または承諾が必要であるかどうかについては，条文上明確な定めはなく，解釈に委ねられている。

　この点，匿名組合契約上の匿名組合員の権利を構成する主要な権利である利益分配請求権（商法535）および匿名組合契約終了時の出資価額返還請求権（商法542）は，一般に債権であると理解されているところ，債権譲渡の第三者対抗要件は確定日付のある通知または承諾である（民法467②）ことから，匿名組合契約上の地位の譲渡についても，債権譲渡の場合に準じて，確定日付のある証書による通知または承諾が必要であると考えられる（預託金会員制のゴルフ会員権に関して同趣旨の判断をした判例として，最判平成8年7月12日がある）。

④　電子記録移転権利の場合の問題点

　電子記録移転権利は，権利をブロックチェーン上のトークン（財産的価値）に表示したものであるが，暗号資産とは異なり，トークン自体は権利の価値そのものを表すわけではなく，電子記録移転権利の譲渡は，トークンに表示された権利の移転にほかならない。そのため，例えば，匿名組合出資持分がトークンに表示された電子記録移転権利の譲渡の場合，匿名組合出資持分の譲渡の場合と同様に考え，第三者対抗要件を具備するためには，確定日付のある証書による通知または承諾が必要であると考えられる。

　しかしながら，本来，電子記録移転権利は，トークンとともに当該トークンに表示された権利が電子的に移転する仕組みが前提となっており，その事実上の流通性の高さに鑑みて第1項有価証券と同様の開示規制を課すこととされたものである。それにもかかわらず，電子記録移転権利の譲渡に際して，その都度，第三者対抗要件として確定日付のある証書による通知または承諾の取得を要求することは，譲渡の迅速性およびコストの観点から電子記録移転権利の流

通を事実上不可能とするものであり，制度設計の前提と整合しない。

　そこで，電子記録移転権利の譲渡につき，確定日付のある証書による通知または承諾を行うことなく第三者対抗要件を備えることができるか，または第三者対抗要件の具備自体が不要となる法律構成がないか検討する[(12)]。

(i)　契約上の地位の譲渡について対抗関係が生じないと考える法律構成

　契約上の地位の譲渡については相手方の承諾が効力要件となるが（民法539の2），契約上の地位が二重譲渡された場合の対抗要件制度については民法上規定されておらず，解釈に委ねられている（民法（債権関係）部会資料38「民法（債権関係）の改正に関する論点の検討(10)」（2012年）25〜27頁参照）。

　このため，契約上の地位の譲渡については，契約上の地位の移転の要件を満たした順で優先劣後が決定すると考えて，先行譲受人に対する承諾のみが有効であり，後行譲受人に対する承諾は無効であり契約上の地位の移転の効果は生じない，と解した場合，そもそも対抗要件の問題は生じないと考える余地がある（内田貴『民法Ⅲ第4版　債権総論・担保物権』（東京大学出版会，2020年）296〜298頁）。

　しかしながら，匿名組合契約上の地位の譲渡につき対抗要件の具備を不要と解してよいかどうかについて，議論の蓄積があるわけではない。また，この見解も，一定の契約上の地位の移転について法律・判例・慣習などによって認められた当該契約類型に固有の第三者対抗要件制度が存在する場合には，当該対抗要件を具備しなければ譲渡を第三者に対抗できないこととなることを認めている（民法（債権法）改正検討委員会編『詳解・債権法改正の基本方針Ⅲ—契約および債権一般(2)』（商事法務，2009年）337頁，潮見佳男『新債権総論Ⅱ』（信山社出版，2017年）533頁参照）。

　したがって，匿名組合契約上の地位の譲渡については，一律に対抗関係が生じないと考える法律構成をとることが可能かどうかは疑問が残る。

---

(12)　電子記録移転権利の譲渡の第三者対抗要件に関する問題点を整理した比較的近時の論文として，金融法委員会「セキュリティ・トークンの譲渡に関する効力発生要件及び対抗要件について（特に匿名組合持分及び信託受益権の譲渡に関して）」（2022年）および河合健ほか「トークン表示有価証券の譲渡および第三者対抗要件に関する問題点（下）—匿名組合出資持分のトークン化と流通に向けた試論—」『金融法務事情』2159号（2021年）10頁がある。

(ⅱ)　私法上の有価証券法理を適用する法律構成

　匿名組合出資持分をトークンに表示したものを，私法上の有価証券に準ずるものと構成することが考えられる。

　従来の私法上の有価証券法理によれば，ある権利について有価証券に表示する慣習法が存在する場合，当該権利を証券または証書に表示することによって，その権利の移転につき，第三者対抗要件として確定日付のある証書による通知・承諾は不要であり，物権に準じて証券または証書の交付によって譲渡が可能となり，かつ第三者対抗要件も備えることができると解される。電子記録移転権利については，その権利の帰属がブロックチェーン上の記録によって決定されるという慣習法が存在すると仮定すれば，従来の私法上の有価証券法理を，匿名組合出資持分をトークンに表示したものについて適用することによって，その権利の帰属がブロックチェーン上の記録によって決められることになると考える余地がある。

　しかしながら，現時点において，社会的事実として上記のような「慣習法」があるとは必ずしもいえないため，従来の私法上の有価証券法理をデジタル証券に適用するとしても，その権利の帰属がブロックチェーン上の記録によって決定されることになるかどうかは疑問が残る。

(ⅲ)　原契約の解除および新規契約の締結であるとする法律構成

　トークンに表示された匿名組合出資持分を保有する匿名組合員（譲渡人または現保有者）と，当該匿名組合出資持分を新たに取得したい者（譲受人または新保有者）がいる場合，直接的に現保有者から新保有者に電子記録移転権利を譲渡するのではなく❶営業者（発行体）と現保有者との間の原契約の全部または一部を解除し，同時またはその直後に❷営業者（発行体）と新保有者との間の上記❶と同種・同量・同価格の権利に係る新規契約の締結を行うと構成することが考えられる。

　このように構成することで，契約上の地位が現保有者から新保有者に対して同一性を保って移転することはなく，原契約は消滅するため，第三者対抗要件の問題は発生する余地がないと整理することが可能と考えられる。

　本構成に対しては，実質的に，債権者の交替による更改（民法515①）に該当

し，第三者対抗要件として確定日付のある通知・承諾が必要ではないか（同②）との批判も考えられる。しかしながら，債権者の交替による更改は，債務者と新旧債権者の三者間の合意によって成立するものであるところ（民法515①），本構成においても，三者間の合意が存在するとみなされないようにするスキームを構築する余地はあると思われる（河合ほか・前掲論文（下）（2021年）14頁）。

また，本構成に対しては，実質的には契約上の地位の移転と同視することができ，指名債権譲渡の第三者対抗要件具備の潜脱ではないかとの批判も考えられる。しかしながら，契約上の地位の移転は契約当事者の一方の地位が同一性を保って承継され，当該契約に基づく債権債務のほか，解除権，取消権等の形成権も譲受人に移転することになるが，本構成においては譲渡人が営業者（トークンに表示された匿名組合出資持分の発行体）に対して有する形成権や抗弁が譲受人に移転することは想定されておらず，法律構成が全く異なるため，このような批判は当たらないと考える。

⑤　産業競争力強化法における特例

産業競争力強化法上，主務大臣の認可を受けた認定新事業活動実施者が認定新事業活動計画にしたがって提供する情報システムを利用した債権譲渡の通知または承諾について，民法467条2項の確定日付のある証書による通知または承諾とみなす特例措置（産業競争力強化法11の2）が設けられている。

かかる特例措置を活用すれば，上記「④電子記録移転権利の場合の問題点」を解決することができる可能性がある。具体的には，認定新事業活動実施者が認定新事業活動計画にしたがって提供する情報システムを利用して行う通知または承諾を，ブロックチェーン上におけるトークンの移転と自動連携することができれば，トークンに表示された匿名組合出資持分の譲渡に関してブロックチェーン上でトークン移転と一体的に第三者対抗要件を具備することが可能になると考えられる（金融法委員会・前掲論文（2022年）5頁）。

(5)　ステーブルコインの私法上の取扱い

ステーブルコイン（電子決済手段）を国内で発行する場合には，発行体は，信託銀行もしくは信託会社，銀行または資金移動業者が想定されるが，以下で

は，実務において発行することが検討されている主要なステーブルコインとして，信託銀行または信託会社が特定信託受益権の形式で発行するステーブルコインの対抗要件について検討する[13]。

①　パーミッションレス型ステーブルコイン

　パーミッションレスチェーンにおいては，誰でもブロックチェーンアドレスを作成することが可能であり，発行体である信託銀行または信託会社や仲介業者である電子決済手段等取引業者が認識していない者もステーブルコインを保有し取引することができる。このため，デジタル証券において利用されている，受益証券発行信託の受益証券が発行されない受益権を利用することは望ましくないと考えられる。なぜなら，受益証券発行信託の場合，受益証券が発行されない受益権についても，各受益権に係る受益者の氏名または名称および住所を受益権原簿に記載する必要があるからである（信託法186三）。

　そこで，（受益証券発行信託の受益権ではない）一般的な信託受益権の形式で発行することが考えられるが，第三者対抗要件を具備するためには，確定日付のある証書による通知または承諾が必要であるため（信託法94②），上記(4)「④電子記録移転権利の場合の問題点」と同様に，第三者対抗要件の具備自体が不要となる法律構成がないか検討する。

　この点，「信託行為の定めにより受益者となるべき者として指定された者（中略）は，当然に受益権を取得する。」とする信託法88条1項本文の規定に基づき，パーミッションレス型ステーブルコインにかかる信託契約において，当該受益権の受益者となるべき者は，信託契約の期間中のその時々におけるトークンの保有者であるとする旨を定めることが考えられる（河合健「パーミッションレス型電子決済手段（ステーブルコイン）の移転に関する法的考察―特定信託受益権型の電子決済手段を念頭に」『金融法務事情』2217号（2023年）40頁）。これにより，パー

---

(13)　資金移動業者が発行するステーブルコインの対抗要件については，加毛明「決済手段の移転に関する私法上の法律問題―資金移動業電子マネーを中心として」沖野眞已ほか編『これからの民法・消費者法（Ⅰ）（河上正二先生古稀記念）』（信山社，2023年）245頁および日本銀行金融研究所『デジタルマネーの私法上の性質を巡る法律問題研究会』報告書　デジタルマネーの権利と移転」（2023年）38頁参照。

ミッションレス型ステーブルコインの移転については，旧受益者から新受益者に対して当該受益権が譲渡されるものではなく，当該受益権を表示するトークンの移転によって，トークンの送付者である旧受益者が保有する受益権が消滅し，それと同時に，トークンの受領者である新受益者が新たな受益権を取得することになり，第三者対抗要件の問題は発生する余地がないと整理することが可能と考えられる。

　なお，本構成に対しては，実質的に，債権者の交替による更改（民法515①）に該当し，第三者対抗要件として確定日付のある通知・承諾が必要ではないか（同②）との批判も考えられる。しかしながら，本構成は，信託契約にその定めをおくところ，信託法88条1項本文は，民法の第三者のためにする契約に関する規律（民法537②）の特則として，受益者となるべき者として指定された者による特段の意思表示なく，信託行為の定めによって受益権を発生させることを可能とする規定である（寺本・前掲書（2008年）251頁）ため，新債権者の意思表示の存在を前提とする債権者の交替による更改とは法的性質が異なると考えられる。

　また，本構成に対しては，実質的には信託受益権の譲渡と同視することができ，信託受益権の譲渡の第三者対抗要件具備の潜脱ではないかとの批判も考えられる。しかしながら，パーミッションレス型ステーブルコインにおいては，ほとんどすべての取引参加者は，ブロックチェーン上のトークンの所在と権利の所在が一致することを所与の前提として取引に参加しているものと考えられ，トークンの移転と紐付かない受益権の帰属を主張する者には，要保護性が認められないケースが大半であるものと思われる。

②　パーミッションド型ステーブルコイン

　パーミッションド型ステーブルコインにおいては，受益権原簿に各受益権に係る受益者の氏名または名称および住所（信託法186三）を記載することは可能であり，受益証券発行信託の受益証券が発行されない受益権の形式で発行することは可能であると考えられる。この場合の私法上の取扱いは，受益証券発行信託の受益証券が発行されない受益権の形式で発行するデジタル証券と同様である（上記(4)②参照）。

【参考文献】

青木哲「暗号資産（ビットコイン）と強制執行・倒産」『金融法務事情』2119号（2019年）

内田貴『民法Ⅲ 第4版 債権総論・担保物権』（東京大学出版会，2020年）

加毛明「決済手段の移転に関する私法上の法律問題―資金移動業電子マネーを中心として」沖野眞已ほか編『これからの民法・消費者法（Ⅰ）（河上正二先生古稀記念)』（信山社，2023年）

河合健ほか「トークン表示有価証券の譲渡および第三者対抗要件に関する問題点（上）―匿名組合出資持分のトークン化と流通に向けた試論―」『金融法務事情』2158号（2021年）

河合健ほか「トークン表示有価証券の譲渡および第三者対抗要件に関する問題点（下）―匿名組合出資持分のトークン化と流通に向けた試論―」『金融法務事情』2159号（2021年）

河合健「パーミッションレス型電子決済手段（ステーブルコイン）の移転に関する法的考察―特定信託受益権型の電子決済手段を念頭に」『金融法務事情』2217号（2023年）

金融法委員会「セキュリティ・トークンの譲渡に関する効力発生要件及び対抗要件について（特に匿名組合持分及び信託受益権の譲渡に関して)」（2022年）

小島冬樹「暗号資産の私法上の性質」『金融・商事判例』1611号（2021年）

潮見佳男『新債権総論Ⅱ』（信山社出版，2017年）

芝章浩「各種FinTechビジネスと法制度」西村あさひ法律事務所編『ファイナンス法大全（下）［全訂版］』（商事法務，2017年）

芝章浩「暗号資産の民事法上の取扱い」『NBL』1138号（2019年）49〜55頁

芝章浩「暗号資産の移転その他の処分の法律関係と実務」『金融・商事判例』1611号（2021年）

末廣裕亮「仮想通貨の私法上の取扱いについて」『NBL』1090号（2017年）67〜73頁

高松志直「電子マネーおよび仮想通貨に対する強制執行」『金融法務事情』2067号（2017年）50〜58頁

田中幸弘・遠藤元一「分散型暗号通貨・貨幣の法的問題と倒産法上の対応・規制の法的枠組み（上）」『金融法務事情』1995号（2014年）52〜63頁

寺本昌広『逐条解説 新しい信託法［補訂版］』（商事法務，2008年）

中島弘雅「暗号資産をめぐる民事執行法上の問題点（下）」『NBL』1227号（2022年）

日本銀行金融研究所『デジタルマネーの私法上の性質を巡る法律問題研究会』報告書 デジタルマネーの権利と移転」（2023年）

本多健司「仮想通貨返還請求権の差押えをめぐる実務上の諸問題」『金融法務事情』2111号（2019年）6〜14頁

満田智彦「暗号資産（仮想通貨）をめぐる強制執行」『金融法務事情』2164号（2021年）

民法（債権関係）部会資料38「民法（債権関係）の改正に関する論点の検討(10)」（2012年）

民法（債権法）改正検討委員会編『詳解・債権法改正の基本方針Ⅲ―契約および債権一般（2)』（2009年，商事法務）

森下哲朗「FinTech時代の金融法のあり方に関する序説的検討」黒沼悦郎＝藤田友敬編『江頭憲治郎先生古稀記念 企業法の進路』（有斐閣，2017年）

森田宏樹「仮想通貨の私法上の性質について」『金融法務事情』2095号（2018年）14〜23頁

柳原悠輝「仮想通貨に関する強制執行」『金融法務事情』2123号（2019年）

第**4**章

デジタル通貨・トークンセールスに関する会計実務

1 ── 概　況

　デジタル通貨やトークンセールスがビジネスにおいて広く活用されるように
なってくる中，これらに関する会計処理を明確化すべきという要請が高まって
いる。しかし，デジタル通貨やトークンセールスの概念は広範であり，これら
について横断的に定めた会計基準は国内外において存在しない。実際には，各
国における法令や実務を踏まえ，個別のニーズに応じて部分的に明らかにされ
ているだけである。

　例えば，日本では，2016年に公布された「情報通信技術の進展等の環境変化
に対応するための銀行法等の一部を改正する法律」により，「資金決済に関す
る法律」（以下「資金決済法」という）が改正されたことを契機として企業会計基
準委員会（ASBJ）において資金決済法における仮想通貨に関する会計処理を
明らかにするための検討がなされ，2018年３月に実務対応報告第38号「資金決
済法における仮想通貨の会計処理等に関する当面の取扱い」が公表されている。

　また，2019年５月に成立した金融商品取引法等の改正を踏まえ，「金融商品
取引業等に関する内閣府令」に新たに定義された「電子記録移転有価証券表示
権利等」（いわゆる「セキュリティトークン」に相当）の発行・保有に係る会
計上の取扱いについてASBJにおいて検討がなされ，2022年８月に実務対応報
告第43号「電子記録移転有価証券表示権利等の発行及び保有の会計処理及び開
示に関する取扱い」が公表されている。さらに，2022年６月に資金決済法が再
度改正されたことを踏まえ，同法において新たに定義された「電子決済手段」
（いわゆる「ステーブルコイン」の一部に相当）の発行・保有に係る会計上の
取扱いについてASBJにおいて検討がなされ，2023年11月に実務対応報告第45
号「資金決済法における特定の電子決済手段の会計処理及び開示に関する当面
の取扱い」等が公表されている。

　このように，日本では，デジタル通貨およびトークンセールスの会計処理に
ついて，主に法令の定義を踏まえて対象を明らかにした上で検討がされている。
他方，デジタル通貨およびトークンセールスの会計処理については，最近顕著
になっているWeb3.0ビジネスの進展を踏まえて実務上の課題が継続的に生じ

ている。こうした状況を踏まえ，2023年9月に日本暗号資産ビジネス協会から報告書「暗号資産発行者の会計処理検討にあたり考慮すべき事項」が公表されているほか，2023年11月に日本公認会計士協会から業種別委員会研究資料第2号「Web3.0関連企業における監査受嘱上の課題に関する研究資料」が公表されている。これらの報告書や資料は，会計基準を構成するものではないが，本書における説明と併せて読むことで実務上の検討において役立つものと考えられる。なお，2019年5月に金融商品取引法の改正と併せて成立した資金決済法の改正によって「仮想通貨」の名称が「暗号資産」へと変更されており，実務対応報告第38号における表記も「仮想通貨」が「暗号資産」に置き換えられている。このため，説明の便宜上，以下において，当初「仮想通貨」と記されていた部分もすべて「暗号資産」として表記する。

　他方，国際財務報告基準（以下「IFRS®会計基準」または「IFRS」という）では，暗号資産について特有の会計処理は定められていない。ただし，現行の会計基準を暗号資産に適用した場合の会計処理のあり方が明らかにされている。

　また，米国においては，デジタル通貨およびトークンセールスに関する会計処理について米国財務会計基準審議会（FASB）は従来明らかにしていなかったが，米国公認会計士協会（AICPA）が一部の取引類型を対象として実務上の考え方を示しているほか，米国証券取引委員会（SEC）が一部の論点について解釈を明らかにしている。加えて，2023年3月にFASBから公開草案「無形資産―のれん及びその他の暗号資産（Subtopic 350-60）」が公表され，暗号資産の会計処理が明らかにされようとしている。

　こうした背景を踏まえ，本章では，デジタル通貨およびトークンセールスの会計上の取扱いについて，以下の区分により説明する。

　⑴　日本の会計基準における取扱い
- 資金決済法における「暗号資産」の保有に関する会計処理および開示（2）
- 「電子記録移転有価証券表示権利等」に関する会計処理および開示（3）
- 資金決済法における「暗号資産」に該当するトークンの発行に関する会計処理（4）
- 「電子決済手段」に関する会計処理および開示（5）

②──日本基準（その１）：資金決済法における「暗号資産」の保有に関する会計処理および開示

⑴　背　景

　2016年５月に改正された資金決済法では，暗号資産が定義された上で，暗号資産交換業者に対して登録制が新たに導入され，2017年４月１日の属する事業年度の翌事業年度より，暗号資産交換業者は，その財務諸表の内容について公認会計士または監査法人による財務諸表監査を受けることが義務付けられた。

　これを踏まえ，暗号資産交換業者に対する財務諸表監査制度を円滑に運用することに加え，暗号資産に関する多様な会計実務が形成されることを防止する観点から，ASBJにおいて，暗号資産の会計上の取扱いについて検討がされた。検討の結果，ASBJより，2018年３月に実務対応報告第38号「資金決済法における仮想通貨（編注：現在は「暗号資産」）の会計処理等に関する当面の取扱い」が公表され，2018年４月１日以後開始する事業年度の期首から適用されている。

　なお，暗号資産に関連するビジネスが初期段階にあり，今後の進展を予測することは難しいことや暗号資産の私法上の位置付けが明らかではないことを踏まえ，実務対応報告第38号は，当面必要と考えられる最小限の項目に関する会計上の取扱いのみを定めている（実務対応報告第38号２項，22項）。このため，暗号資産を利用して行われている取引のすべてがカバーされているわけではない。

⑵　会計基準を理解するための基礎的な事項

①　実務対応報告第38号の適用範囲

　実務対応報告第38号では，暗号資産交換業者に対する財務諸表監査制度の円滑な運用が基準開発の契機であったこと，および適用範囲を明確にすることから，その適用範囲を資金決済法上の暗号資産としている（実務対応報告第38号３項）。

　ここで資金決済法上の暗号資産は，資金決済法２条14項１号および２号のい

ずれかに該当するものとして定義されている。

1号：以下すべてに該当するもの

- 物品等を購入し，もしくは借り受け，または役務の提供を受ける場合に，これらの代価の弁済のために不特定の者に対して使用することができ，かつ，不特定の者を相手方として購入および売却を行うことができる。
- 電子機器その他の物に電子的方法により記録されている財産的価値であり，本邦通貨および外国通貨，通貨建資産ならびに電子決済手段（通貨建資産に該当するものを除く）に該当しない。
- 電子情報処理組織を用いて移転することができる。

2号：以下すべてに該当するもの

- 不特定の者を相手方として，1号に掲げるものと相互に交換を行うことができる。
- 電子機器その他の物に電子的方法により記録されている財産的価値であり，本邦通貨および外国通貨，通貨建資産ならびに電子決済手段（通貨建資産に該当するものを除く）に該当しない。
- 電子情報処理組織を用いて移転することができる。

　したがって，仮に分散台帳（ブロックチェーン）を用いて取引の記録を行っている場合でも，不特定の者を相手方とする取引に該当しないもの（前払式支払手段発行者が発行するいわゆる「プリペイド・カード」等）は資金決済法上の暗号資産の定義に合致せず，実務対応報告第38号の適用範囲に含まれない。ただし，近年，トークンの性質が多様化しており，資金決済法における「暗号資産」の定義に該当するかどうかの判断が困難なケースも多い。このため，当該判断にあたっては，金融庁から示されている「事務ガイドライン第三分冊：金融会社関係「16. 暗号資産交換業者関係」」で示されている考え方や，事務ガイドラインを最終化する過程で実施された意見募集で寄せられたコメントに対する金融庁の考え方で示されている説明を踏まえ，必要に応じて法律専門家と協議して判断することが必要と考えられる。

　なお，実務対応報告第38号では，自社および自社の関係会社が発行した暗号

資産は適用範囲から除外されている（実務対応報告第38号3項）。これは，暗号資産の発行に係る会計処理については，例えば，対価を得て発行した暗号資産について負債を計上するのか利益を計上するのか，自己に割り当てた暗号資産を会計処理の対象とするのか等の論点が考えられるが，実務対応報告第38号の公開草案における会計処理等の検討に際しては，これらの論点が網羅的に把握・検討されなかったためである。

この点，いわゆる「マイニング」（採掘）などにより取得した暗号資産は，通常，自己（自己の関係会社を含む）以外の者により発行されているため，実務対応報告第38号の範囲に含まれる（実務対応報告第38号26項）。

②　暗号資産交換業者

次に，実務対応報告第38号において，暗号資産を保有する主体として想定されている「暗号資産交換業者」について確認する。暗号資産交換業者は，暗号資産取引所の運営主体として暗号資産利用者の間に立って両者を当事者とする暗号資産の売買の成立に尽力する媒介等の委託取引業務を行っている。この場合，暗号資産交換業者は，暗号資産利用者の暗号資産の売り注文と買い注文を成立させるための交換市場を提供する（図表4－1を参照）。

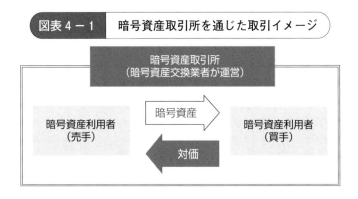

図表4－1　暗号資産取引所を通じた取引イメージ

他方で，暗号資産交換業者は，暗号資産販売所における自己取引業務として自らの資金を用いて暗号資産利用者から暗号資産を購入した上で，自らの利益のために暗号資産利用者に対して暗号資産の売却を行っている（図表4－2を参照）。

また，暗号資産交換業者は，暗号資産販売所における業務を行うにあたり，暗号資産利用者から暗号資産の預託を受けることがある。暗号資産の預託にあたっては，暗号資産交換業者が暗号資産利用者の暗号資産を管理・処分するために必要な暗号鍵等を保管する。

(3)　暗号資産の保有者による会計処理

自己が保有する暗号資産の会計上の性格やそれを踏まえた会計処理のあり方の検討にあたって，実務対応報告第38号では，**図表4－3**のようなステップで検討されている。

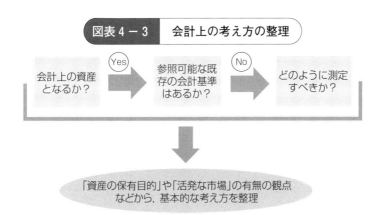

①　会計上の資産性の有無

暗号資産は，現時点において私法上の位置付けが明確でなく，暗号資産に何らかの法律上の財産権を認めうるか否かについては明らかではないものと考え

られる（資金決済法においては，「財産的価値」と定義されている）。

　日本の会計基準では，多くの場合，法律上の権利を会計上の資産として取り扱っている。ただし，必ずしも法律上の権利に該当することが会計上の資産に該当するための要件とはされておらず，例えば，繰延税金資産や自社利用のソフトウェア等についても資産計上がなされている。

　この点，暗号資産は法律上の権利に該当するかどうかは明らかではないが，売買・換金を通じて資金の獲得に貢献する場合も考えられることから，実務対応報告第38号では，暗号資産を会計上の資産として取り扱いうるものとして整理している（実務対応報告第38号27項）。

②　既存の会計基準との関係

　資金決済法における暗号資産が会計上の資産に該当すると整理される場合，次にこれをどのように会計処理すべきかが論点となる。この点，実務対応報告第38号では，暗号資産について，既存の会計基準で取り扱っている外国通貨，金融資産，トレーディング目的で保有する棚卸資産，無形固定資産のいずれに該当するかが検討されたが，図表4－4に記載する理由から，いずれの方法も適当でないと結論付けられている（実務対応報告第38号29～33項）。

図表4－4　　既存の会計基準に当てはめた検討

検討された案	実務対応報告第38号における検討概要	検討結果
「外国通貨」として会計処理	・暗号資産は，本邦通貨ベースでみれば価値の変動を伴うものの，決済手段として利用する目的で保有される場合があり，外国通貨として会計処理することが候補となる。 ・しかし，会計基準における通貨の定めは，一般的に法定通貨であることが想定されているものの，暗号資産は法定通貨ではないことから，暗号資産を外国通貨として会計処理することは適当でない。	×
「金融資産」として会計処理	・暗号資産は，有価証券などの金融資産と同様に投資目的で保有される場合があるため，金融資産として会計処理することも候補となる。 ・しかし，暗号資産は現金でないほか，他の企業から現金もしくはその他の金融資産を受け取る契約上の権利に該当しない等の理由から，暗号資産を金融資産として会計処理することは適当でない。	×
「トレーディング目的で保有する棚卸資産」として会計処理	・暗号資産は，投資目的で保有される場合，主に実需以外の要因で価値が変動する金地金に類似した性質を有するほか，暗号資産交換業者により営業目的を達成するために所有され，かつ売却を予定して保有される場合もあるため，棚卸資産として会計処理することも候補となる。 ・しかし，暗号資産は決済手段として利用されるなど棚卸資産と異なる目的としても利用されるため，すべての暗号資産を棚卸資産として会計処理することは適当でない。	×
「無形固定資産」として会計処理	・暗号資産は，資金決済法において「電子的に記録され移転可能な財産的価値」とされており，無形の価値を有することから，無形固定資産として会計処理することも候補になる。 ・この点，国際的な会計基準も含め，一般的にトレーディング目的で保有される無形固定資産という分類は想定されていないため，暗号資産を無形固定資産として会計処理することは適当でない。	×

③　暗号資産の会計処理に関する考え方

　上記のように，既存の会計基準にそのまま当てはめて，保有する暗号資産の会計処理の取扱いを定めることは困難と考えられた。このため，実務対応報告第38号では，これまでの日本の会計基準における評価基準に関する考え方を参考に，資産の保有目的や活発な市場の有無の観点から，考え方が整理された。

　これまでの日本の会計基準では，資産の保有目的について，売買目的有価証

券やトレーディング目的で保有する棚卸資産など時価の変動により利益を得ることを目的として保有する資産については時価で評価することが適当とされる一方，通常の販売目的で保有する棚卸資産や製造設備など時価の変動ではなく事業活動を通じた資金の獲得を目的として保有する資産については取得原価で評価することが適当とされている。

　ここで，活発な市場が存在する暗号資産は，主に時価の変動により売却利益を得ることや決済手段として利用すること，暗号資産交換業者が業務の一環として暗号資産販売所を営むために暗号資産を一時的に保有することを目的として保有されることが想定される。このため，活発な市場が存在する暗号資産は，いずれも暗号資産の時価の変動により保有者が価格変動リスクを負うものであり，時価の変動により利益を得ることを目的として保有するものに分類することが適当と考えられた。

　一方，活発な市場が存在しない暗号資産は，時価を客観的に把握することが困難であることが多く，また，時価により直ちに売買・換金を行うことに事業遂行上等の制約があることから，時価の変動を企業活動の成果とは捉えないことが適当と考えられた。

　このため，期末における暗号資産の評価基準については，資産の保有目的や活発な市場の有無の観点から，活発な市場が存在する暗号資産については市場価格に基づく価額をもって貸借対照表価額とし，帳簿価額との差額は当期の損益として処理する一方で，活発な市場が存在しない暗号資産については取得原価をもって貸借対照表価額とするとされている（実務対応報告第38号34～38項）。

④　活発な市場が存在しない暗号資産

　日本の会計基準においては，取得原価をもって貸借対照表価額とする資産の収益性が低下した場合，取得原価基準の下で回収可能性を反映させるように，過大な帳簿価額を減額し，将来に損失を繰り延べないために回収可能価額まで帳簿価額を切り下げる会計処理が行われている。この点を踏まえ，実務対応報告第38号では，活発な市場が存在しない暗号資産についても，売買・換金によって資金の回収を図ることが想定されるため，評価時点における資金回収額を示す正味売却価額（時価から処分見込費用を控除して算定される金額をい

う）がその帳簿価額を下回っているときには，収益性が低下していると考え，帳簿価額の切下げを行うことが適当であるとされている。

　ここで，活発な市場が存在しない暗号資産は，市場価格がなく，客観的な価額としての時価を把握することが困難な場合が多いと想定されることから，一般的に時価を基礎とした正味売却価額を見積ることは困難であると考えられる。この点，棚卸資産における期末評価時の時価を基礎とした正味売却価額の見積りが困難な場合の定めとして，期末日における「処分見込価額（ゼロ又は備忘価額を含む。）」を用いる取扱いが認められていることを踏まえ，実務対応報告第38号では，活発な市場が存在しない暗号資産についても，期末における「処分見込価額（ゼロ又は備忘価額を含む。）」が取得原価を下回る場合には，「処分見込価額（ゼロ又は備忘価額を含む。）」まで帳簿価額を切り下げることとされている。

　なお，具体的な処分見込価額の見積りは，例えば，独立第三者の当事者との相対取引を行った場合の価額等，資金の回収が確実な金額に基づくことが考えられるが，資金の回収が確実な金額を見積ることが困難な場合にはゼロまたは備忘価額を処分見込価額とすることになると考えられる（実務対応報告第38号41～43項）。

　期末における暗号資産の評価に係る会計処理をまとめると，以下のように整理される（実務対応報告第38号5項，6項）。

＜活発な市場が存在する場合＞
- 市場価格に基づく価額をもって当該暗号資産の貸借対照表価額とする。
- 当該価額と帳簿価額との差額は，当期の損益として処理する。

＜活発な市場が存在しない場合＞
- 取得原価をもって貸借対照表価額とする。
- 期末における「処分見込価額（ゼロ又は備忘価額を含む。）」が取得原価を下回る場合には，当該処分見込価額をもって貸借対照表価額とし，取得原価と当該処分見込価額との差額は当期の損失として処理する。

　前期以前に行った資産の帳簿価額の切下げの会計処理については，切放法と洗替法の2つの方法があるが，活発な市場が存在しない暗号資産の場合，その取引形態や価格形成の仕組みが明らかではないことから，期末日における処分を前提として処分見込価額まで簿価を切り下げた後には，保守的に切放法のみが認められるものとされた。よって，前期以前において，暗号資産の取得原価と処分見込価額との差額を損失として処理した場合，当該損失処理額について，当期に戻入れを行わない（実務対応報告第38号7項，44項）。

　期末における暗号資産の評価をフローチャートで示すと**図表4－5**のとおりとなる。

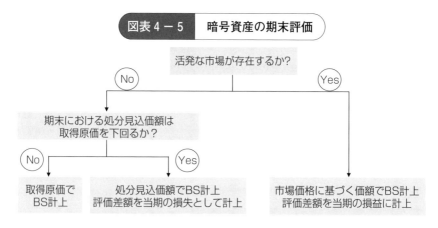

図表4－5　暗号資産の期末評価

　なお，実務対応報告第38号における考え方は，ASBJが2006年12月に公表した討議資料「財務会計の概念フレームワーク」（以下「ASBJ討議資料」という）で示した考え方とおおむね整合的といえる。すなわち，ASBJ討議資料では，「投下資金が投資のリスクから解放された」時点で収益を認識するとされており（ASBJ討議資料　第3章13項），事業活動を通じた資金の獲得を目的として保有する資産等「事業投資」に該当するものについては事業のリスクに拘束されない独立の資産を獲得したとみなすことができるときに投資のリスクから解放されるものと考えられる。一方，事業の目的に拘束されず，保有資産の値上がりを期待した「金融投資」から生じる価値の変動は，そのまま期待に見合う事実として，リスクから解放された投資の成果に該当するものとして捉える（ASBJ討

議資料　第4章56項，57項），という考え方が示されている。

　「活発な市場が存在する暗号資産」は，実務対応報告第38号の開発時点において想定されたその利用目的を踏まえると，ASBJ討議資料で示されている「金融投資」の性質におおむね相当するものと思料される。

(4)　暗号資産に関する会計処理の諸論点

①　活発な市場の判断規準

　暗号資産交換業者または暗号資産利用者の保有する暗号資産について，活発な市場が存在する場合とは，以下をいう（実務対応報告第38号8項）。

> 活発な市場が存在する場合…継続的に価格情報が提供される程度に暗号資産取引所または暗号資産販売所において十分な数量および頻度で取引が行われている場合

　日本の会計基準において，「市場には，公設の取引所及びこれに類する市場のほか，随時，売買・換金等を行うことができる取引システム等も含まれる」とされている（企業会計基準第10号「金融商品に関する会計基準」（注2））。また，実務対応報告第38号の開発時点では，「取引所及び店頭において取引が行われていなくても，随時，売買・換金等を行う取引システム（例えば，金融機関・証券会社間の市場，ディーラー間の市場，電子媒体取引市場）が流通性を確保する上で十分に整備されている場合には，そこで成立する取引価格を市場価格とすることができる」とされていた（2019年改正前の会計制度委員会報告第14号「金融商品会計に関する実務指針」（以下「金融商品実務指針」という）51項）。よって，随時に売買・換金を行うことができる暗号資産取引所や暗号資産販売所は，ここでいう市場に含まれうると考えられた（実務対応報告第38号45項）。

　また，「活発な市場」について，例えば，企業会計基準第9号「棚卸資産の評価に関する会計基準」3項において「売却には，通常の販売のほか，活発な市場が存在することを前提として，棚卸資産の保有者が単に市場価格の変動により利益を得ることを目的とするトレーディングを含む。」との定めがあった。また，2019年改正前の金融商品実務指針53項②では，市場（取引所もしくは店頭）において取引がなされていても実際の売買事例が極めて少ない金融資産ま

たは市場価格が存在しない金融資産については，活発な市場における市場価格がないものに該当するとされていた。しかし，日本の会計基準では，2019年7月に企業会計基準第30号「時価の算定に関する会計基準」が公表されるまで，「活発な市場」の定義は明示されていなかった。

このため，実務対応報告第38号では，国際的な会計基準で示されている「活発な市場」の判断規準を参考に，活発な市場が存在する場合とは，上記のとおり継続的に価格情報が提供される程度に暗号資産取引所または暗号資産販売所において十分な数量および頻度で取引が行われている場合をいうと説明されている。なお，企業会計基準第30号において，「活発な市場」は「継続的に価格情報が提供される程度に十分な数量及び頻度で取引が行われている市場をいう。」と定義されており，実務対応報告第38号における説明と整合的である。

活発な市場が存在するかどうかによって会計処理が大きく相違するため，この点に関する判断は極めて重要である。この点，実務的には，保有する暗号資産の種類，当該保有する暗号資産の過去の取引実績および当該保有する暗号資産が取引の対象とされている暗号資産取引所または暗号資産販売所の状況等を勘案し，個々の暗号資産の実態に応じて判断することが考えられる。

これらを踏まえると，例えば，合理的な範囲内で入手できる価格情報が暗号資産取引所または暗号資産販売所ごとに著しく異なっていると認められる場合や，売手と買手の希望する価格差が著しく大きい場合には，通常，市場は活発ではないと判断されるものと考えられる（実務対応報告第38号46項，47項）。

② 活発な市場が存在する暗号資産の市場価格

保有している活発な市場が存在する暗号資産の期末評価において，市場価格として暗号資産取引所または暗号資産販売所で取引の対象とされている暗号資産の取引価格を用いるときは，以下のように取り扱う（実務対応報告第38号9項，10項）。

• 保有する暗号資産の種類ごとに，「通常使用する自己の取引実績の最も大きい暗号資産取引所または暗号資産販売所」における取引価格（取引価格がない場合には，暗号資産取引所の気配値または暗号資産販売所が提示す

　る価格）を用いる。

- 期末評価に用いる市場価格には，取得または売却に要する付随費用は含まない。

- 暗号資産交換業者において，「通常使用する自己の取引実績の最も大きい暗号資産取引所または暗号資産販売所」が自己の運営する暗号資産取引所または暗号資産販売所である場合，当該暗号資産交換業者は，自己の運営する暗号資産取引所または暗号資産販売所における取引価格等が「公正な評価額」を示している市場価格であるときに限り，時価として期末評価に用いることができる。

　実務対応報告第38号の開発時において，日本の会計基準では，金融資産について，複数の市場で取引されている場合は，当該金融資産の取引が最も活発に行われている市場の取引価格を市場価格として適用することが定められていた（2019年改正前の金融商品実務指針257項）。また，複数の市場で気配値を入手できるデリバティブ取引について，会社が通常使用する市場での価格を使用することが定められていた（2019年改正前の金融商品実務指針102項）。また，国際的な会計基準でも，反証がない限り，企業が通常使用する市場での価格を公正価値測定において使用することとされていた（実務対応報告第38号48項）。

　さらに，海外も含めた各暗号資産取引所または暗号資産販売所の取引量を網羅的に把握し，取引が最も活発に行われている暗号資産取引所または暗号資産販売所における取引価格等を決定することは実務上困難と考えられた。このため，実務対応報告第38号では，通常使用する自己の取引実績の最も大きい暗号資産取引所または暗号資産販売所における取引価格等を市場価格として使用することとされている（実務対応報告第38号49項）。

　なお，暗号資産交換業者において，通常使用する自己の取引実績が最も大きい暗号資産取引所または暗号資産販売所における取引価格等が，自己の運営する暗号資産取引所または暗号資産販売所における取引価格等となる場合，時価は公正な評価額であることが前提となる。このため，実務対応報告第38号では，当該取引価格等が「公正な評価額」を示している市場価格であるときに限り，時価として期末評価に用いることができるものとされている（実務対応報告第38

号50項）。

③　活発な市場の判断の変更

　保有する暗号資産について，活発な市場の判断が変更される場合，以下のように会計処理を行う（実務対応報告第38号11項，12項）。

> **＜活発な市場が存在する暗号資産から，活発な市場が存在しない暗号資産へ変更された場合＞**
> ・活発な市場が存在しない暗号資産となる前に最後に観察された市場価格に基づく価額をもって取得原価とし，評価差額は当期の損益として処理する。
>
> **＜活発な市場が存在しない暗号資産から，活発な市場が存在する暗号資産へ変更された場合＞**
> ・その後の期末評価は市場価格に基づく価額をもって当該暗号資産の貸借対照表価額とし，当該価額と帳簿価額との差額は当期の損益として処理する。

　なお，活発な市場が存在しない暗号資産は，前期以前に行った資産の帳簿価額の切下げの会計処理については前期以前に計上した損失処理額の戻入れを行わない切放法のみが認められているが，その後，活発な市場が存在する暗号資産となった場合には，市場価格に基づく価額をもって当該暗号資産の貸借対照表価額とし，帳簿価額との差額は当期の損益として処理することとなる。したがって，結果的に，前期以前に計上した損失処理相当額が当該差額に含まれることにより当期の損益として処理されることがありうる（実務対応報告第38号51項）。

④　暗号資産の売却損益の認識時点

　暗号資産交換業者および暗号資産利用者は，暗号資産の売却損益を当該暗号資産の売買の合意が成立した時点において認識する（実務対応報告第38号13項）。

　日本の会計基準においては，売却損益の認識時点に関する具体的な判断基準として，売買の合意が行われた時に売却損益の認識を行う約定日基準と，引渡時に売却損益の認識を行う受渡日基準の２つの方法がみられる（実務対応報告第38号52項）。

　ここで，暗号資産の売買取引については，売買の合意が行われた後において，取引情報がネットワーク上の有高として記録されるプロセス等は暗号資産の種類や暗号資産交換業者により様々であるものの，通常，売手は売買の合意が成立した時点で売却した暗号資産の価格変動リスク等に実質的に晒されておらず，売却損益は確定していると考えられる。そのため，実務対応報告第38号では，取引情報がネットワーク上の有高として記録されるプロセス等に個別に踏み込むことなく，売却損益の認識時点として売買の合意が成立した時点とする原則のみが示されている（実務対応報告第38号53項）。

⑤　暗号資産の発行者が発行時に自己に割り当てた場合の会計処理

　「(2)会計基準を理解するための基礎的な事項」の「①実務対応報告第38号の適用範囲」で記載したとおり，実務対応報告第38号では，自社が暗号資産を発行した場合の会計処理について明らかにされていない。

　しかし，2023年度の税制改正において，自社が暗号資産を発行し，その暗号資産が当該企業以外に割り当てられることなく，当該企業が継続して保有しているものについて期末時価評価課税の対象外とすることが要望されていたことを踏まえ，ASBJに対してこれに関する会計処理を明らかにすべきとの要請が示された。このため，ASBJは，2022年11月7日に開催された委員会における審議を踏まえ，現時点での認識を「議事概要」として明らかにしている。議事概要では，以下2つの考え方を示した上で，いずれを採用すべきかどうかについて結論を出していないとしつつ，いずれの場合も期末において時価では評価されないと考えられる旨が説明されている。

- 考え方1：自己割当をした後，第三者との取引が生じるまで資産を認識しない。
- 考え方2：自己割当をした時点で，取得原価で資産を認識する。

⑸　暗号資産交換業者が預託者から預かった暗号資産の取扱い

①　資産および負債の認識

　暗号資産交換業者は，預託者との預託の合意に基づき，例えば，暗号資産交換業者が預託者に保有する暗号資産を売却した後に預託者の暗号資産を預かる

ことや預託者から暗号資産の送付を受けることにより，暗号資産の預託を受けることがある。この場合，暗号資産交換業者における会計処理は以下のとおりとされている（実務対応報告第38号14項）。

＜資産の認識＞
- 暗号資産交換業者は，預託者との預託の合意に基づいて暗号資産を預かった時に，預かった暗号資産を資産として認識する。
- 当該資産の当初認識時の帳簿価額は，預かった時の時価により算定する。

＜負債の認識＞
- 暗号資産交換業者は，資産の認識と同時に，預託者に対する返還義務を負債として認識する。
- 当該負債の当初認識時の帳簿価額は，預かった暗号資産に係る資産の帳簿価額と同額とする。

これまでのわが国の実務慣行においては，原則として，預託者から預かった資産について，法律上の権利の受託者への移転に着目し，預かった資産を会計上の資産として計上するか否かを判断しているが，暗号資産は，私法上の位置付けが明確ではないため，法律上の権利の受託者への移転に関する判断を行うことができない（実務対応報告第38号54項）。

この点，暗号資産交換業者が預託者との預託の合意に基づいて預かった暗号資産については，自己が保有する暗号資産と明確に区分し，かつ，預かった暗号資産についてどの預託者から預かった暗号資産であるかが直ちに判別できる状態で管理することが「暗号資産交換業者に関する内閣府令」（平成29年内閣府令第7号）において求められているものの，一般に暗号資産自体には現金と同様に個別性がない。また，預かった暗号資産については暗号資産交換業者が処分に必要な暗号鍵等を保管することから，暗号資産交換業者は預託者から預かった暗号資産を自己の保有する暗号資産と同様に処分することができる状況にある。さらに，預かり資産として預託者の暗号資産を受け入れた場合に，暗号資産交換業者が破産手続の開始決定を受けたときには，暗号資産交換業者の破産財団に組み込まれた預託者の暗号資産について預託者の所有権に基づく取

戻権は認められていないといわれている。

　これらの状況を踏まえ，実務対応報告第38号では，自己が保有する暗号資産との同質性を重視し，現金の預託を受ける場合と同様に，暗号資産交換業者は預託者との預託の合意に基づいて預かった時において，その時点の時価により資産として計上することとされている（実務対応報告第38号55項，56項）。

②　期末の評価

　期末において，暗号資産交換業者は，預託者から預かった暗号資産について以下のとおり会計処理を行い，資産および負債の期末評価からは損益を計上しない（実務対応報告第38号15項）。

＜資産の評価＞

- 預託者から預かった暗号資産に係る資産の期末の帳簿価額について，暗号資産交換業者が保有する同一種類の暗号資産から簿価分離した上で，活発な市場が存在する暗号資産と活発な市場が存在しない暗号資産の分類に応じて，暗号資産交換業者の保有する暗号資産と同様の方法により評価を行う。

＜負債の評価＞

- 預託者への返還義務として計上した負債の期末の貸借対照表価額を，対応する預かった暗号資産に係る資産の期末の貸借対照表と同額とする。

　資産の評価に関して，暗号資産交換業者が預託者から預かった暗号資産は，自己が保有する暗号資産との同質性を重視する観点から，保有する暗号資産と同様の方法で期末評価を行うものとされている（実務対応報告第38号57項）。また，預託者から預かった暗号資産に係る価格変動リスク等は暗号資産交換業者が負うものではなく，暗号資産交換業者が預託者から預かった暗号資産から損益を生じさせることは適当ではないため，預託者から預かった暗号資産に係る負債の期末の貸借対照表価額は，当該預かった暗号資産に係る資産の期末の貸借対照表価額と同額とされている（実務対応報告第38号58項）。

(6) 開　示

① 売却時の損益計算書の表示

　暗号資産の売却取引を行う場合，当該暗号資産の売却取引に係る売却収入から売却原価を控除して算定した純額を損益計算書に表示する（実務対応報告第38号16項）。暗号資産の売却取引について，総額で表示せず，純額で表示するとされたのは，以下の理由による。

- 暗号資産利用者は，時価の変動により利益を得ることや決済手段として利用することを目的として暗号資産を保有することが想定される。これらの目的で保有する場合，その発生した期間における企業活動の成果として売買取引に伴って得られる差益を純額で表示することが適切である（実務対応報告第38号62項）。
- 暗号資産交換業者が行う活発な市場が存在する暗号資産の売買取引は，通常，同一種類に対する購入および売却が反復的・短期的に行われ，購入価格と売却価格の差益を獲得するために行われているものと考えられる。この特徴を踏まえ，暗号資産交換業者が行う暗号資産の取引に係る売却損益は，売買取引に伴って得られる差益をその発生した期間における企業活動の成果として純額で表示することが適切である（実務対応報告第38号60項）。
- 暗号資産交換業者が活発な市場が存在しない暗号資産を保有する場合においては，反復的・短期的な売買取引の対象とはならないが，暗号資産の売買取引に伴って得られる差益の獲得を目的として保有する点では活発な市場が存在する暗号資産と同様であると考えられる（実務対応報告第38号61項）。

② 注　記

　暗号資産交換業者または暗号資産利用者は，財務諸表等において以下の事項を注記する必要がある（実務対応報告第38号17項）。

＜保有する暗号資産＞

• 貸借対照表価額の合計額

• 活発な市場が存在する暗号資産と活発な市場が存在しない暗号資産の別に，暗号資産の種類ごとの保有数量および貸借対照表価額[※]

（※）　貸借対照表価額が僅少な暗号資産については，貸借対照表価額を集約して記載することができる。

＜暗号資産交換業者が預かっている暗号資産＞

• 貸借対照表価額の合計額

　なお，暗号資産利用者は，暗号資産利用者の期末日において保有する暗号資産の貸借対照表価額の合計額が資産総額に比して重要でない場合，注記を省略することができる。また，暗号資産交換業者は，暗号資産交換業者の期末日において保有する暗号資産の貸借対照表価額の合計額および預託者から預かっている暗号資産の貸借対照表価額の合計額を合算した額が資産総額に比して重要でない場合，注記を省略することができる。

　暗号資産は，通常，価値の裏付けがないことから，保有に伴う価格変動リスクが外国通貨や金融資産と比較しても大きく，また，取引の仕組みなどに内在するリスクが存在するため，外国通貨や金融資産と異なる性質を有する。また，このようなリスクは暗号資産の種類ごとに異なるものと考えられる。このため，期末に保有する暗号資産の種類ごとの保有数量および貸借対照表価額を開示することにより，財務諸表利用者は暗号資産交換業者または暗号資産利用者が保有する暗号資産の種類ごとのリスクの評価が可能になる。加えて，暗号資産の種類によっては，同一種類の暗号資産であっても複数の暗号資産取引所または暗号資産販売所で異なる取引価格等が形成される可能性があるため，暗号資産交換業者および暗号資産利用者の期末における暗号資産の種類ごとの内訳の開示は，財務諸表利用者にとって有用な情報と考えられる。このため，期末に保有する暗号資産の種類ごとの保有数量および貸借対照表価額を開示することにより，財務諸表利用者は暗号資産交換業者または暗号資産利用者が保有する暗号資産の種類ごとの情報を把握することが可能になる（実務対応報告第38号63項）。

(7) 設 例

自己が保有する暗号資産に関する設例は，図表4−6のとおりである。

| 図表4−6 | 自己が保有する暗号資産の会計処理 |

【前提事項】
- 会社は，活発な市場が存在する暗号資産1単位を10,000円で現金により購入した。
- 期末において，暗号資産1単位の市場価格は14,000円となった。
- 翌期の期中において，会社は暗号資産1単位を12,000円で売却した。
- 購入時および売却時の手数料は，考慮しない。
- 表示科目は実務対応報告第38号で定めていないので，例示である。
- 税効果会計は考慮しない。

（取得時の会計処理）

| （借）暗号資産 | 10,000 | （貸）現金 | 10,000 |

（期末時の会計処理）

| （借）暗号資産 | 4,000 | （貸）暗号資産評価益※ | 4,000 |

※4,000（暗号資産評価益）＝14,000（期末の市場価格）−10,000（帳簿価額）

（売却時の会計処理）

| （借）現金 | 12,000 | （貸）暗号資産 | 14,000 |
| 暗号資産売却損※ | 2,000 | | |

※2,000（暗号資産売却損）＝14,000（帳簿価額）−12,000（売却価格）

3 ── 日本基準（その2）：「電子記録移転有価証券表示権利等」に関する会計処理および開示

(1) 背 景

金融庁が2018年3月に設置した「仮想通貨交換業等に関する研究会」では，Initial Coin Offering（ICO）に係る金融規制のあり方について議論となった。これを踏まえて，2018年12月に同研究会から公表された報告書では，「投資に関する金融規制を要するICO」と「決済に関する金融規制を要するICO」とに区分され，2019年に成立した金融商品取引法および資金決済法等の改正およびその後に金融庁から公表された文書等において，これらに関する定めが設けら

れた。

　特に，「投資に関する金融規制を要するICO」については，本書**第3章**「デ
ジタル資産に関する法務」[1](5)に記載されているとおり，金融商品取引法にお
いて，「電子記録移転権利」が定義され，これを第一項有価証券に含めること
で原則として開示規制を課し，その業としての取扱いに第一種金融商品取引業
の登録を求めることとされた。また，金融商品取引法の改正にあたって行われ
た国会の審議では，「情報通信技術の進展に伴う金融取引の多様化に対応する
ための資金決済に関する法律等の一部を改正する法律案に対する附帯決議」と
して，「ICOの会計処理等は，発行されるトークンの性質に応じて異なるもの
と考えられるため，国際的な議論を勘案しつつ，会計処理等の考え方について
整理のうえ，ガイドラインの策定等の必要な対策を講ずること。」という旨が
記載され，改正後の金融商品取引法の施行にあたって，会計処理等の考え方を
整理することが促された。

　その後，2019年11月に開催された企業会計基準諮問会議で示された提言を踏
まえ，ASBJは2019年12月に金融商品取引法に定義される「電子記録移転権
利」の発行者および保有者の会計処理，および資金決済法上の「暗号資産」に
該当するICOトークンの発行・保有等を行う場合の会計処理に関する審議に着
手した。さらに，2020年4月に金融庁より「金融商品取引業等に関する内閣府
令」の改正がされ，「電子記録移転有価証券表示権利等」が定義付けられた。

　ASBJは，これを踏まえ，「電子記録移転権利」に代わり，「金融商品取引業
等に関する内閣府令」1条4項17号に定義される「電子記録移転有価証券表示
権利等」を発行または保有する場合の会計処理の取扱いを明らかにする方向で
検討を進め，審議の結果，2022年8月に実務対応報告第43号「電子記録移転有
価証券表示権利等の発行及び保有の会計処理及び開示に関する取扱い」を公表
している。同実務対応報告は，2023年4月1日以後開始する事業年度の期首か
ら適用されている。

(2)　実務対応報告第43号の範囲

　電子記録移転有価証券表示権利等は，金融商品取引法2条2項に規定される
有価証券とみなされる権利（以下「みなし有価証券」という）のうち，当該権利に

係る記録または移転の方法その他の事情等を勘案し，内閣府令で定めるものに限るとされ（金融商品取引法29の2①八），当該内閣府令では，電子情報処理組織を用いて移転することができる財産的価値に表示される場合に該当するものとされている。したがって，電子記録移転有価証券表示権利等は，その定義上，みなし有価証券と権利の内容は同一であると考えられる。すなわち，両者の差は，その発行および保有がいわゆるブロックチェーン技術等を用いてなされるか否かのみであると考えられた。このため，電子記録移転有価証券表示権利等の発行および保有の会計処理は，基本的に，従来のみなし有価証券の発行および保有の会計処理と同様に取り扱うこととされている（実務対応報告第43号27項）。

　また，電子記録移転有価証券表示権利等の発行は，多くの場合，株式会社以外の事業体によって行われることが想定される。具体的には，いわゆるGK-TKスキーム，信託を用いたスキーム等によることが考えられる。この点，日本の会計基準では，これまで基本的に株式会社を念頭に会計処理が定められており，これらの会社に準じる事業体等による会計処理については法務省令によるもの以外，基本的に定められていなかった。このため，ASBJによる審議では，これらの会社に準じる事業体等による会計処理についても明示的に定めるべきかについて検討がされた。

　ASBJの審議では，これらについて定める場合，このプロジェクトの範囲を超えて広い範囲での検討が必要になり，可能な限り早期に実務対応報告を公表すべきとのニーズに沿わないと考えられた。したがって，実務対応報告第43号では，株式会社が電子記録移転有価証券表示権利等を発行または保有する場合の会計処理および開示のみが対象とされている（実務対応報告第43号2項，24～26項）。

(3)　電子記録移転有価証券表示権利等の会計処理
①　発行者の会計処理

　株式会社が電子記録移転有価証券表示権利等に該当する有価証券を発行する場合，従来のみなし有価証券を発行する場合と同様の会計処理を行うこととされており，電子記録移転有価証券表示権利等に特有の会計処理は定められていない。

②　保有者の会計処理

　企業会計上，金融商品取引法上の有価証券であっても，有価証券として取り扱われるものと有価証券として取り扱われないものがある。具体的には，金融商品会計基準および金融商品実務指針（以下，両者を合わせて「金融商品会計基準等」という）において，信託受益権については，一部（信託受益権が優先劣後等のように質的に分割されており，信託受益権の保有者が複数である場合等）を除き，有価証券として取り扱わないとされている（金融商品実務指針 8 項，58項）。

　このため，実務対応報告第43号では，電子記録移転有価証券表示権利等の保有者の会計処理についても，金融商品会計基準等における有価証券に該当する場合は金融商品会計基準等の定めに従って会計処理をする一方，これに該当しない場合には金融商品実務指針および実務対応報告第23号「信託の会計処理に関する実務上の取扱い」の定めに従って会計処理を行うとされている（実務対応報告第43号 8 〜10項）。特に電子記録移転有価証券表示権利等の発行にあたって信託が利用される場合，実務対応報告第23号の定め（Q2，Q8を含む）に留意する必要がある。なお，これは一般的な定めに従うことを確認したもので，電子記録移転有価証券表示権利等に特有の会計処理を設けることを想定したものではない。

　ただし，実務対応報告第43号では，電子記録移転有価証券表示権利等の売買契約を締結した時点から電子記録移転有価証券表示権利等が移転した時点までが「短期間」である場合は，一律に，契約を締結した時点で買手は電子記録移転有価証券表示権利等の発生を認識し，売手は電子記録移転有価証券表示権利等の消滅を認識するとされている（実務対応報告第43号 8 項，10項）。この取扱いは，金融商品会計基準等の定め（約定日から受渡日が相違する場合でも，約定日から受渡日までの期間が市場の慣行に従った「通常の期間」である場合に限って，例外的に先渡契約を認識しないことを認めている）と異なっている。これは，電子記録移転有価証券表示権利等の売買については，約定日および受渡日が明確ではない場合も考えられるほか，実務上，「通常の期間」であるかどうかの判断が困難である可能性があるとともに，ブロックチェーン技術等を用いることによって，上場株式における受渡しに係る期間を超えることはないことが想定されたためである（実務対応報告第43号36〜43項，46項）。

　なお，電子記録移転有価証券表示権利等の売買において約定日に相当する時点から受渡日に相当する時点までの期間が「短期間」かどうかは，わが国の上場株式における受渡しに係る通常の期間とおおむね同期間かそれより短い期間であるかどうかに基づいて判断することが考えられるとされている（実務対応報告第43号42項，図表４－７参照）。

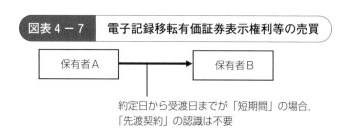

図表４－７	電子記録移転有価証券表示権利等の売買

保有者A → 保有者B

約定日から受渡日までが「短期間」の場合，
「先渡契約」の認識は不要

（4）　開　示

　実務対応報告第43号では，電子記録移転有価証券表示権利等を発行または保有する場合の表示方法および注記事項について，みなし有価証券が電子記録移転有価証券表示権利等に該当しない場合に求められる表示方法および注記事項と同様とするとされている（実務対応報告第43号11～12項）。

　これは，電子記録移転有価証券表示権利等の権利の内容は，みなし有価証券と同一と考えられ，電子記録移転有価証券表示権利等の開示に関しては，みなし有価証券を発行または保有する場合に適用される開示の定めに従うことにより，有用な情報が開示されるものと考えられたためである。

４──日本基準（その３）：資金決済法における「暗号資産」に該当するトークンの発行に関する会計処理

　2019年11月に開催された企業会計基準諮問会議で示された提言では，③に記載した「電子記録移転有価証券表示権利等」の会計処理に加え，資金決済法上の「暗号資産」に該当するICOトークンを発行する場合の会計処理についても検討することが提言された。これを踏まえ，ASBJは，2019年12月以降，これ

に関する検討を実施した。しかし，ASBJによる審議では，暗号資産に該当するICOトークンの発行は2018年中旬以降急減しているほか，国際的な会計基準においても暗号資産に該当するICOトークンの保有および発行に関する会計処理は確立されていないとの指摘がされた。

また，基準開発を行うにあたって，例えば，①暗号資産の発行を1つの単位として会計処理を行うか，暗号資産の発行にあたって企業が負う義務やICOトークンの保有者が得る権利に着目して複数の構成要素に分けて会計処理を行うべきか，②発行される暗号資産の対価として別の暗号資産を受領した場合に当該資産をどのように認識・測定すべきか，③それぞれの状況に応じてどのような開示が適切か等，検討すべき論点が多くある旨が指摘された。

特に，暗号資産の発行にあたって企業が負う義務やICOトークンの保有者が得る権利に着目して複数の構成要素に分けて会計処理を行う場合，以下のように，短期間で結論を見出すことが困難な論点がある旨が指摘された。

- ICOトークンに，将来，財またはサービスを提供する権利が付与されている場合，収益認識会計基準を踏まえ，ICOに応募した者が収益認識会計基準における「顧客」に該当するか，および，ICOトークンにおけるスマート・コントラクトが収益認識会計基準における「契約」に該当するか
- 仮に収益認識会計基準に従った会計処理をすべきと考える場合，ICOトークンの発行が等価交換でされるという前提を置いてよいか，仮に等価交換でない可能性もあるとする場合，収益の認識において基礎とする取引価格を引き渡した財またはサービスの時価により測定することが実行可能でかつ適切か
- 収益認識会計基準に従った会計処理が適切でないと判断されるICOトークンの発行があるとすれば，どのような場合に，引当金の計上がされるべきか
- ICOにより受領した対価を特定の使途（例：プラットフォームの構築）に利用することが想定されている場合，企業会計原則注解24「国庫補助金等によって取得した資産について」に従って会計処理されるべきものがあるか
- ICOにより受領した対価を複数の構成要素（例：収益，引当金，工事負担

金等）に分割して配分した上で会計処理する場合，どのような方法で配分すべきか

- ICOトークンの発行による対価として，資金決済法上の暗号資産を受領した場合，当該暗号資産をどのように認識・測定すべきか
- 暗号資産が発行された場合，発行時およびその後の会計期間末において，どのような開示が必要と考えられるか

　こうした指摘を踏まえ，ASBJは，資金決済法上の「暗号資産」に該当するICOトークンの発行・保有等に係る会計上の取扱いに関する会計上の論点の分析および基準開発の必要性について，関係者からの意見を募集することを目的とした「資金決済法上の暗号資産又は金融商品取引法上の電子記録移転権利に該当するICOトークンの発行及び保有に係る会計処理に関する論点の整理」（以下「論点整理」という）を2022年3月に公表している。

　論点整理では，暗号資産に該当するICOトークン発行に関する会計処理について**図表4－8**に示した検討課題が示されている。

　ASBJは，論点整理に寄せられたコメントを踏まえて審議を実施しているが，2024年2月時点において，今後，新たに実務対応報告を開発するか等については明らかにしていない。

図表4－8	暗号資産に該当するトークン発行の会計処理に関する検討課題

論点	内容
1．基準開発の必要性および緊急性，ならびにその困難さ	・対象取引のこれまでの実施状況および今後の普及見込み，ならびに現在，会計基準が存在しないことが対象取引の普及に及ぼしている影響の有無を踏まえ，速やかに基準開発に着手すべきか ・速やかに着手しないとした場合，基準開発を進める上で障害となりうる状況の存在およびその解消見込みを踏まえ，効果的かつ効率的な基準開発の観点から，どのようなタイミングで基準開発に着手すべきか
2．ICOトークンの発行者における発行時の会計処理	・ICOトークンの発行取引については，発行者が何ら義務を負担しないケースのほか，発行者が財またはサービスを提供する一定の義務を負担するとしても，その財またはサービスの価値が調達した資金の額に比して著しく僅少であるケースも存在する。これを踏まえ，会計処理を考える上で，ICOトークンの発行取引の実態をどう捉えるのか
3．資金決済法上の暗号資産に該当するICOトークンの発行および保有に関するその他の論点	・ICOトークンの発行時において自己に割り当てたICOトークンの会計処理について，第三者が介在していない内部取引として会計処理の対象としない方法と，会計処理の対象として会計上の資産および負債を計上する方法のいずれによるべきか ・ICOトークンの発行後において第三者から取得したICOトークンの会計処理について，関連する負債の消滅または控除として取り扱う方法と，資産として取り扱う方法のいずれによるべきか

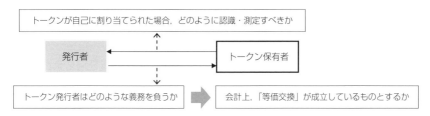

5──日本基準（その4）：「電子決済手段」に関する会計処理および開示

(1)　背　景

　2022年6月に成立した「安定的かつ効率的な資金決済制度の構築を図るための資金決済に関する法律等の一部を改正する法律」により資金決済法が改正され，法定通貨の価値と連動した価格で発行され券面額と同額で払戻しを約する

ものおよびこれに準ずる性質を有するものが新たに「電子決済手段」として定義されたほか，この電子決済手段を取り扱う電子決済手段等取引業者について登録制が導入された。

こうした動向を踏まえ，2022年7月に企業会計基準諮問会議に対して，会計上の取扱いを検討するよう要望が寄せられ，ASBJにおいて2022年8月より審議が開始された。ASBJは，その後の検討を踏まえ，2023年11月に，実務対応報告第45号「資金決済法における特定の電子決済手段の会計処理及び開示に関する当面の取扱い」を公表している。実務対応報告第45号における定めは，本実務対応報告について，公表日以後適用される（実務対応報告第45号15項）。

なお，実務対応報告第45号では，当面必要と考えられる最小限の項目に関する会計上の取扱いのみが示されており，電子決済手段を利用して行われている取引のすべてがカバーされているわけではない。

⑵　実務対応報告第45号の範囲

実務対応報告第45号では，電子決済手段のうち，一部を対象として会計処理および開示について定めている。**図表4－9**は，資金決済法2条5項等における定義を踏まえ，実務対応報告第45号の適用範囲をまとめたものである。

図表 4 - 9　実務対応報告第45号の適用範囲

区分	保有者	発行者
第 1 号電子決済手段	○	○
第 2 号電子決済手段	○	○
第 3 号電子決済手段	○	× （実務対応報告第23号を適用）
第 4 号電子決済手段	×	×
第 1 号から第 3 号のうち，外国電子決済手段	○：利用者が電子決済手段等取引業者に預託しているもの ×：上記以外	

（注）上記の電子決済手段の性質は，それぞれ以下のように整理できる（詳細については，本書**第 3 章**「デジタル資産に関する法務」を参照）。

区分	性質
第 1 号電子決済手段	以下の双方の性質を満たすもの ・物品等の購入・借受け，または役務の提供に対する代価の弁済のために不特定の者に対して使用することができ，電子情報組織を用いて移転できる。 ・電子的方法により記録されている通貨建資産（本邦通貨もしくは外国通貨をもって表示，またはこれらをもって債務の履行等が行われることとされている資産）に該当する。
第 2 号電子決済手段	不特定の者を相手として第 1 号電子決済手段と相互に交換できる財産的価値で，電子情報組織を用いて移転できるもの
第 3 号電子決済手段	特定信託受益権（「みなし有価証券」の範囲から除かれている信託受益権）
第 4 号電子決済手段	上記以外で内閣府令によって定められるもの（※ 2024年 2 月時点では，内閣府令で指定されるものが見込まれていない。）
外国電子決済手段	外国において発行される資金決済法等に相当する外国の法令に基づく電子決済手段 なお，電子決済手段等取引業者が取り扱うことができる外国電子決済手段は，以下のような要件等を満たすものに限られている。 ・外国電子決済手段の発行者が，当該外国電子決済手段の払戻しのために必要な資産を管理するなどの規制が課されていること ・外国電子決済手段の発行者が債務の履行等を行うことが困難になった場合等においてそれを管理する電子決済手段等取引業者が買取義務を負うほか，そのために必要な資産の保全等の措置を講じること

　このように，実務対応報告第45号の対象は，いわゆる「ステーブルコイン」とされているもののうち一部のみ（発行者が券面額と同額で払戻しを約しており，かつ発行者に一定の規制が課されているもの）を対象としており，アルゴ

リズムによって法定通貨の価値と連動した価格に維持するようなものは対象とされていない。

　このため，実務対応報告第45号の対象となる電子決済手段は，おおむね以下のように発行，流通，払戻しされることが想定される（実務対応報告第45号BC 9項）。

- 電子決済手段の利用者は，電子決済手段の発行者または電子決済手段等取引業者（以下合わせて「電子決済手段等取引業者等」という）から金銭と交換にその同額の券面額に基づく価額の電子決済手段を交付される。
- 第1号電子決済手段および第3号電子決済手段は，送金・決済手段として使用され，その券面額に基づく価額で財またはサービスと交換される。また，第2号電子決済手段は，その券面額に基づく価額と同額の第1号電子決済手段と交換される。
- 契約上，電子決済手段の移転の時点は明らかである。
- 電子決済手段等取引業者等が電子決済手段の利用者から電子決済手段の管理の委託を受ける場合，当該利用者ごとの保有残高は，電子決済手段等取引業者等により帳簿書類で管理される。
- 電子決済手段の利用者が電子決済手段について金銭による払戻しの請求を行ったとき，当該電子決済手段の利用者は速やかに電子決済手段の券面額に基づく価額と同額の金銭による払戻しを受ける。

　このため，電子決済手段に関する取引は，**図表4-10**のように図示できる。

図表 4 - 10	電子決済手段の取引イメージ

※1　金銭と同額の券面額に基づく価額による電子決済手段の交付
※2　券面額に基づく価額で交換
※3　第 1 号または第 3 号電子決済手段

※　券面額に基づく価額と同額の金銭の払戻し

(3)　電子決済手段の保有者による会計処理

①　電子決済手段の会計上の性格

「(2)　実務対応報告第45号の範囲」で記載した内容を踏まえると，実務対応報告第45号の対象となる電子決済手段は，以下のような特徴を有しているといえる（実務対応報告第45号BC10～15項）。

- 基本的に，送金・決済手段として使用されることが想定される。
- 電子決済手段の発行者に課されている法令上の規制（経営の健全性の確保に関する規制，履行保証金の供託等に関する義務），信託財産の倒産隔離に関する分別管理の措置，外国電子決済手段を利用者から預託する電子決済手段取引業者に対して課されている規制を踏まえると，電子決済手段の価値は安定的であることが想定される。
- 流通市場が形成される場合，電子決済手段の市場価格がその券面額と近似することが想定される。

このため，実務対応報告第45号の対象となる電子決済手段は，電子決済手段が払い戻されないリスクがある点で，通貨そのものとは異なると考えられるも

のの,「通貨に類似する性格」と「要求払預金に類似する性格」を有する資産と位置付けられる（実務対応報告第45号BC17項）。また，外国電子決済手段についても，発行者に対して課されることが想定される外国の法令の規定，外国電子決済手段を取り扱う電子決済手段等取引業者に対して課されている買取義務等を踏まえると，国内で発行される電子決済手段と同様の会計上の性質を有すると考えられる（実務対応報告第45号BC19項，BC20項）。

このため，実務対応報告第45号では，これらはいずれも現金または預金そのものではないが，現金に類似する性格と要求払預金に類似する性格を有する金融資産として，以下のように会計処理および開示を行う方法が示されている（実務対応報告第45号BC18項，BC21項）。

② 取得時の会計処理

電子決済手段を取得する際，以下のように会計処理することとされている（実務対応報告第45号5項）。

- 電子決済手段の受渡日に，当該電子決済手段の券面額に基づく価額をもって資産として計上する。
- 電子決済手段の取得価額と券面額に基づく価額との間に差額がある場合，当該差額を損益として処理する。

なお，電子決済手段の計上額について，「券面額に基づく価額」をもって資産として計上するとされているのは，以下の3点を考慮したためである（実務対応報告第45号BC26項）。

- 第1号電子決済手段および第3号電子決済手段は財またはサービスとの交換の対価の支払に使用されるため，当該財またはサービスを，交換の媒体として用いられる電子決済手段の券面額に基づく価額で測定することは，電子決済手段の経済実態を忠実に表現することになること
- 仮に電子決済手段の券面額に基づく価額と取得価額との間に差額が生じる場合であっても，電子決済手段については当該差額が僅少となることが想定されること
- 電子決済手段をその券面額に基づく価額で測定すると払出原価の管理が不

要となり，会計処理の適用上のコストが軽減されること

③　移転時または払戻時の会計処理

電子決済手段を第三者に移転するとき，または電子決済手段の発行者から当該電子決済手段について金銭による払戻しを受けるとき，以下のように会計処理することとされている（実務対応報告第45号6項）。

> - 電子決済手段の受渡日に，当該電子決済手段を取り崩す。
> - 電子決済手段を第三者に移転するときに金銭を受け取り，当該電子決済手段の帳簿価額と金銭の受取額との間に差額がある場合，当該差額を損益として処理する。

これは，電子決済手段を相手方に引き渡した時点で当該電子決済手段を使用することができなくなり，その使用により生じる便益を享受することができなくなると考えられたためである（実務対応報告第45号BC27項）。

④　期末時の会計処理

期末時に保有する電子決済手段について，以下のように会計処理することとされている（実務対応報告第45号7項）。

> 電子決済手段の券面額に基づく価額をもって，貸借対照表価額とする。

上記の定めは，主に以下の点を理由にしたものである（実務対応報告第45号BC28〜30項）。

- 電子決済手段の利用者は，電子決済手段の払戻時にその券面額に基づく価額と同額の金銭による払戻しを受けることが想定されていること
- 電子決済手段取引業者等に対する所要の規制により，その換金リスクは，通常，要求払預金における信用リスクと同程度に低いと考えられること

(4)　電子決済手段の発行者の会計処理

電子決済手段の発行者については，発行，払戻し，期末の評価について，それぞれ以下のように会計処理することとされている（実務対応報告第45号8〜10項）。

194

> ① 発行時
> - 電子決済手段の受渡日に，当該電子決済手段に係る払戻義務について債務額（券面額に基づく価額）をもって負債として計上する。
> - 電子決済手段の発行価額の総額と当該債務額との間に差額がある場合，当該差額を損益として処理する。
> ② 払戻時
> - 電子決済手段の受渡日に，払戻しに対応する債務額を取り崩す。
> ③ 期末時
> - 電子決済手段に係る払戻義務は，期末時において，債務額をもって貸借対照表価額とする。

上記のうち，電子決済手段について契約を締結したときではなく，「受渡日」に負債として計上することとしている理由は，以下による（実務対応報告第45号BC33項）。

- 発行時において，契約を締結したときから受渡日までの間の時価の変動は，僅少であることが想定されること
- 発行する電子決済手段の債務額（すなわち，券面額に基づく価額）で計上することから，電子決済手段および当該電子決済手段に係る払戻義務に関する負債の計上額は，契約を締結したときと受渡日とで同一となると考えられること
- 電子決済手段を受渡日に資産として計上する取扱いと整合すること

図表4−11は，電子決済手段の保有者および発行者の会計処理の概要をまとめたものである。

| 図表4-11 | 電子決済手段の保有者および発行者の会計処理 |

区分	取得時	移転時 または払戻時	期末時
保有者	・受渡日に，券面額に基づく価額をもって資産計上 ・取得価額と券面額に基づく価額との間に差額がある場合，当該差額を損益として処理	・受渡日に，当該電子決済手段を取り崩す ・帳簿価額と金銭の受取額との間に差額がある場合，当該差額を損益として処理	・券面額に基づく価額をもって，貸借対照表価額とする
発行者	・受渡日に，払戻義務について債務額をもって負債計上 ・発行価額の総額と債務額との間に差額がある場合，当該差額を損益として処理	・受渡日に，払戻しに対応する債務額を取り崩す	・債務額をもって貸借対照表価額とする

(5)　電子決済手段の会計処理に関する諸論点

①　外貨建電子決済手段に係る会計処理

　外貨建電子決済手段の期末時における円換算については，企業会計審議会「外貨建取引等会計処理基準」（以下「外貨建取引等会計処理基準」という）一2(1)①の定めに準じて処理を行うこと，および外貨建電子決済手段に係る払戻義務の期末時における円換算については，外貨建取引等会計処理基準一2(1)②の定めに従って処理を行うこととされている（実務対応報告第45号11項，12項）。

　実務対応報告第45号の対象となる外貨建電子決済手段に係る期末時の換算方法について，外貨建取引等会計処理基準では具体的に定められていないため，実務対応報告第45号において，外国通貨に準じて処理することが明らかにされている。一方で，外貨建電子決済手段に係る払戻義務は金銭債務に該当すると考えられるため，期末時における換算方法は明らかであると考えられるが，当該外貨建電子決済手段における取扱いに併せて具体的な処理が明らかにされている（実務対応報告第45号BC39項）。

②　預託電子決済手段に係る取扱い

　電子決済手段等取引業者等は，電子決済手段の利用者との合意に基づいて当該利用者から預かった電子決済手段（以下「預託電子決済手段」という）を資産と

して計上しないこと，また，当該電子決済手段の利用者に対する返済義務を負債として計上しないこととされている（実務対応報告第45号13項）。

電子決済手段等取引業者等における預託電子決済手段の管理方法として，次の３つの方法がある。

- 信託会社等へ信託して管理させる方法
- 自己信託により管理する方法
- 信託会社等への信託または自己信託の方法によらずに，自ら管理する方法または第三者に管理させる方法

日本基準の実務慣行では，原則的には，利用者から預かった資産について法律上の権利の受託者への移転に着目し，預かった資産を会計上の権利として計上するか否かが判断されている。この点，上記いずれの方法によっても，預託電子決済手段に関する利用者の法律上の権利は，電子決済手段を預かる電子決済手段等取引業者等に移転しないと考えられるため，上記の取扱いが示されている（実務対応報告第45号BC40〜43項）。

(6) 開　示
① 注記の取扱い

電子決済手段および電子決済手段に係る払戻義務に関して，金融商品会計基準第40-２項に定める事項（金融商品の状況に関する事項および金融商品の時価等に関する事項）の注記を行うこととされている（実務対応報告第45号14項）。

なお，金融商品の時価等に関する事項を注記するにあたっては，電子決済手段の性格に鑑み，預金に関する取扱いに準じることが考えられる（実務対応報告第45号BC45項）。また，電子決済手段に係る払戻義務は金銭債務に該当すると考えられるため，同じく金融商品の時価等に関する事項を注記するにあたっては，金銭債務に関する取扱いに従うことになると考えられるとされている（実務対応報告第45号BC45項）。

② キャッシュ・フロー計算書における取扱い

実務対応報告第45号に併せて，企業会計基準第32号「『連結キャッシュ・フロー計算書等の作成基準』の一部改正」が公表され，キャッシュ・フロー計算

書上の取扱いが示されている。

　キャッシュ・フロー計算書において，第1号電子決済手段，第2号電子決済手段および第3号電子決済手段（外国電子決済手段については，利用者が電子決済手段等取引業者に預託しているものに限る）については現金に含めることとされている（企業会計基準第32号2項，3項）。これは，電子決済手段が通貨に類似する性格と要求払預金に類似する性格を有する資産であることを踏まえ，キャッシュ・フロー計算書において当該電子決済手段を現金に含めることが経済実態を的確に反映すると考えられたためである（企業会計基準第32号BC5項）。

(7)　設　例

　電子決済手段に関する設例は，図表4-12のとおりである。

| 図表4-12 | 第1号電子決済手段の保有者の会計処理（設例） |

【前提事項】
・本設例で取り扱う第1号電子決済手段の券面額1単位は，1円とする。
・会社は，電子決済手段の発行者から，第1号電子決済手段の券面額20,000単位を，19,999円で現金により購入した。
・期末において，電子決済手段の市場価額は1.0001円／単位となっている。
・翌期の期中において，会社は，備品15,000円を購入し，決済手段として保有している第1号電子決済手段を利用した。
・翌期の期中において，会社は，電子決済手段の発行者に対して，保有している第1号電子決済手段の券面額5,000単位の払戻しを請求し，現金5,000円で払い戻された。
・第1号電子決済手段の購入時，決済時および払戻し請求時の手数料は，考慮しない。
・表示科目は実務対応報告第45号で定めていないので，例示である。
・税効果会計は考慮しない。

（取得時の会計処理）

| （借）電子決済手段に係る資産※ | 20,000 | （貸）現金 | 19,999 |
| | | 営業外収益 | 1 |

※　電子決済手段の利用者は，電子決済手段の発行者から金銭（19,999円）と交換に，券面額に基づく価額の電子決済手段の交付を受ける。利用者は，受渡日に，電子決済手段の券面額に基づく価額（20,000円）をもって資産として計上する。

（期末時の会計処理）
仕訳なし
※　期末において保有する電子決済手段の市場価額は20,002円となっているが，評価益は

計上しない。電子決済手段の券面額に基づく価額（20,000円）をもって，貸借対照表価額とする。

（翌期：備品購入時の会計処理）

（借）備品※	15,000	（貸）電子決済手段に係る資産	15,000

※ 第1号電子決済手段は，送金・決済手段として使用され，その券面額に基づく価額（15,000円）で財またはサービスと交換される。

（翌期：払戻し請求時の会計処理）

（借）現金※	5,000	（貸）電子決済手段に係る資産	5,000

※ 電子決済手段の利用者が電子決済手段について金銭による払戻しの請求を行ったとき，速やかに電子決済手段の券面額に基づく価額と同額の金銭（5,000円）による払戻しを受ける。

6——日本基準（その5）：暗号資産取引業における会計処理実務

　暗号資産取引業者^(注)の業界団体である一般社団法人日本暗号資産取引業協会は，その会員が適正な経理処理を行えるようにするため，2020年6月に，「暗号資産取引業における主要な経理処理例示」（以下「経理処理例」という）を公表している。経理処理例では，暗号資産取引業に関連する勘定科目とその内容および経理処理方法について実務の参考とするための経理処理の具体例が示されている。以下では，経理処理例の一部を紹介する。

　(注) 暗号資産取引業とは，暗号資産交換業，暗号資産関連デリバティブ取引およびこれら事業に付随して行う暗号資産関連取引に係る事業を総称したものをいう。以下では，当該取引業を行う者を暗号資産取引業者という。

　なお，経理処理例を使用するにあたっては，以下の留意事項が示されている。

- 取引の前提となる私法上の取扱いが現状では明らかではなく実際の経理処理を検討する際には判断が必要であること
- 今後私法上の取扱いが明らかになった際には記載している経理処理例の内容が変更される可能性があること
- 経理処理例は一例にすぎず，他に適切な処理があればそれを選択することもありうること

- ASBJが現在行っている資金決済法に基づく暗号資産に関する発行および保有の会計処理の検討の結果によっては経理処理例の内容が変更される可能性があることに留意し，実際の経理処理を会員において判断し，会計監査人と協議することが望ましいこと

(1)　勘定科目例

①　貸借対照表に関する科目

【自己保有暗号資産】（流動資産）

　自己が保有する暗号資産で約定基準により認識したロング・ポジションのもの

【利用者暗号資産】（流動資産）

　自社で，利用者の暗号資産として自己の暗号資産と区別して管理するもの

【利用者からの預り暗号資産】（流動負債）

　利用者から預託を受けた預り暗号資産

②　損益計算書に関する科目

【暗号資産売買等損益】（営業収益）

　当該損益には，以下を含む。

- 自己の計算により売買した暗号資産に関する取引損益
- 自己の計算により契約したデリバティブ取引に関する取引損益
- 貸付暗号資産または借入暗号資産に係る取引損益
- ポジション評価損益

【新暗号資産発生益】（営業外収益）

　ハードフォーク（取扱い暗号資産に係るブロックチェーンについてプロトコルの後方互換性・前方互換性のない大規模なアップデート）によるスプリットにより，新たな暗号資産の発生を認識したことによる自己

に帰属する暗号資産の発生益

【暗号資産受贈益】（営業外収益）

　エアードロップ（特定の者が特定の対象者に対し，対象者の保有する暗号資産の残高数量等の一定の基準に従い，暗号資産を配布する行為）により新たに暗号資産を受贈したことによる受贈益

(2)　仕訳例
①　利用者から預託される暗号資産に関する会計処理
（利用者から暗号資産を受領したとき）

(借)利用者暗号資産	XXX	(貸)利用者からの預り暗号資産	XXX

（利用者からの預り暗号資産を払い出すとき）

(借)利用者からの預り暗号資産	XXX	(貸)利用者暗号資産	XXX

（期末の処理）

　活発な市場が存在する利用者暗号資産については，実務対応報告第38号に従い，期末において期末日の時価を付し，同額を「利用者からの預り暗号資産」として計上する。

②　自己が保有する暗号資産に関する会計処理
（買い付けた場合）

(借)自己保有暗号資産	XXX	(貸)現預金	XXX

（売り付けた場合）

(借)現預金	XXX	(貸)自己保有暗号資産	XXX

（実現損益の計上）

　暗号資産の取引により実現した売買損益については，「暗号資産売買等損益」に計上する。

（期末の処理）

　活発な市場が存在する自己保有暗号資産については，実務対応報告第38号に従い，期末において期末日の時価を付し，このとき発生する評価損益は「暗号資産売買等損益」に計上する。

[7]──IFRS会計基準における取扱い

⑴　IFRS会計基準におけるデジタル通貨やトークンセールスに関する会計実務の概要

　IFRS会計基準においては，日本の会計基準と異なり，暗号資産について特有の会計処理を定めていない。ただし，暗号資産の保有者による会計処理については，現行の会計基準における考え方が一部明らかにされている。

　また，国際会計基準審議会（IASB）は，2018年11月に暗号資産やICOの会計処理のあり方についてプロジェクトとして取り上げないこととし，暗号資産に関する動向について注視することとしている[1]。

⑵　暗号資産の保有者による会計処理

①　IFRS解釈指針委員会によるアジェンダ決定

　国際財務報告解釈指針委員会（以下「IFRS解釈指針委員会」という）は，2019年6月にアジェンダ決定「暗号通貨の保有（Holdings of Cryptocurrencies）」（以下「本アジェンダ決定」という）を公表しており，現行のIFRS会計基準に基づく保有者による暗号通貨の会計処理の考え方が明らかにされている。なお，このアジェンダ決定において「暗号通貨」が指しているものは一般的に「暗号資産」といわれているものと同様であるため，以下において「暗号資産」として表記する。

　IFRS解釈指針委員会は，IFRS会計基準の適用にあたって実務上課題があるとして関係者から提出された論点について，IFRS会計基準の限定的な修正や

---

(1)　2019年11月のIASB審議会に報告されたIASBスタッフによるペーパーでは注視する対象が「暗号通貨」よりも広範な「暗号資産」に拡大されている。

解釈指針の公表が必要か否かについて判断を行う。IFRS解釈指針委員会は，IFRS会計基準の限定的な修正や解釈指針の公表が必要ないと判断した場合，その理由について，公開協議を行った上でアジェンダ決定の形で明らかにするが，その過程において，従来必ずしも明らかでなかったIFRS会計基準に基づく会計処理のあり方が明らかにされることがある[2]。暗号資産の保有者による会計処理の考え方についても，こうした過程で明らかにされている。

　本アジェンダ決定では，おおむね以下の内容が示されている。

(i) 本アジェンダ決定が対象とする暗号資産の範囲

　本アジェンダ決定が対象とする暗号資産は，以下のような性質を有することを前提とする。

- 分散台帳に記録され，セキュリティのために暗号化技術を使用するデジタルまたは仮想の通貨であること
- 国の機関等が発行するものではないこと
- 暗号資産の保有は，保有者と他の者との間の契約を生じさせるものでないこと

(ii) 暗号資産の性質

　本アジェンダ決定では，暗号資産は，以下の理由から，IAS第21号「外国為替レート変動の影響」における「外国通貨」の性質を有するものでなく，IAS第38号における「無形資産」の性質を有するものと説明されている。

- IAS第38号において，無形資産は「物理的実体のない識別可能（identifiable）な非貨幣性資産」と定義されているほか，資産が分離可能（separable）であるかまたは契約もしくは他の法的権利から生じている場合には識別可能であるとされている。
- IAS第21号では，「貨幣性項目の本質的な特徴は，固定又は決定可能な数（fixed or determinable number）の通貨単位を受け取る権利（又は引き渡す義務）である」とされている。

---

[2]　IFRS Foundation, Due Process Handbook（2020年8月発行）第8.1項から8.7項

- 暗号資産は，①保有者から分離して個々に売却または移転することが可能であり，また，②固定数または決定可能な数の通貨単位を受け取る権利を保有者に与えていない。

(iii)　暗号資産について適用すべき会計基準

　上記の暗号資産の性質を踏まえると，暗号資産が通常の事業の過程において販売を目的として保有されている場合にはIAS第2号「棚卸資産」が適用されるが，これに該当しない場合は，IAS第38号が適用されることになる。アジェンダ決定に至る分析では，金融資産に該当すると判断されるかについても検討されたが，以下の理由から，金融資産には該当しないとされている。

- IAS第32号「金融商品：表示」に定められる金融資産に該当する場合，IAS第38号は適用されない。
- 暗号資産は，金融資産のうち，現金に該当すると判断される可能性があるが，IAS第32号 AG3項では，通貨（現金）は，交換の媒体（medium of exchange）として利用されるほか，すべての取引が測定され財務諸表に認識される基礎となるほどに財またはサービスの価格付け（pricing）における貨幣的尺度として利用されることが想定されている。
- この点，暗号資産は，特定の財またはサービスの交換において利用されてはいるものの，広く交換の媒体として利用されておらず，すべての取引が財務諸表に認識・測定される基礎となるほどに財またはサービスの価格付けにおける貨幣的尺度として利用されていない。このため，現時点において，暗号資産は，IAS第32号における「現金」の性質を満たすものではない。

　図表4−13は，本アジェンダ決定において説明されている会計基準の適用に関する検討およびそれを踏まえた会計処理を整理したものである。

図表 4 −13		IFRS会計基準における暗号資産の会計処理の検討

検討された候補	判定	説　明
外国通貨(IAS第21号)	×	暗号資産には，固定または決定可能な数（fixed or determinable number）の通貨単位を受け取る権利（または引き渡す義務）がない。
現金（IAS第32号）	×	暗号資産は，現時点では，交換の媒体として広く利用されておらず，財またはサービスの価格付けにおける貨幣的尺度としても利用されていない。
棚卸資産(IAS第 2 号)	△	暗号資産は，通常の事業の過程において販売を目的として保有されていることがある。暗号資産はブローカー／トレーダーとして保有される場合もある。 （会計処理） ・販売目的で保有：低価法により測定し，帳簿価額との差額を純損失として計上する。 ・ブローカー／トレーダーに該当：売却費用控除後の公正価値で測定し，帳簿価額との差額を純損益に計上する。
無形資産(IAS第38号)	○	暗号資産は，一定の前提において，無形資産の定義に合致する。 （会計処理） ・原価モデルを適用：必要な場合，減損損失を純損失に計上する（ほとんどの場合，償却は必要ないと考えられる）。 ・再評価モデルを適用：定期的に公正価値で測定し，帳簿価額を上回る部分はその他の包括利益（OCI）として，下回る部分は純損失として計上する。

(iv)　保有する暗号資産について検討すべき開示

　本アジェンダ決定では，暗号資産については，適用される会計基準で定められる開示要求に従った開示を行うほか，以下の点についても留意する必要があるとされている。

- IFRS第13号「公正価値測定」における開示要求に従った開示を行うこと
- IAS第 1 号「財務諸表の表示」の122項に基づき，財務諸表に計上されている金額について特に重要な影響を与える経営者の判断に関して追加的な情報を開示すること
- IAS第10号「後発事象」の21項に基づき，重要性があると判断される場合，開示後発事象を開示すること（例：保有する外国通貨に関する報告期間後における公正価値の変動）

　上記を踏まえ，IFRS会計基準において自己が保有する暗号資産に関する会計上の取扱い（例）は，**図表 4 −14**のように示すことができる。

図表 4 −14	**IFRS会計基準における自己が保有する暗号資産の会計処理（設例）**

【前提事項】
- 会社は，活発な市場が存在する暗号資産 1 単位を10,000円で現金により購入した。なお，当該暗号資産は，通常の事業の過程において販売を目的として保有されるものではない。
- 期末において，暗号資産 1 単位の市場価格（当該暗号資産にとっての主要な市場での引値に相当）は8,000円となった。
- 会社は，翌期の期中において，会社は暗号資産 1 単位を12,000円で売却した。
- 購入時および売却時の手数料は，考慮しない。
- 表示科目は例示である。
- 税効果会計は考慮しない。

（取得時の会計処理）

（借）無形資産（暗号資産）	10,000	（貸）現金	10,000

（期末時の会計処理）

（借）減損損失	2,000※	（貸）無形資産（暗号資産）	2,000

※　2,000（減損損失）＝10,000（帳簿価額）−8,000（期末の市場価格）
※　IFRS会計基準では，無形資産について「原価モデル」と「再評価モデル」という 2 つの会計処理モデルがある。ただし，本設例の前提では，いずれのモデルによっても会計処理は変わらない。

（売却時の会計処理）

（借）現金	12,000	（貸）無形資産（暗号資産） 　　　無形資産売却益※	8,000 4,000

※ 4,000（無形資産売却益）＝12,000（売却価額）−8,000（帳簿価額）

---

②　IFRS会計基準におけるその他の会計処理

　IFRS解釈指針委員会によるアジェンダ決定では，暗号資産の保有者による会計上の取扱いが明らかにされているが，検討の対象は，本項①の(i)に記載されたものに限られている。このため，同アジェンダ決定は，中央銀行が発行するデジタル通貨の会計処理を明らかにするものではない。同様に，トークンの保有者と他者の間に契約を生じさせるセキュリティトークンやユーティリティ

トークンの保有者の会計処理を対象にするものでもない。

　この点，中央銀行が発行するデジタル通貨の会計処理は，IFRS会計基準における現金の定義を参照すると，日本基準における分析に関する記述（本章②参照）と同様，現金として会計処理することになると考えられる。また，トークンの保有者と他者の間に契約を生じさせるセキュリティトークンやユーティリティトークンについては，トークンに付与される権利に着目して分析した上で，会計処理を検討することが考えられる。

⑶　トークンセールスに関する会計処理

　IFRS会計基準では，トークンセールスの会計処理について明確な定めは存在しない。また，暗号資産の保有者による会計処理と異なり，IFRS解釈指針委員会から，現行の会計基準における取扱いが現時点では明らかにされていない。

　しかし，2018年7月のIFRS解釈指針委員会の会議に提出されたIASBスタッフのペーパーにおいて，ICOの会計処理に関するIASBスタッフの分析が示されている。当該分析は，IASBの公式な見解を示すものではないが，実務上，参考になる可能性がある。このため，以下において，IASBスタッフによる分析の概要を紹介する。

①　会計処理の分析にあたっての前提

　IASBスタッフは，会計処理の分析にあたって，主に以下のような前提を示している。

- ICOは，トークンの発行を通じて資金を集める方法であり，対価として，法定通貨または暗号資産が受領される。
- ICOによる資金調達にあたっては，ホワイトペーパーが発行され，資金調達の目的やトークン保有者の権利等が示される。ICOによる資金調達の実施にあたって，企業からトークン保有者に対する約束が示されることがある。他方で，場合によっては，企業がトークン保有者に対して何らの義務を負わないこともある。
- 場合によって，トークンについて2次市場が存在することがある。

②　IASBスタッフによる会計処理の分析

　IASBスタッフによる分析では，ICOには様々な性質を有するものがある旨が示された上で，ICOの会計処理について検討を行う場合，企業がICOを通じてどのような義務を負うかについて，ホワイトペーパーの記述や法令の定め等を踏まえて検討することが重要とされている。

　具体的には，図表 4 −15のような点について検討することが考えられるとされている。

| 図表 4 −15 | IFRS会計基準におけるトークンの発行に関する会計処理の検討（例） |

トークンの発行によって企業が負う義務（例）	想定される会計処理	説　明
分配可能な剰余金からトークンの保有者に支払を行う義務	資本として会計処理	・IAS第32号の16項の要件を満たす場合，資本として会計処理を行う。
現金をトークンの保有者に引き渡す義務	金融負債を認識	・IAS第32号の11項に示される金融負債の定義に合致する場合，IFRS第 9 号「金融商品」に基づき金融負債を認識する。
調達した資金を利用して財またはサービスを購入するプラットフォームを開発する義務	引当金を認識	・IAS第37号「引当金，偶発負債及び偶発資産」に基づき，必要に応じて，引当金を認識する。
財またはサービスを割安または無償でトークンの保有者に提供する義務	顧客への収益を認識	・受領した対価が複数の要素から構成されている場合，受領した対価を構成要素に配分する。 ・IFRS第15号「顧客との契約から生じる収益」の適用対象の部分について，同基準に基づいて収益を認識する。
特段の義務を負わない	例えば，受贈益を認識	・IAS第 8 号「会計方針，会計上の見積りの変更及び誤謬」の10項から12項に基づき，関連する会計基準の類推適用をした上で，会計処理を行う。

③　IASBによる今後の検討

　IASBは，2021年 3 月にアジェンダ協議文書を公表し，今後，どの論点について優先的に取り組むべきかについて公開協議を実施した。これに対して，多くの関係者から「暗号資産やそれに関する取引の重要性が増しており，IASB

はこれを作業計画に追加すべき」という見解が多く示された。しかし，IASB
は，2022年7月に公表したアジェンダ協議に関するフィードバック文書におい
て，主に以下の理由から，暗号資産やそれに関する取引に関する会計上の取扱
いに関する検討を作業計画に追加しないとしている。

- これらの取引が多くの法域において広く行われているか，また，多くの企
  業の財務諸表に対して広範な影響を与えるものかについて疑問があること
- 様々な暗号資産および暗号負債の会計上の取扱いに関する検討は極めて複
  雑であるほか，暗号資産の取引が比較的新しく急速に進展していることを
  踏まえると時期尚早である可能性があること
- すでに，IFRS解釈指針委員会から(2)①に記載したアジェンダ決定が示さ
  れていること
- IASBは，無形資産に関する会計上の取扱いについて見直すリサーチ・プ
  ロジェクトを今後組成していくことを予定しており，暗号資産の会計上の
  取扱いについても当該プロジェクトにおいて検討されると考えられること

8──米国会計基準における取扱い

(1) AICPAによる実務ガイダンス

① 概　要

　米国会計基準では，米国の会計基準設定主体であるFASBは，従来，暗号資
産やICOに関する会計基準やガイダンスを公表していなかった。しかし，2019
年12月に，AICPAが「デジタル資産の会計及び監査上の取扱い（Practice
Aid, *Accounting for and auditing of digital assets*）」に関する実務ガイダンス
（会計に関する部分）（以下「AICPAガイダンス」という）を公表しており，その後，
ガイダンスが適宜更新されている。

　AICPAガイダンスは，現行の会計基準を基礎として実務において参考とす
る目的でAICPAのデジタル資産グループ─会計サブグループにより開発され
たものであり，米国会計基準に基づく会計実務において強制力を有するもので
はないが，これまでに図表4─16に関するガイダンス（2023年7月31日付で改
訂）が公表されている。

図表4－16　AICPAガイダンスで示されている会計論点

章	論点の内容
1. 分類，測定，認識	・暗号資産を現金で購入した場合，当該資産をどのように分類・測定すべきか ・財・サービスの引渡しの対価としてデジタル資産を取得した場合，当該資産をどのように測定すべきか ・取得したデジタル資産を耐用年数が確定しない無形資産に分類した場合，取得後に当該資産をどのように会計処理すべきか（減損の判定方法を含む） ・デジタル資産を耐用年数が確定しない無形資産に分類した場合，売却時にどのように会計処理すべきか ・第三者のウォレットサービスを利用する場合，自社の貸借対照表においてデジタル資産を認識すべきか
2. 投資会社による会計処理	・マイニング等を実施する場合，投資会社のステータスを維持できるか ・投資会社に該当する場合，デジタル資産への投資をどのように会計処理すべきか
3. ブローカー・ディーラーによる会計処理	・ブローカー・ディーラーに該当する会社は，貸借対照表において顧客から預託されているデジタル資産をどのように表示すべきか，また当該資産の購入・売却取引をどのように会計処理すべきか ・ブローカー・ディーラーに該当する会社は，自己勘定での売買目的で保有するデジタル資産をどのように測定すべきか
4. 公正価値測定	・暗号資産の公正価値測定にあたって，「主要な市場」をどのように決定すべきか ・保有する暗号資産の公正価値を測定する際，実務的な課題についてそれぞれどのように考えるか（例：買気配／売気配の考慮，保有している暗号資産のサイズの考慮の是非，公正価値測定する時点，活発な市場がない場合の測定方法）
5. ステーブルコイン	・ステーブルコインを保有する場合，どのように会計処理すべきか
6. デリバティブおよび組込デリバティブ	・財の引渡しと交換で30日後に固定数量の暗号資産を受領する約束をした場合，これに伴って生じる権利に組込デリバティブが含まれるかどうかをどのように評価すべきか
7. 暗号資産の貸付および借入	・暗号資産の貸付および借入の実行と同時に当該資産の返還が約束される場合，当該取引はどのように会計処理すべきか
8. マイニング	・マイニングを事業として行う場合，取引手数料およびブロック報酬をどのように会計処理すべきか ・自社のITインフラをマイニングプールの一部として利用する場合，どのように会計処理すべきか

② 暗号資産の分類および測定

　AICPAガイダンス（第1章）では，交換の手段として機能し，以下すべての特徴を有するデジタル資産を「暗号資産」（crypto assets：具体的には，ビットコイン，ビットコインキャッシュ，イーサ等が想定されている）とした上で，現行の米国会計基準に基づく暗号資産の分類および測定の方法を明らかにしている。

- 国の機関等が発行するものではないこと
- 暗号資産の保有は，保有者と他の者との間の契約を生じさせるものでないこと
- 1933年証券法または1934年証券取引所法における証券と考えられないこと

　AICPAガイダンスでは，暗号資産に企業のキャッシュ・フローに貢献すると期待される期間に関する予見可能な制限が設けられていない限り，暗号資産は耐用年数が確定しない無形資産に該当するとされている。

　暗号資産に適用される会計基準についてのAICPAのデジタル資産グループ—会計サブグループによる検討の過程は，**図表4−17**のように整理される。

> **図表4−17**　**米国会計基準における暗号資産の会計処理の検討**

検討された候補	判定	説明
現金及び現金同等物	×	・法定通貨でなく，政府によって保証されていない限り，現金及び現金同等物の定義に合致しない。 ・暗号資産には満期日がなく，また，暗号資産の価格は大きく変動する。
金融資産	×	・暗号資産は，現金の定義に合致せず，他の金融資産の定義にも合致しなければ，金融資産には該当しない。
棚卸資産	▲	・暗号資産は，通常の事業の過程において販売を目的として保有されていることがある。 ・しかし，暗号資産は物理的な資産（tangible asset）でないため，棚卸資産の定義に合致しない可能性がある。 ・ただし，ブローカー・ディーラーが自己売買の取引において保有する暗号資産を棚卸資産に含めて

		考えることは合理的と考えられる。
無形資産（ASC無形資産―のれんおよびその他）	○	・暗号資産は，一定の前提において，無形資産の定義に合致する。 ・企業に耐用年数が示されていない限り，暗号資産は耐用年数の確定しない無形資産に該当する。

③　暗号資産に係る減損損失の計上

　米国会計基準では，仮に耐用年数が確定しない無形資産に該当する暗号資産を保有する場合，毎年または事象または状況の変化によって減損している可能性が50%超である（more likely than not）ことが示唆される場合，より高い頻度で減損テストを実施することが要求される（FASB ASC 第18B-C項）。

　このため，AICPAガイダンスでは，仮に同一のデジタル資産が企業の帳簿価額を下回る価格で売買されている場合，減損している可能性が50%超であることを示すものと判断される可能性があるため，こうした情報が存在するかについてモニターをすべきとされている。この結果，期中において，そうした状況の変化が認められる場合，当該時点において減損損失を計上することが必要であり，仮に期末時点において取引価格が帳簿価額を上回っていたとしても，減損損失の戻入れは認められない。

図表4−18　米国会計基準における暗号資産に係る減損損失の計上（設例）

（前提）
・企業Aは，20X1年1月1日に1百万単位の暗号資産を10ドル／単位で購入した。
・20X1年1月末において，当該資産の市場での取引価格は8ドル／単位に下落した。
・期末（20X1年3月末）において，当該資産の市場での取引価格は12ドル／単位に上昇していた。
（会計処理）
・企業Aは，入手した情報を考慮した結果，当該デジタル資産に減損が生じている可能性が50%超はあると判断し，20X1年1月末で2ドル／単位相当の減損損失を計上した。
・20X1年3月末で，当該デジタル資産の市場での取引価格（12ドル／単位）は帳簿価格（8ドル／単位）を上回っているが，減損損失の戻入れは行わない。

④　デジタル資産をカストディ業者に預けていた場合の会計処理

　企業がデジタル資産をカストディ業者に預けている場合，企業やカストディ

業者が当該デジタル資産を財務諸表に認識すべきかが実務上，論点となる。

　この点，AICPAガイダンスでは，デジタル資産を企業またはカストディ業者の財務諸表に認識すべきか否かは，当該デジタル資産に対して支配を有しているかによって異なるとされている。また，企業とカストディ業者のいずれがデジタル資産に対する支配を有しているか否かは，企業とカストディ業者との契約上の取決めおよび関連する法令に係る個別の事実および状況によって判断される旨が示されている。さらに，当該判断にあたっては，FASBのConcepts Statement No.6「財務諸表の構成要素」で示されている資産の特性に関する分析が有用であるとされている。

⑵　SECスタッフによる解釈ガイダンス

　2022年4月に，企業が運営するプラットフォームの利用者のために暗号資産を保有している場合にどのような会計処理が必要かについて解釈指針（Staff Accounting Bulletin No.121，以下「SAB No.121」という）を公表している。Staff Accounting Bulletinは，SECとしての公式な規則や解釈という位置付けではないが，SECスタッフが証券法に基づく開示規則の執行をするにあたっての解釈を示すものであり，SEC登録会社等はこの影響を受ける。

　SAB No.121では，企業が運営するプラットフォームの利用者のために暗号資産を保有している場合，当該暗号資産の秘密鍵を不正アクセス等から保護する義務を負っており，これについて新たなリスク（テクノロジーに係るリスク，法的なリスク，規制上のリスク）が生じているとしている。その上で，これらのリスクを財務諸表に反映することは投資家に対する情報提供の観点から重要とした上で，主に以下を内容とするガイダンスを示している。

- 企業がプラットフォームの利用者のために保有する暗号資産を不正アクセス等から保護する責任（秘密鍵を維持する責任を含む）を有している場合，企業は貸借対照表において当該暗号資産を保護する義務を反映すべきである。
- 上記の義務(safeguarding liability)およびこれに対応する資産は，当初および各報告期末において，暗号資産の公正価値で測定されるべきである。

　その後，FASBは，2023年8月にこの内容を米国会計基準の体系に組み込む

ため，会計基準の更新書（ASU No.2023-04）を公表している。

(3)　FASBによる暗号資産の会計処理等に関する会計基準の改訂

　FASBは，2021年 6 月に，アジェンダ協議文書を公表し，FASBがどの論点について優先的に取り組むべきかについて公開協議を実施した。これに対して，投資家，作成者，監査人を含む多くの関係者から，デジタル資産の会計処理について検討すべきとの見解が示された。このため，FASBは，暗号資産の会計および開示について検討を実施した結果，暗号資産の会計処理等に関する会計基準を一部改訂することとし，2023年12月にASU No.2023-08「無形資産―のれん及びその他の暗号資産（Subtopic 350-60）」を公表している。

　FASBによる改訂基準は，日本基準における会計処理と同様，一部の暗号資産について公正価値測定した上で評価差額を当期純損益に含めて認識することを要求するものである。概要は，**図表 4 −19**のようにまとめられる。

図表 4 −19　FASBによる改訂基準

区分	主な内容
対象	・自社が保有する暗号資産のうち，無形資産に該当するものを対象とする。 ・暗号化の手法を利用してブロックチェーン技術等に基づく分散台帳において生成されたものを対象とする。 ・資産の保有者に対して財，サービスまたはその他の試算に対する権利または請求権を生じさせるものは，対象としない。 ・NFTは対象としない。 ・自社または関連当事者により生成・発行されたものは，対象としない。
期末時の 会計処理	・自社が保有する暗号資産は，各期末において公正価値で測定する。 ・公正価値の変動額は，各報告期間における当期純損益に含めて認識する。
表示および開示	・貸借対照表において，暗号資産は他の無形資産と区分して表示する。 ・損益計算書において，暗号資産の公正価値の変動による損益は，他の無形資産の帳簿価額の変動（償却額や減損損失）とは区分して表示する。 ・期中および年度の財務諸表注記において，保有する暗号資産のうち，重大なものについて，それぞれ，①暗号資産の名称，②原価ベースの価額，③公正価値，④保有する数量を開示する。

第 5 章

暗号資産・トークンに関する税務

税務上，暗号資産を用いた取引から生じる所得に関する取扱いが初めて示されたのは，2016年から2017年にかけて暗号資産の代表格であるビットコインの価格が高騰していた時期に国税庁のホームページ上で公開されたタックスアンサー「ビットコインを使用することにより利益が生じた場合の課税関係」により，所得税法上の所得区分が雑所得であることが示されたときである。その後，2019年度税制改正にて法人税法および所得税法の改正が行われ，暗号資産取引に係る取扱いが法令として明文化された。

さらに，2021年12月22日に「暗号資産に関する税務上の取扱いについて（FAQ）」[1]（2022年12月22日および2023年12月25日に改訂）が，2023年1月13日に「NFTに関する税務上の取扱いについて（FAQ)」[2]が，2023年1月20日には「法人が保有する暗号資産に係る期末時価評価の取扱いについて（情報）」[3]が公表され，暗号資産およびトークン関係の税務上の取扱いが徐々に明確になってきている。ここでは，暗号資産およびトークンに係る税務上の取扱いを説明する。

1 ──暗号資産に関する所得税の取扱い

(1) 所得区分

暗号資産の定義は，改正資金決済法2条14項において，以下のように定義されており，所得税法においてもこの定義を参照している。

> 「暗号資産」とは，次に掲げるものをいう。ただし，金融商品取引法第29条の2第1項第8号に規定する権利を表示するものを除く。
> 一　物品等を購入し，若しくは借り受け，又は役務の提供を受ける場合に，これらの代価の弁済のために不特定の者に対して使用することができ，かつ，不特定の者を相手方として購入及び売却を行うことができる財産的価値（電子機器その他の物に電子的方法により記録されているものに

---

[1]　https://www.nta.go.jp/publication/pamph/pdf/virtual_currency_faq_03.pdf

[2]　https://www.nta.go.jp/law/joho-zeikaishaku/shotoku/shinkoku/0022012-080.pdf

[3]　https://www.nta.go.jp/law/joho-zeikaishaku/hojin/230120/index.htm

限り，本邦通貨及び外国通貨，通貨建資産並びに電子決済手段（通貨建資産に該当するものを除く。）を除く。次号において同じ。）であって，電子情報処理組織を用いて移転することができるもの

二　不特定の者を相手方として前号に掲げるものと相互に交換を行うことができる財産的価値であって，電子情報処理組織を用いて移転することができるもの

　所得税に関していえば，暗号資産の代表格であるビットコインの税務上の取扱いについて，2017年9月に国税庁のタックスアンサーが公表されており，ビットコインを使用することにより生じた利益は所得税の課税対象となり，原則として雑所得に区分されることが示された（国税庁ホームページ／タックスアンサー／No.1524 ビットコインを使用することにより利益が生じた場合の課税関係）。そして，上述の「暗号資産に関する税務上の取扱いについて（FAQ）」も公表され，取扱いがより明確化された。

　雑所得に該当する場合，暗号資産の売却または使用により生じた利益は不動産所得や事業所得等の他の所得と合算し，累進税率により最高45％（復興特別所得税および住民税も考慮すると最高約56％）の税率により課税される。例えば，給与所得を有する個人が，暗号資産の売却または使用による利益を得た場合，給与所得と暗号資産の利益を合算した所得金額の多寡に応じた税負担が生じる（**図表5-1**参照）。

図表5-1　総合課税制度に係る課税イメージ

課税所得金額	所得税率
4,000万円超	45%
1,800～4,000万円	40%
900～1,800万円	33%
695～900万円	23%
330～695万円	20%
195～330万円	10%
195万円以下	5%

雑所得
ビットコイン損益

給与所得等

　年末調整により所得税額が確定し納税も完了する給与所得者であっても，その雑所得の金額が20万円を超える場合には確定申告が必要となる。一方で，暗号資産の売却または使用により損失が生じた場合，雑所得は事業所得や不動産所得とは異なり，他の区分の所得金額と相殺（以下「損益通算」という）することができず，さらに，損失を繰り越して翌年以後の所得金額から控除することも認められていない。したがって，暗号資産取引から生じた損失は，同一年内に他の雑所得の金額がない限りにおいては，その損失は所得税法上考慮されることなく課税関係が終了する。

　なお，上記にて「原則」雑所得になると述べたが，これは上記国税庁の「暗号資産に関する税務上の取扱いについて（FAQ）」において，暗号資産取引が事業として認められる場合には，当該個人については，雑所得ではなく事業所得として区分した上で確定申告することが示されたためである。

「暗号資産に関する税務上の取扱いについて（FAQ）」2－2 暗号資産取引の所得区分

問）暗号資産取引により生じた利益は，所得税法上の何所得に区分されますか。
答）暗号資産取引により生じた利益は，所得税の課税対象になり，原則として雑所得（その他雑所得）に区分されます。暗号資産取引により生じた損益は，邦貨又は外貨との相対的な関係により認識される損益と認められますので，原則として，雑所得（その他雑所得）に区分されます。

ただし，その年の暗号資産取引に係る収入金額が300万円を超える場合には，次の所得に区分されます。

• 暗号資産取引に係る帳簿書類の保存がある場合…原則として，事業所得
• 暗号資産取引に係る帳簿書類の保存がない場合…原則として，雑所得（業務に係る雑所得）

　なお，「暗号資産取引が事業所得等の基因となる行為に付随したものである場合」，例えば，事業所得者が，事業用資産として暗号資産を保有し，棚卸資産等の購入の際の決済手段として暗号資産を使用した場合は，事業所得に区分されます。

　暗号資産取引から生ずる所得が，雑所得と事業所得のいずれの所得区分に該

当するのかを判断するにあたっては，法令上明確な判断基準が置かれているわけではなく，実務上も論点となりやすい。過去の判例等を踏まえると一般的に「営利性・有償性の有無」，「継続性・反復性の有無」，「自己の危険と計算における企画遂行性の有無」等を総合的に検討して判断することとされている。典型例としては，デイトレーダーのように暗号資産取引を主たる事業として，自己資金で営利を目的として継続的に行い，暗号資産取引から得られる利益で生計を立てているような場合は事業所得に該当するといえる。

　上記の「暗号資産に関する税務上の取扱いについて（FAQ）」でも，その年の収入金額が300万円超あり，帳簿書類の保存がある場合には，原則，事業所得としている。ただし，過去の判例において，事業所得に，継続性・反復性の有無などが求められていること，上述のFAQでも，「原則」と述べていることからすると，例えば単発の取引において，300万円超の収入金額となった場合などに事業所得にできるかどうかについては，慎重な検討が必要になるものと考えられる。

　事業所得に該当する場合，その年において発生した損失は他の総合課税の対象となる所得から控除することができ，それでも控除しきれなかった金額は翌年以降3年間にわたり繰越控除が認められている等，雑所得にはない優遇規定が複数存在する。このため，雑所得か事業所得かの区分は重要になるが，個人ごとに事情が異なるため，上述の300万円超基準はあるものの，暗号資産取引に係る最終的な税務判断にあたっては税務専門家等に相談の上個人ごとの実態に即した判断をすることが望ましい。

⑵　課税所得発生のタイミング

　資金決済法における暗号資産の定義では，物品を購入する取引で支払手段として用いられるだけではなく，それ自体を売却および購入することができる財産的価値であることが規定されている。このため，所得税法においてもそのような取引を暗号資産の「使用」の範囲と捉えて所得を認識する必要があることが示されている。

① 暗号資産を支払手段として使用する場合

　例えば，Day 1 に7,000,000円で 1 ビットコインを取得し，Day 2 で215,000円の商品購入に0.03ビットコインを支払った場合，保有するビットコインの使用時点での商品価値と当該ビットコインの取得価額との差額である5,000円が所得金額となる。

215,000円－（700万円÷ 1 ビットコイン）×0.03ビットコイン＝5,000円

商品価額－ 1 ビットコイン当たり取得価額×支払ビットコイン＝所得金額

　これは，個人が外貨建取引を行った際に実現する為替差損益が雑所得に区分される処理と類似している。つまり，雑所得に区分される結果として，為替差益が発生する場合は他の所得と合算して総合課税される一方で，為替差損は同一年に発生した別の雑所得があれば相殺できるが，そうでない場合はその損失は他の所得と相殺されず，また翌年以降に繰り越されることなく課税関係が終了する。

② 暗号資産自体を売却または交換する場合

　上記①は暗号資産を商品購入や役務提供の対価の支払手段として使用する場合だが，暗号資産自体を売却または交換する場合も課税対象となる。売却または交換を行った場合は，売却による総収入金額から必要経費を控除することにより所得金額を算出する。総収入金額は，対価が法定通貨であればその金額が総収入金額となり，対価が別の種類の暗号資産であれば交換によって取得する当該別の種類の暗号資産の交換時の 1 単位当たりの時価と購入単位数を乗じて総収入金額を算出することになる。

　必要経費の対象となる金額は，売却または交換された暗号資産の譲渡原価および売却の際に支払った手数料のような直接費用の他，インターネットやスマートフォン等の回線利用料，パソコン等の購入費用等の間接費用についても，暗号資産の売却のために必要な支出であると認められる部分の金額に限り，必要経費に算入することができる。

(i)　直接経費となる暗号資産の譲渡原価

　総平均法または移動平均法により算定することとされており，実務上は暗号資産交換業者から送付される「年間取引報告書」に記載されている情報を基に，国税庁ホームページで公表されている「暗号資産計算書」を作成することで簡便に計算を行うことができる。

　総平均法および移動平均法は，期末に保有する暗号資産の1単位当たりの取得価額の算出方法を規定したものであり，結果的にこの1単位当たりの取得価額を基礎として譲渡原価が算定される。ここでは，それぞれの方法について計算の具体例とあわせて解説する。

・総平均法	同じ種類の暗号資産について，年初時点で保有する暗号資産の評価額とその年中に取得した暗号資産の取得価額の総額を，これらの暗号資産の総量で除して1単位当たりの取得価額を計算する方法。
・移動平均法	同じ種類の暗号資産について，暗号資産を取得する都度，その取得時点において保有している暗号資産の取得価額の総額を，その時点で保有している暗号資産の数量で除して計算した価額を「取得時点の平均単価」とし，以後同様の方法で「取得時点の平均単価」が改定されたものとみなし，その年の12月31日から最も近い日において算出された「取得時点の平均単価」を期末に保有する暗号資産の1単位当たりの取得価額とする方法。

　上記の総平均法および移動平均法における暗号資産の取得価額とは，取得の方法によりそれぞれ次のとおりとされている。ただし，購入手数料など暗号資産購入のために要した費用がある場合には，その費用の額を含む金額となる。

・対価を支払って取得（購入）した場合	購入時に支払った対価の額
・贈与または遺贈によって取得した場合（以下の死因贈与，相続または包	贈与または遺贈の時の価額（時価）

222

括（特定）遺贈によるものを除く）	
• 死因贈与，相続または包括（特定）遺贈により取得した場合	被相続人の死亡の時に，その被相続人が暗号資産について選択していた評価方法により評価
• 上記以外の場合（例えば，暗号資産同士の交換^(※)，マイニング，分裂（分岐）などにより暗号資産を取得した場合をいう）	その取得時点の価額（分裂（分岐）により取得した場合は取引相場が存在していないという前提のもと，価値を有していないと考えられるためゼロ）

（※）交換には，保有している暗号資産がいずれの暗号資産交換業者においても本邦通貨または外国通貨（以下「本邦通貨等」という）と直接交換することができないケースや，保有している暗号資産と種類の異なる暗号資産とが直接交換することができないケースにおいて，本邦通貨等や種類の異なる暗号資産と直接交換可能な他の暗号資産を介在して取引を行うため，一時的に当該他の暗号資産を取得することがある。このような交換は総平均法および移動平均法の「取得」の範囲から除くこととされており，別途，個別法により算出する必要がある（所得税法施行令119の2②，所得税基本通達48の2-1）。

いずれの評価方法を選定すべきかについては，暗号資産を取得した日の属する年分の所得税の確定申告期限までに，納税地の所轄税務署長に「所得税の暗号資産の評価方法の届出書」を提出する必要がある（届出書を提出しない場合は，総平均法を選択したものとみなされる）。この届出書は暗号資産の種類の異なるごとに選定できるため，例えばX1年にビットコインを取得した場合は，X1年の確定申告期限までにビットコインに係る評価方法の届出書を提出することができ，さらにX2年にイーサリアムを取得した場合は，X2年の確定申告期限までにイーサリアムに係る評価方法の届出書を提出することができる。ただし，一度評価方法を選定すると原則としてその評価方法は継続して適用する必要があるため，例えば上記のケースでX3年にビットコインを追加取得したとしても，その追加取得したビットコインについては新たな評価方法は選択できず，X1年に選択した評価方法が適用されることとなる。

なお，一度選択した評価方法は「原則として」継続適用する必要があり，一旦採用した評価方法を適用してから3年を経過していないときは，評価方法の

図表 5 − 2	総平均法および移動平均法に基づく 1 単位当たりの取得価額の具体例

	購入/売却	数量 (購入+ 売却−)	累計数量 (A)	累計数量 (購入+ 売却−)	累計総額 (B)	移動平均法 (B)÷(A)	総平均法
年初時点	−	1	1	100	100	100	100
2月1日	購入	+1	2	+150	250	125	
4月1日	購入	+2	4	+350	600	150	1年間の購入数量と総額が確定するまで算出不可
6月1日	売却	−1	3	−150	450	150	
8月1日	購入	+3	6	+150	600	100	
10月1日	売却	−5	1	−500	100	100	
12月1日	購入	+3	4 ④	+600	700	175 ①	

1 年間の購入総量および総額　+9 ③　+1,250 ②　　　　　年初の総額　100

取得価額の総額 1,250 ②
1,350 ⑤

年初の保有数量　1
購入数量の総量　+9 ③
10 ⑥

	移動平均法	総平均法
年末に保有する暗号資産の 1 単位当たりの取得価額	175 ①	135 ⑤÷⑥
譲渡原価（⑤−上記 1 単位当たりの取得価額×④）	650	810

変更申請は特別な理由がある場合を除き却下されることとされており，また，3 年を経過した後であっても合理的な理由がなければその変更を承認しないことができるとされている。逆にいえば，採用した評価方法を 3 年経過後に合理的な理由をもって変更することは認められていると考えられている。

(ii)　間接費用となるパソコンの購入費用等に係る必要経費

次の事項に留意することとされている。

- パソコンなど，使用可能期間が 1 年以上で，かつ，一定金額を超える資産については，その年に一括して必要経費に計上するのではなく，使用可能期間の全期間にわたり分割して必要経費（こうした費用を「減価償却費」という）とする必要がある。
- 個人の支出には，1 つの支出が家事上と業務上の両方に関わりがある費用（こうした費用を「家事関連費」という）が存在する。家事関連費につい

ては，取引の記録に基づいて，業務の遂行上直接必要であったことが明ら
かに区分できる場合に限り，その区分した金額を必要経費に算入すること
ができる。

③　証拠金取引の場合

雑所得は原則として総合課税の対象とされ，累進税率により最高45％（復興
特別所得税および住民税も考慮すると最高約56％）の税率により課税されるが，
一定の先物取引の差金等決済をした場合には，他の所得と区分して所得税15％
（復興特別所得税および住民税も考慮すると20.315％）の税率による申告分離
課税の対象となる。

しかしながら，この申告分離課税の対象となる先物取引の差金等決済は，商
品先物取引等の差金等決済，金融商品先物取引等の差金等決済，カバードワラ
ントの差金等決済に該当する取引をいうものとされているのに対し，暗号資産
は資金決済法に定めるところの暗号資産とだけ定義されており上記の先物取引
の差金等決済には現状該当しない。したがって，暗号資産の証拠金取引は総合
課税の対象となる。

(3)　国外転出時課税制度の適用

国外転出時課税制度とは，一定の居住者が国外転出（国内に住所および居所
を有しないこととなること）をする時点で，その価額が1億円以上の有価証券
等，未決済信用取引等または未決済デリバティブ取引を所有等している場合に
は，当該国外転出の時に，対象資産の譲渡または決済があったものとみなして，
対象資産の含み益に対して所得税が課される制度である。

現行法令上，国外転出時課税の対象となる有価証券等は，所得税法に規定す
る有価証券（金融商品取引法2条1項に規定する有価証券その他これに準ずる
もので所得税法施行令で定めるもの（所得税法2十七・所得税法施行令4））および
匿名組合契約に基づく出資持分（所得税法84条1項に規定する特定譲渡制限付
株式等を除く）と定義されているため，暗号資産自体は国外転出時課税制度の
対象に含まれていないと考えられる。

(4)　期末時価評価損益

　所得税法上は，暗号資産に係る期末時価評価の規定は存在しないため，年末時点で保有する暗号資産に係る評価損益の認識は不要となる。ただし，後述のとおり，法人税法上は，保有する暗号資産が活発な市場を有する場合には期末時価評価が求められ，所得税と法人税で取扱いが異なるため留意が必要である。

2──暗号資産に関する法人税の取扱い

　法人税法においても，所得税法同様，資金決済法 2 条14項に掲げる暗号資産を税務上も暗号資産として取り扱うこととされている。2017年度税制改正により，法人税の取扱いが明確となった。これまでは国税庁のタックスアンサー等で所得税の取扱いのみが公表されていたが，2017年度税制改正にて法人が暗号資産を保有および取引している場合の取扱いとして，「期末時価評価損益」，「譲渡損益」，「信用取引」の課税関係に係る法整備が行われた。暗号資産に関する法人税の取扱いについては，暗号資産固有の取扱いが法人税法上明記されたというよりも，既存の資産についてすでに適用されている法人税の取扱いと平仄を合わせるような形で，その取扱いが明文化されたような内容となっている。また，実務界からの要請を受けて，2023年度税制改正により，自己が発行した暗号資産で，一定の要件を充足するものについては，時価評価を行わないことになった。

(1)　期末時価評価損益
①　原則的取扱い

　暗号資産の期末評価に関しては，法人税法上の短期売買商品等として位置付けられ，法人が事業年度末に有する暗号資産のうち，「活発な市場」が存在する暗号資産については，時価評価により評価損益を計上することとされた。なお，評価損益として認識された金額は，洗替処理により，翌事業年度において益金の額または損金の額に算入される。

　なお，「活発な市場」の定義は次に掲げる要件のすべてに該当するものとされている。

(ⅰ) 継続的に売買の価格（他の暗号資産との交換の比率を含む。以下，「売買価格等」という）の公表がされ，かつ，その公表がされる売買価格等がその暗号資産の売買の価格または交換の比率の決定に重要な影響を与えているものであること。

(ⅱ) 継続的に上記の売買価格等の公表がされるために十分な数量および頻度で取引が行われていること。

(ⅲ) 次に掲げる要件のいずれかに該当すること。

- 上記(ⅰ)の売買価格等の公表が当該内国法人以外の者によりされていること。

- 上記(ⅱ)の取引が主として当該内国法人により自己の計算において行われた取引でないこと。

　これは，企業会計基準委員会より公表されている実務対応報告第38号「資金決済法における仮想通貨の会計処理等に関する当面の取扱い」で時価評価の対象となる暗号資産の範囲として用いられている「活発な市場」と類似した表現となっている。具体的には，「活発な市場」のことを「暗号資産交換業者又は暗号資産利用者の保有する暗号資産について，継続的に価格情報が提供される程度に暗号資産取引所又は暗号資産販売所において十分な数量及び頻度で取引が行われている場合をいうものとする」と示している。また，「暗号資産に関する税務上の取扱いについて（FAQ）」（3－1－4　活発な市場が存在する暗号資産）においても同様の表現が入っており，加えて，以下のような記載もあることからこの点に留意が必要である。

　活発な市場が存在する暗号資産に該当するかどうかは，法人が有する暗号資産の種類，その有する暗号資産の過去の取引実績，その有する暗号資産が取引の対象とされている暗号資産取引所又は暗号資産販売所の状況等を勘案し，個々の暗号資産の実態に応じて判断することになりますが，この判断に際して，例えば，合理的な範囲内で入手できる売買価格等が暗号資産取引所又は暗号資産販売所ごとに著しく異なっていると認められる場合や，売手と買手の希望する価格差が著しく大きい場合には，上記(ⅰ)及び(ⅱ)［編注：番号表記は本文に合わせて修正］の観点から，通常，市場は活発ではないと判断される

ことになります。

　また，DEXにおいて取引される暗号資産についても公表される交換比率が著しく不合理なものではない場合，市場暗号資産として期末時価評価が求められる。

　なお，期末時価評価による評価損益の計上の対象となる暗号資産は，自己の計算において保有する暗号資産に限定されているため，暗号資産交換業者が顧客から預かった暗号資産については評価損益の計上の対象とならない。

　そして，活発な市場が存在しない暗号資産については，原価法により評価した金額をもって評価するため，仮にそのような暗号資産が会計上で時価評価され評価益または評価損が計上されたとしても，法人税法上は益金の額または損金の額に算入されない。

②　自己発行暗号資産の取扱い

　法人が事業年度末に保有する暗号資産のうち，以下の(ⅰ)および(ⅱ)のいずれにも該当する暗号資産は特定自己発行暗号資産とされ，期末時時価評価の対象となる暗号資産から除かれている。

(ⅰ)　自己が発行し，かつ，その発行の時から継続して自己が保有する暗号資産

(ⅱ)　その暗号資産の発行の時から継続して次のいずれかにより譲渡制限が付されているものであること。

　(a)　他の者に移転することができないようにする技術的措置として一定の措置がとられていること。

　(b)　一定の要件を満たす信託の信託財産とされていること。

　このうち，(a)の技術的措置は，譲渡制限期間が設けられており，かつ，譲渡制限解除ができる者が役員等およびその親族等のみでないこと，のいずれの要件も満たすものとされており，一定期間の経過により解除されるロックアップコード[4]（当該ロックアップコードを変更できる機能を持ついわゆる特権IDのないものに限る）や暗号資産の移転に必要な複数の秘密鍵を関係者以外を含めた複数の者でそれぞれ管理する場合などが該当するものとされている（法基通

2‐3‐67の2）。

③　他者発行の譲渡制限付暗号資産の取扱い
⑧(2)参照。

(2)　譲渡損益
　法人が暗号資産を譲渡した場合の譲渡損益については，その譲渡に係る契約をした日の属する事業年度に計上することとなる。また，その譲渡に係る譲渡原価の額を計算する場合における１単位当たりの帳簿価額の算出方法は，所得税法上の取扱いと同様に，納税者が届出書を提出して移動平均法または総平均法による原価法を選択することができることとなっている。なお，１単位当たりの帳簿価額の算出方法を選択しなかった場合には，所得税法上は総平均法を選択したものとみなされるのに対して，法人税法上は移動平均法を選択したものとみなされることになるため留意が必要である。
　譲渡契約日の属する事業年度において譲渡損益を認識するという取扱いは，有価証券の譲渡損益の認識時期と同じであり，法的な所有権が移転するタイミングをもって課税を行うという従来の考えに沿っている。また，移動平均法を原則としつつも総平均法の適用を認めていることも，有価証券の１単位当たりの帳簿価額の算出方法の取扱いに沿った規定となっている。

(3)　信用取引等に係るみなし決済損益
　事業年度末に有する未決済の暗号資産の信用取引等については，事業年度末に決済したものとみなして計算した損益相当額を計上することとなる。これは事業年度末に未決済である株式等に係る信用取引の取扱いと平仄を合わせた処理となっている。

---

(4)　あらかじめ定められた特定の条件の成立まで対象となる暗号資産の移転を不能にする条件式をいう。

(4)　タックスヘイブン対策税制

　軽課税国に子会社を設立し，その海外子会社がICOと呼ばれる資金調達を実施することにより，調達した暗号資産の価額が収益として認識される場合や，暗号資産を保有することにより収益が生じる場合には，本邦タックスヘイブン対策税制の適用対象となる可能性が考えられる。

③──納税環境整備

(1)　「年間取引報告書」を活用した所得計算

　国税庁が公表している情報によれば2017年分の所得に係る確定申告者のうち，公的年金等以外の雑所得に係る収入金額が1億円以上あり，かつ暗号資産取引による収入があると判別できた人数は331人であった。また，財務省の「経済社会のICT化等に伴う納税環境整備のあり方について（意見の整理）」によると，主な所得が雑所得である人の所得金額と申告納税額は，前年（2016年）よりも大幅に増加している。

　こうした納税者に対して，より適正な納税義務の履行を後押しする環境整備を図るため，2018年11月21日に，暗号資産に関するFAQとあわせて，暗号資産交換業者から交付される「年間取引報告書」を活用した簡便的な所得計算ができる仕組みが公表された。同時に，国税庁ホームページにて暗号資産の計算ができるExcelフォーマットが開示されるに至った。

　従来は，納税者が各暗号資産交換業者から必要な情報を集めて，収入金額と必要経費を計算して確定申告書を作成する必要があった。例えば，年間の取引件数が100件であれば，その100件すべてを集計して，確定申告書類を作成しなければならなかった。それが現在では，すべての暗号資産交換業者から記載内容が統一された「年間取引報告書」が提供され，年間の取引情報がすでに集計されている情報を入手することができる。

　「年間取引報告書」には，暗号資産の種類ごとに期中購入数量および金額，期中売却数量および金額，暗号資産の証拠金取引，支払手数料の情報等が記載されている。そのため納税者は，その記載内容を国税庁ホームページで提供されている暗号資産の計算書（Excel Form）に入力するだけで，申告書作成に

必要な収入金額と必要経費の金額を得ることができる。

4 ──NFTの所得税・法人税の取扱い

(1) 所得税の取扱い

国税庁は2022年4月1日にホームページ上でタックスアンサーとして「NFTやFTを用いた取引を行った場合の課税関係」（所得税）[5]を，2023年1月13日に「NFTに関する税務上の取扱いについて（FAQ)」を公表した。当該タックスアンサーによるといわゆるNFT（非代替性トークン[6]）やFT（代替性トークン）が，暗号資産などの財産的価値を有する資産と交換できるものである場合，そのNFTやFTを用いた取引については，所得税の課税対象となる。逆に，財産的価値を有する資産と交換できないNFTやFTを用いた取引については，所得税の課税対象にはならないとされている[7]。そして，所得区分については以下のとおりとなる。

① 役務提供などにより，NFTやFTを取得した場合

- 役務提供の対価として，NFTやFTを取得した場合は，事業所得，給与所得または雑所得に区分される。
- 臨時・偶発的にNFTやFTを取得した場合は，一時所得に区分される。
- 上記以外の場合は，雑所得に区分される。

② NFTやFTを譲渡した場合

- 譲渡したNFTやFTが，購入したNFTやFTにつき譲渡所得の基因となる資産に該当する場合（その所得が譲渡したNFTやFTの値上がり益（キャピタル・ゲイン）と認められる場合）は，譲渡所得に区分される。
- NFTやFTの譲渡が，営利を目的として継続的に行われている場合は，譲

---

(5) https://www.nta.go.jp/taxes/shiraberu/taxanswer/shotoku/1525-2.htm
(6) 暗号資産に該当しないトークンで，代替性がないもの。
(7) 財産的価値を有する資産と交換できないNFTやFTを用いた「取引」とは，具体的にどのような取引なのかは，明確にされていない。

渡所得ではなく，雑所得または事業所得に区分される。
- 譲渡したNFTやFTが，譲渡所得の基因となる資産に該当しない場合は，雑所得（規模等によっては事業所得）に区分される。

なお，2023年1月13日に公表された「NFTに関する税務上の取扱いについて（FAQ）」により，デジタルアートを作成し，そのデジタルアートを紐付けたNFTを譲渡または転売したことにより利益を得た場合の取扱いが以下のとおり明らかにされている。
- デジタルアートを作成し，そのデジタルアートを紐付けたNFTを譲渡し利益を得た場合（一次流通）には，当該取引は「デジタルアートの閲覧に関する権利」の設定に係る取引に該当し，当該取引から生じた所得は，雑所得（または事業所得）に区分される。
- デジタルアートに紐付いているNFTを転売したことにより利益を得た場合（二次流通）には，当該取引は「デジタルアートの閲覧に関する権利」の譲渡に該当し，当該取引から生じた所得は譲渡所得に区分される。ただし，そのNFTの譲渡が，棚卸資産もしくは準棚卸資産の譲渡または営利を目的として継続的に行われる資産の譲渡に該当する場合には，事業所得または雑所得に区分される。

(2)　法人税の取扱い

NFTに関しては，2023年1月13日に公表された「NFTに関する税務上の取扱いについて（FAQ）」により，贈与を除いて基本的には所得税同様の取扱いとなることが確認された。その他のNFTに該当せず，かつ暗号資産にも該当しないトークンに係る法人税の取扱いは，本書執筆現在において，国税庁から公表されているものはなく，その性質をみて法人税の取扱いを個々に判断すべきと考える。

なお，自由民主党（以下「自民党」という）は2022年3月に「NFTホワイトペーパー（案）Web3.0時代を見据えたわが国のNFT戦略」[8]を公表し，その中で海外の事業者が日本の居住者や内国法人との間でNFT取引を行った場合，日本において源泉徴収および申告課税の対象となるかどうかが明確ではなく，国境

をまたぐNFT取引促進の阻害要因となっており，課税関係を明確化すべきであること，そして課税対象となる場合には適切な執行がされるべきであり，そのために必要な体制の整備等の適切な措置を講ずるべきであると述べている。

5──暗号資産・トークンに関する消費税の取扱い

(1) 消費税の基本

消費税は国内において事業者が事業として対価を得て行う取引について課税されるが，消費に対して，広く，公平に，負担を求める税としての性格から課税の対象としてなじまないものや，社会政策的見地から非課税取引として一定の取引には消費税を課さないという配慮がなされている。非課税取引となる取引は以下のとおりである。

- 土地の譲渡，土地の貸付け
- 有価証券，支払手段などの譲渡
- 利子を対価とする金銭の貸付けなど
- 郵便切手，印紙などの譲渡
- 商品券，プリペイドカードなどの譲渡
- 住民票・戸籍抄本の交付等の行政サービス手数料など
- 外国為替など
- 社会保険医療等
- 介護保険法に基づく居住サービスなど
- 社会福祉事業など
- 助産
- 埋葬料，火葬料
- 身体障害者用物品の譲渡など
- 授業料，入学検定料，入学金，施設設備費，在学証明等手数料など
- 教科用図書の譲渡

---

(8) https://www.taira-m.jp/NFT%E3%83%9B%E3%83%AF%E3%82%A4%E3%83%88%E3%83%9A%E3%83%BC%E3%83%91%E3%83%BC%E6%A1%8820220330.pdf

- 住宅の貸付け

(2)　暗号資産・トークンの消費税の取扱い

　暗号資産を売却した場合の消費税の取扱いについて，2017年6月30日以前は，上記の非課税取引のいずれにも該当しないことから課税取引として消費税が課されていたが，資金決済法により暗号資産が支払手段として法的に位置付けられたことに伴う税制改正により，2017年7月1日以後に行う暗号資産の売却については消費税が非課税とされた。また，支払った消費税の仕入税額控除額を算定する際に使われる「課税売上割合」の算定上，分母および分子のいずれにも含めないという整理がされている。

　なお，暗号資産交換業者に対して暗号資産の売買に係る仲介手数料として支払う手数料は，仲介に係る役務の提供の対価として支払うものであるため，消費税の課税対象となる。ただし，暗号資産の売買を目的とした購入に係る手数料は，いわゆる非課税売上のみに対応する課税仕入れに該当するため，消費税の申告において個別対応方式を採用する場合は仕入税額控除の対象とはならない。

　暗号資産を貸し付けた場合には，貸付けにより得られる利息相当額は，金銭を貸し付けたことによる利息に該当せず，暗号資産の貸付料として課税取引として取り扱われることになっている（国税庁「暗号資産に関する税務上の取扱いについて（FAQ）」6-2　暗号資産の貸付けにおける利用料）。

　資金決済法上の暗号資産に該当しないトークンについては，それが資産の譲渡および貸付けならびに役務の提供のいずれに該当するのか，法的な取扱いを参考にしながら慎重に消費税の課税取引に該当するかどうかを検討する必要があると考える。

　なお，2023年1月13日に公表された「NFTに関する税務上の取扱いについて（FAQ）」において，デジタルアートを紐付けたNFTの譲渡および転売における消費税の取扱いが以下のとおり明らかになっている。

- 作成者から消費者（日本居住者）へのマーケットプレイスを通じた有償による譲渡は，著作物の利用の許諾に係る取引であり，消費者向け電気通信利用役務の提供として，消費税の課税取引となり，当該作成者は消費税の

申告・納税をする必要が生じること

- デジタルアートを紐付けたNFTの転売については，当該デジタルアートの利用の許諾を受けた者が，当該利用の許諾に係る権利を他者に譲渡する取引であり，国内の事業者が事業として対価を得て行うものであれば，当該転売者に消費税が課されること。ただし，マーケットプレイスの利用規約など当事者間の契約によって取扱いが異なる可能性があるため個々に判断は必要となる。
- 本章④(2)で先述した自民党公表の「NFTホワイトペーパー（案）Web3.0時代を見据えたわが国のNFT戦略」において，海外の事業者が日本の居住者や内国法人との間でNFT取引を行った場合に国内取引として消費税の課税取引に該当するのかが明確でなく，この点も国境をまたぐNFT取引促進の阻害要因となっており，課税関係を明確化すべきであること，そして課税対象となる場合には適切な執行がされるべきであり，そのために必要な体制の整備等の適切な措置を講ずるべきであると述べている。

6──暗号資産による資金調達時の税務上の取扱い（日本国内）

(1) IEOに関する法人税の取扱い

日本ではInitial Coin Offering（ICO）については，法律・税務上の理由やビジネスの安定等に疑義のあるプロジェクトも多く存在することからほとんど行われてこなかった。その代わりに，暗号資産交換業者が関与するInitial Exchange Offering（IEO）が徐々に広まりつつあり，日本の大手暗号資産交換業者が過去数年で年に数件ずつではあるがIEOを実行している。

IEOはトークン発行体がトークンを発行し，暗号資産交換業者を通じて投資家の暗号資産（イーサリアム等）と引換えにトークンを交付するものとなっている。トークン発行体としては，自身の発行したトークンと引換えにイーサリアム等を受領する取引となっている。

税務上，IEOに適用される特別な規定はなく，法人税法上，基本的には一般に公正妥当と認められる会計処理の基準に従って計算される必要があるが，既

存の法人税法の枠組みの中でその取扱いを考えた場合，トークン発行時には大きく分けて，以下の3つの税務処理が想定されると考えられる。

①　資本取引（発行時：資産と資本金が増加）

法人税法における資本等取引とは「法人の資本金等の増加又は減少を生ずる取引並びに法人が行う利益又は剰余金の分配（中略）及び残余財産の分配又は引渡しをいう」（法人税法22⑤）とされている。ここで，資本金等とは，法人の株主から出資を受けた資本金，資本剰余金，ならびに企業組織再編が行われた場合に増加または減少する資本金および資本剰余金などが該当する旨が定められている。

実際に行われているIEOによるトークンの発行および暗号資産の取得は，取得した法人の資本金や資本剰余金の増加を伴う性質のものではなく，通常は資本取引には該当しないと考えられる。ただし，暗号資産の調達見合いで投資家に発行する「トークン」を保有することで発行会社から収益の分配を受ける権利を有することととなる場合等，今後の法整備により，法的に発行会社に対する出資持分として取り扱われる場合には，資本取引として取り扱われる可能性もあると考えられる。

②　負債取引（発行時：資産と負債が増加）

資金決済法に定める前払式支払手段に該当する場合には，負債取引として整理することも考えられる。例えば，暗号資産を払い込むことで，発行会社のサービスが受けられるプリペイド型のIEOで，払い込まれた暗号資産の返済時期や金額，実質的に弁済義務が生じる旨が定められていると解釈される場合には，負債取引として整理する余地があると考えられる。

③　収益取引（発行時：資産と収益が計上）

現行法人税法上は，暗号資産に関する「別段の定め」が設けられていないことから，一般に公正妥当と認められる会計処理の基準に従って計算されるものと考えられ，IEOが上記のいずれにも該当せず会計上の収益として取り扱われる場合には，税務上も益金計上すべきと考える。この場合，IEOにより資金調

達を行ったとしても，法人税等の納税資金は留保しておく必要があるため，結果として資金調達した金額の約70％（資本金1億円超の法人の場合）のみが実質的にIEO対象事業に充当できる金額となる。

　IEOでは法的に資本金や資本剰余金の増減がないことからすると①の資本増加とすることはできず，②または③となることが考えられるが，実務上は上記③益金計上と判断されていることがほとんどと考えられる。

　また，IEOでは発行したトークンはその後当該暗号資産交換所等で取引が可能となるため，一般的には「活発な市場がある」と判断される。したがって，期末時に発行したトークンを保有している場合には時価評価を行う必要があると考えられる。この点，IEOにおいては，発行体が発行したトークンの一部を投資家に割り当てず，発行体自身で保有していることが多くみられる。この自己発行トークンについてもこれまでは時価評価課税の対象となっていたが，上述したように，2023年の税制改正により一定の要件を充足する自己発行暗号資産については期末時時価評価課税の対象とはならないこととなった。2024年度税制改正により，発行者以外の第三者が継続的に保有する暗号資産についても，一定の要件の下，期末時価評価課税の対象とはならないこととなる見通しであるが，詳細については，以下⑧「暗号資産取引に係る今後の税制」で述べることとしたい。

⑵　STOに関する所得税および法人税の取扱い

　証券として規制当局の認可を受けた暗号資産の発行形態であるSTO（Security Token Offering）がある。

　これは，株式，債券，不動産等を裏付資産として資金調達を行い，その対価としてセキュリティトークンを発行する行為で，2019年の金融商品取引法の改正により，そのようなセキュリティトークンの一部が「電子記録移転権利」と定義付けられた。具体的には，金融商品取引法2条2項各号に掲げる権利のうち，電子情報処理組織を用いて移転することができる財産的価値（電子機器その他の物に電子的方法により記録されるものに限る）に表示される場合（流通性その他の事情を勘案して内閣府令で定める場合を除く）における当該権利を「電子記録移転権利」と定義している。金融商品取引法2条2項各号では，「信

託の受益権」「合名会社若しくは合資会社の社員権または合同会社の社員権」
「民法上の組合契約や匿名組合契約に基づく権利」等の権利が掲げられている
ため，これらの権利が電子的方法により記録された財産的価値として表示され
る場合は電子記録移転権利に該当する。

　金融商品取引法では「電子記録移転権利」が第一項有価証券として定義され
ているが，所得税法および法人税法では別途有価証券の範囲を定義しているた
め，その内容を確認することで電子記録移転権利の税法上の位置付けを確認す
る。

　まず，所得税法では，有価証券を「金融商品取引法第2条第1項に規定する
有価証券その他これに準ずるもので政令で定めるものをいう。」と定義してお
り，政令で定めるものは次のものをいうとされている。

① 　金融商品取引法2条1項1号から15号まで（定義）に掲げる有価証券お
　　よび同項17号に掲げる有価証券（同項16号に掲げる有価証券の性質を有す
　　るものを除く）に表示されるべき権利（これらの有価証券が発行されてい
　　ないものに限る）。

② 　合名会社，合資会社または合同会社の社員の持分，法人税法（昭和40年
　　法律第34号）2条7号（定義）に規定する協同組合等の組合員または会員
　　の持分その他法人の出資者の持分。

③ 　株主または投資主（「投資信託及び投資法人に関する法律」2条16項
　　（定義）に規定する投資主をいう）となる権利，優先出資者（「協同組織金
　　融機関の優先出資に関する法律」（平成5年法律第44号）13条1項（優先出資
　　者となる時期等）の優先出資者をいう）となる権利，特定社員（「資産の
　　流動化に関する法律」（平成10年法律第105号）25項（定義）に規定する特定
　　社員をいう）または優先出資社員（同法26条（社員）に規定する優先出資
　　社員をいう）となる権利その他法人の出資者となる権利。

　上記のとおり，所得税法上の有価証券の定義の中で，金融商品取引法で定義
された「電子記録移転権利」はどこにも反映されていない。つまり，電子記録
移転権利自体ではなく，その電子的に移転可能となった権利自体の内容をみて，
有価証券に該当するか否かを判断する必要がある。例えば，それが合名会社，

合資会社または合同会社の社員の持分であれば所得税法上も有価証券として取り扱われるが，一方で民法上の組合契約もしくは匿名組合契約に基づく権利であれば所得税法上の有価証券としては取り扱われない。

　ちなみに，民法上の組合契約に基づく権利は，組合員がその分配割合に応じて組合事業に係る利益または損失の額を組合員の利益または損失としていわゆるパススルーにより総額法，中間法，純額法のいずれかの方法により発生主義で損益を認識し，匿名組合契約に基づく権利であれば出資者がその契約内容に応じて匿名組合損益を純額により認識することとなる。

　したがって，仮に民法上の組合（税務上の損益の認識は発生主義）の出資持分がSTO化された場合に，当該セキュリティトークン（ST）を「電子記録移転権利」というだけで有価証券として取り扱い，当該STからの現金分配を受けるタイミングでのみ所得を認識してしまった場合には，税務上は適切な期間

図表5－3　**電子記録移転権利の範囲と税法上の有価証券の範囲の比較**

■ 電子記録移転権利の税法上の取扱い

電子記録移転権利	税務上の有価証券 （代表的なもの）
トークン化された合同会社等の持分	トークン化された合同会社等の持分
トークン化された 匿名組合の持分	トークン化された 匿名組合の持分
トークン化された 任意組合の持分	トークン化された 任意組合の持分
トークン化された 信託受益権（投信以外）	トークン化された 信託受益権（投信以外）

■ 有価証券とされない事業体の税法上の取扱い

- 匿名組合員：匿名組合の事業年度末に匿名組合損益を純額にて取込み
- 任意組合員：任意組合の事業年度末に，総額法，中間法または純額法のいずれかにて取込み
- 受益者等課税信託の受益者：受益者の事業年度ごとに総額法にて取込み

損益が認識されていないため，税務調査時において修正申告の対象となり得て
しまう。また，個人の場合は，有価証券として認識するか組合損益として認識
するかどうかにより所得区分および課税方法も異なるため，所得税法上の「電
子記録移転権利」の取扱いには留意が必要となる。

　「電子記録移転権利」が売買の形式により移転する場合に，譲渡者が個人で
ある時は売却益相当が所得税の対象となるが，この場合においても「電子記録
移転権利」の対象となった権利の内容を確認した上で具体的な課税関係を検討
する必要がある。

　例えば，権利の内容が合同会社の持分であれば，株式等の譲渡となるため，
一般株式等に係る譲渡所得等の金額として20.315％（所得税および復興特別所
得税15.315％＋住民税 5 ％）の税率により分離課税されるが，民法上の組合持
分であれば組合財産の内容に応じて，それが投資用の不動産の譲渡であれば譲
渡所得としてその保有期間に応じて20.315％（所得税および復興特別所得税
15.315％＋住民税 5 ％）または39.63％（所得税および復興特別所得税30.63％＋
住民税 9 ％）の分離課税の対象となり，匿名組合契約の持分であれば過去の譲
渡所得とされた判例があるため，その場合は総合課税の対象として最大約56％
の税率により他の所得と合算した上で課税される。

　なお，法人税法上も，有価証券の定義は所得税法と類似しているため（法人
税法では，譲渡性預金の預金証書（外国法人が発行するものを除く）をもって
表示される金銭債権が有価証券の対象に加わる），やはり「電子記録移転権
利」が特別に規定されているわけではない。このため，上記で言及していると
おり，「電子記録移転権利」の対象となった権利の内容に応じて既存の法体系
の枠組みの中で課税関係が決まることとなる。

　実務的には，不動産を保有する特定受益証券発行信託のST化が複数件実行
されている。特定受益証券発行信託は集団投資信託として取り扱われ，分配時
まで課税されず，また，分配金は20.315％で課税されることとなるため総合課
税される匿名組合等のST化よりも取り組みやすく，また，大阪デジタルエク
スチェンジなどSTの取引所も設立され，ST化が少しずつ進んできているもの
と考えられる。

7 ——暗号資産による資金調達時の税務上の取扱い（シンガポール）

(1)　シンガポール

　シンガポールの国税局（IRAS）は，暗号化により保護された電子上の表示や価値で，移転や保存，取引可能なものを「デジタルトークン」と定義している。デジタルトークンにつき，シンガポールでの課税関係に関する概要は次のとおりである。なお，シンガポールの所得税法（SITA）にはデジタルトークンを課税対象とする規定がないため，IRASが2020年4月17日付（2020年10月9日改訂）で，「デジタルトークンの所得税務上の取扱い」（Income Tax Treatment of Digital Tokens）というe-Tax Guideを発行している。原則として，デジタルトークンの所得税務上の課税関係は，当該デジタルトークンの区分（セキュリティトークン，支払手段，そしてユーティリティトークン）に応じて取扱いが異なる。

①　セキュリティトークン

　セキュリティトークンは投資家にとっては法人に対する投資であり，取引の状況に応じて法人の負債または資本に対する投資として取り扱われるのが一般的である。セキュリティトークンの保有者は，その内容に応じて法人に対する支配的または経済的な権利を有することとなる。

　セキュリティトークンの発行は，負債の引受けもしくは株式の発行に類似するものであるが，いずれに該当するかは，トークンから生じる権利もしくは義務の内容に拠ることとなる。なお，税務上の具体的な属性は，各セキュリティトークンの特徴に基づき決定され，具体的には，取得した持分の性質，発行体の事業に対する投資家の関与度合い，議決権の有無，元本の返済義務，投資家が発行体に対する返還請求できる権利の有無，発行体が清算する場合の負債の弁済順位，そして会計上の取扱いなどが勘案されることとなる。なお，上記以外の要素も場合によって検討すべき要素となりうる。

　セキュリティトークンの所有者は，その保有するトークンから生ずる利子も

しくは配当は，通常どおり利子または配当として課税される。セキュリティトークンの所有者が当該トークンを売却する際，当該売却に関わる損益の課税関係は，セキュリティトークンが資本取引または損益取引なのかに応じて決定される。つまり，所有者の観点から資本取引であれば，売却から生じる損益も資本として区分されるが，損益取引であれば，課税される可能性がある。

　セキュリティトークンの課税関係はまだ不確実な点があると考えられるため，例えばセキュリティトークンの税務上の分類や，セキュリティトークンから生じる所得の課税関係を整理する場合，IRASに事前照会することが望ましい。IRASは，セキュリティトークンの性質を決定する際には，セキュリティトークンが他の株式のような特徴があるかどうかによらず，セキュリティトークンの法的形式（例えば，トークンが法的に会社の株式とされるかどうか）に重点を置いているようである。

②　支払手段

　支払手段としてのトークンは，支払方法として使われ，それ以外の機能はないため，概念的には暗号資産そのものに近いものである。

　支払手段としてのトークンが物品またはサービスの対価として支払われる場合，等価交換を行ったものとみなされ，その物品またはサービスの対価の価額は，取引時点を基準日として評価される。したがって，ある事業者が提供した物品またはサービスに対し支払手段としてのトークンを受領する場合，当該事業者はその提供した物品またはサービスの価額に基づき課税される。一方，事業者が提供を受けた物品またはサービスの支払対価としてトークンを使用する場合，一般的な損金算入に関するルールに基づき，提供を受けた物品またはサービスの価額を損金算入することが可能となる。

　IRASは現在に至るまで，支払手段としてのトークンの評価方法を規定したことがない。したがって，納税者は自ら支払手段としてのトークンを評価する必要があるが，その評価方法の合理性および検証可能性を確保することが求められる（例えば，その評価額がトークンの交換取引所において定められていること，評価は一貫性のある方法により行われていること等が挙げられる）。

　支払手段としてのトークンを発行した場合は（IRASのe-Tax Guide上は，

ICOによる資金調達見合いで投資家に発行する場面を想定している）、発行者においては、具体的な事実関係に応じて課税対象となる可能性がある。

③　ユーティリティトークン

ユーティリティトークンは、特定の資産またはサービスから生じる便益を受ける権利を表章するトークンとして定義されている。ユーティリティトークンの態様は様々であり、例えばICO実施法人から将来提供されるサービスの利用権利を表章するようなバウチャーであったり、ICO実施法人が有するWeb上のプラットフォームへのアクセス権を表章するような一種のアクセスキーという形式を取ることもある。

ユーティリティトークンの保有者は、将来に提供される物品またはサービスと交換することが約束されているユーティリティトークンを取得する場合、当該ユーティリティトークンの購入にあたって支払われた金額は前払費用として扱われる。損金算入に関するルールに従って、当該ユーティリティトークンが物品またはサービスの交換を行うために使用されるタイミングで、費用処理が認められる。

上記のようなユーティリティトークンの発行者は（IRASのe-Tax Guide上は、ICOによる資金調達見合いで投資家に発行することを想定している）、ユーティリティトークン発行見合いで受領した金額は原則として繰延収益とみなされる。

ICOについては、e-Tax Guideの中で１つのセクションを設けた上でその課税関係が説明されている。ICOによるトークン発行者（資金調達を行う法人）においては、その資金調達により受領する資金が課税されるかどうかが１つの重要な論点になるが、その結論はトークンの性質によって異なる。上記でも触れているとおり、セキュリティトークンであれば負債または資本に該当するものとして資本取引として課税が生じず、ユーティリティトークンであれば将来の物品またはサービスの交換を受けるまでは課税が繰り延べられ、支払手段としてのトークンである場合には課税される可能性がある。さらに、ICOはその性質上、資金調達後に公約した事業を立ち上げていくことになるため、ICOが失敗した場合の課税関係についてもe-Tax Guideで言及されている。

例えば、ICOによってサービスプラットフォームを立ち上げることを目的と

してユーティリティトークンを発行した場合において，そのサービスプラット
フォームの立上げに失敗した時は，もしICOにより調達した資金をトークン保
有者に全額弁済するのであれば課税関係は生じないが，もし一部でも弁済され
ない場合には，その弁済されない金額は，ICOが資本取引か損益取引のいずれ
に該当するかに応じて判断されることとなる。その判断にあたっては，トーク
ン発行者の主たる事業内容，ICOの目的，そしてトークンを発行することによ
り生じる契約上の負債等を勘案する必要がある。

　また，シンガポールでは開業費に関する損金算入規定があり，事業を開始し
た年度の直前事業年度に生じた費用のみが損金に算入することを認められてい
る。この規定は，あらゆる事業について適用される規定であるため，ICOに係
る事業についても例外ではなく，長期間にわたって準備費用が発生する場合な
どは留意が必要と考えられる。

　最後に，ICOを実施した法人は，一定の割合のトークンを確保し，その確保
したトークンをトークンの設計・計画・実行に貢献した者に対する報酬として
交付する場合があり，そのような創業者トークンと呼ばれるものに係る税務上
の取扱いについても説明を加える。創業者トークンの性質が，トークンの設計
等に係る労務の提供に対する報酬として支払われるものである場合には，創業
者において課税される。一方で，もし創業者がトークンの設計等のために資金
を拠出してその対価としてトークンを受け取り，会社に対する持分や議決権，
経営への参画等の権利が与えられる場合には，そのトークンはキャピタルア
セットとして取り扱われる。

　なお，創業者トークンが労務の提供に対する報酬として受け取ることで課税
されるケースにおいて，ICOが実施されてから数年間は受領したトークンを売
却することが制限されることがある。そのような譲渡制限期間が設けられてい
る場合には，その譲渡制限期間が解除された時に創業者にトークンが交付され
たものとみなして，そのタイミングで課税することが述べられている。その時
のトークンの評価額は，その譲渡制限期間が終了したタイミングを基準とする。
また，納税者は，ICOに係る取引記録を残しておき，IRASから照会があった
場合にはその取引記録を提出する必要がある。なお，取引記録に含めるべき情
報は次のとおりである。

- 取引日
- 取得または売却したトークンの単位
- 取引日におけるトークンの評価額
- 換算レート
- 取引の目的
- 取引相手に関する情報
- ICOの詳細
- 必要経費の領収書／請求書

8 —— 暗号資産取引に係る今後の税制

(1) 2024年度税制改正大綱における暗号資産に係る改正概要

　2024年度税制改正大綱は2023年12月14日に自民党および公明党により公表され，2023年12月22日に政府による閣議決定がなされた。2024年度税制改正大綱では，Web3.0の推進に向けた環境整備を進め，ブロックチェーン技術を活用した起業等が促進されることを期待し，発行者以外の第三者が継続的に保有する暗号資産については，一定の要件の下，期末時価評価課税の対象外とする見直しを行うこととされている。

　このほか，分散型台帳技術を使用する暗号資産等を利用した国際的な脱税および租税回避を防止する観点から，2022年にOECDにおいて策定された暗号資産等の取引や移転に関する自動的情報交換の報告枠組み（Crypto Asset Reporting Framework, CARF）に基づき，非居住者の暗号資産に係る取引情報等を租税条約等に基づき各国税務当局と自動的に交換するため，国内の暗号資産取引業者等に対し非居住者の暗号資産に係る取引情報等を税務当局に報告することを義務付ける制度の整備も予定されている。

　本書では期末時価評価課税の改正について解説したい。

(2) 期末時価評価損益の改正内容

　法人が有する市場暗号資産（活発な市場が存在する暗号資産）に該当する暗号資産で譲渡についての制限その他の条件が付されている暗号資産の期末にお

ける評価額は，原価法または時価法のいずれかの評価方法のうちその法人が選定した評価方法（自己の発行する暗号資産でその発行の時から継続して保有するものにあっては，原価法）により計算した金額とされる。「譲渡についての制限その他の条件が付されている暗号資産」とは，次の要件に該当する暗号資産をいう。

① 他の者に移転できないようにする技術的措置がとられていること等その暗号資産の譲渡についての一定の制限が付されていること。

② 上記①の制限が付されていることを認定資金決済事業者協会において公表させるため，その暗号資産を有する者等が上記①の制限が付されている旨の暗号資産交換業者に対する通知等をしていること。

　上記の評価方法は，譲渡についての制限その他の条件が付されている暗号資産の種類ごとに選定し，その暗号資産を取得した日の属する事業年度に係る確定申告書の提出期限までに納税地の所轄税務署長に届け出なければならないこととされる。なお，評価方法を選定しなかった場合には，原価法により計算した金額がその暗号資産の期末における評価額とされる。

　本改正後の暗号資産の評価方法を図示すると**図表5－4**のとおりとなる。

図表5－4　暗号資産の評価方法（案）

暗号資産の種類			評価方法	
			現行法	改正案
活発な市場が存在する暗号資産	自己の計算において有するもの	(1) 特定自己発行暗号資産	原価法	原価法
		(2) 譲渡についての制限その他の条件が付されている暗号資産（※）	時価法	原価法または時価法（法人の選択）
		(3) 上記以外		時価法
	自己の計算において有しないもの		原価法	原価法
上記以外の暗号資産				

（※）発行者以外の第三者が保有する暗号資産で，以下の要件に該当するものをいう。
・他の者に移転できないようにする技術的措置がとられていること等その暗号資産の譲渡についての一定の制限が付されていること
・上記の制限が付されていることを認定資金決済事業者協会において公表させるため，その暗号資産を有する者等が上記の制限が付されている旨の暗号資産交換業者に対する通知等をしていること

　本書脱稿後に一般社団法人日本暗号資産取引業協会より，移転制限が付された暗号資産の情報提供及び公表に関する規則が公表され，移転制限の内容や公表される情報の内容が明らかとなった。まだ本制度を適用した事例はないものの，ブロックチェーンを用いた起業を増やすという目的からは，できるだけ簡素な内容での情報公開が求められる。

(3)　2024年度税制改正までの経緯と今後の税制

　2023年7月31日付で，一般社団法人日本暗号資産取引業協会（JVCEA）および一般社団法人日本暗号資産ビジネス協会（JCBA）が連名で2024年度税制改正に関する要望書[9]を金融庁に提出していた。その要望骨子4点は以下のとおりであるが，2024年度税制改正大綱では，このうち②法人税に関する事項のみ受け入れられている。

①　分離課税

　暗号資産取引にかかる利益への課税方法は，20％の申告分離課税とし，損失については翌年以降3年間，暗号資産に係る所得金額から繰越控除ができることを要望する。暗号資産デリバティブ取引についても同様とする。

②　法人税

　ブロックチェーン技術を活用した起業等への阻害要因を除去し，Web3.0推進に向けた環境整備を図る観点から，法人（発行者以外の第三者）が短期売買目的以外で継続的に保有する暗号資産について，期末時価評価課税の対象外とするよう要望する。

③　資産税

　相続により取得した暗号資産の譲渡時の譲渡原価の計算について，取得費加算の特例の対象とすることや，相続財産評価について，上場有価証券と同様，相続日の最終価格のほか，相続日の属する月の過去3か月の平均時価のうち，

---

(9)　https://jvcea.or.jp/cms/wp-content/uploads/2023/07/20230731-001.pdf

最も低い額を時価とすることを要望する。

④　暗号資産同士の交換

　暗号資産取引に関する損益は，暗号資産同士を交換したタイミングでは課税せず，保有する暗号資産を法定通貨に交換した時点でまとめて課税対象とすることの検討を要望する。なお，前3項目と異なり，本要望は制度上の整理にとどまらず，新たな計算方法の採用や暗号資産の色分け（事実上ステーブル性のあるコインか否かなど）など検討すべきことが多岐にわたるため，まずは前3項目の改正を優先とし，その後の将来的な要望とする。

　税制のあり方については様々な観点から検討されるべきと考えるが，その1つには，経済取引に対して税制が足かせとならないよう，取引に係る所得を把握して適切に課税しつつも，シンプルかつ実効性のある税制が敷かれる必要があると考える。例えば，先物取引に係る差金等決済に係る所得について分離課税制度が導入された背景には，市場経済のもとで様々なモノの価格が変動する社会において先物取引による価格変動リスクを低減することができるといった機能が重視され，従来は事業所得等として総合課税の対象とされていた個人の商品先物取引による所得を申告分離課税とすることで，個人投資家がより一層市場参加しやすい環境を作り，商品先物取引市場を活発化させるという課題があった。暗号資産に限らず，これからも同じ思想で税制面から新たな経済取引を活発化させ経済の発展につながるような税制改正がなされることを期待する。

あとがき

　本書（初版）を刊行してから，3年弱が経過した。今回，本書（改訂版）の刊行に向けて検討を進めていく中で，改めてデジタル通貨・証券をめぐって様々な動きがあったと認識させられた。

　本書は，当初，「デジタル通貨・証券のビジネスについて検討していく上で，法令，会計，税務それぞれに関する検討が不可欠である一方，これらを横断的に説明した書籍がない。こうした書籍があると，新規ビジネスの検討において一助となるのではないか。」というご意見があったことを踏まえ，デジタル資産ビジネス，法律，会計，税務の専門家が共著で執筆することになったものであった。

　2021年9月に発刊した本書（初版）は，こうしたニーズに一定程度応えることができたのか，おかげさまで好評をいただき，何度か増刷させていただいた。そうした中で，「デジタル通貨・証券に関するビジネス，法令，会計，税務についてそれぞれ一定の変化がある。このため，このまま増刷を続けるよりも一部改訂したほうがよいのではないか。」とのコメントが示され，検討の結果，一部について改訂をしようという結論になった。このように当初のコンセプトはあくまでも「限定的な改訂」を目指したものであった。しかし，執筆の過程で，ビジネス，法務，会計，税務についてそれぞれ改訂すべき部分が多く識別され，結果的に，本書の半分以上の部分が書き直しになった。

　振り返ってみると，3年前，本書（初版）を刊行した際は，デジタル通貨・証券を活用したビジネスの参加主体は限られており，デジタル通貨・証券を活用したビジネスはまだニッチなものであった。しかし，この間に，デジタル通貨・証券の活用は急速に進み，最近では，大企業の本格的な参入も相次いでいる。また，デジタル通貨・証券を活用したビジネスである「Web3.0」は政府の成長戦略においても中核的なものとして位置付けられている。

　このようにデジタル通貨・証券を活用したビジネス領域は大きく拡大しているものの，これらデジタル資産と従来型の資産の相違は大きい。このため，従

来型の資産を前提として設計されている法令，会計，税務をビジネスに適用しようとすると困難な点が多くある。また，デジタル資産を前提として新たに設計された法令，会計，税務も，まだ実務が成熟しているとはいえず，日々実務的な悩みを解決するためのディスカッションが進められている。こうした中，進化・拡大が続いていくデジタル資産の活用を進める上で本書（改訂版）が一助となれば何よりも幸いである。

　今回，河合健先生をはじめとするアンダーソン・毛利・友常法律事務所の先生方と再びご一緒でき，改めて卓越した知見に触れられる機会が得られたことに感謝したい。また，KPMGのメンバーの変わらぬチームワークを確認できたことも幸いであった。末筆になるが，本書（改訂版）刊行の機会をいただき，また改訂のプロセスを通じて伴走いただいた中央経済社 編集部の土生健人氏に厚く御礼申し上げたい。

2024年4月　執筆者を代表して

有限責任 あずさ監査法人　パートナー

関口　智和

KPMGジャパン

KPMGジャパンは，KPMGの日本におけるメンバーファームの総称であり，監査，税務，アドバイザリーの3分野にわたる9つのプロフェッショナルファームに約9,800名の人員を擁しています。クライアントが抱える経営課題に対して，各分野のプロフェッショナルが専門的知識やスキルを活かして連携し，またKPMGのグローバルネットワークも活用しながら，価値あるサービスを提供しています。日本におけるメンバーファームは以下のとおりです。
有限責任 あずさ監査法人，KPMG税理士法人，KPMGコンサルティング株式会社，株式会社KPMG FAS，KPMGあずさサステナビリティ株式会社，KPMGヘルスケアジャパン株式会社，KPMG社会保険労務士法人，株式会社KPMG Ignition Tokyo，株式会社KPMGアドバイザリーライトハウス

アンダーソン・毛利・友常 法律事務所 外国法共同事業

アンダーソン・毛利・友常 法律事務所 外国法共同事業は，1950年代初頭より，日本における本格的国際法律事務所の草分けとして，常に第一線で活躍してきたアンダーソン・毛利法律事務所，グローバルな証券発行等の国際金融取引やクロスボーダーの投資案件の分野において特に多くの実績を積んできた友常木村法律事務所，および，国際倒産・事業再生分野や危機管理部門において豊富な経験を有し，これを米国の大手法律事務所との外国法共同事業を通じて展開してきたビンガム・坂井・三村・相澤法律事務所（外国法共同事業）が合併・統合して誕生した，総合法律事務所です。
当事務所は，合併・統合による得意分野の相乗効果と規模の拡大により，いっそう幅広く質の高いリーガル・サービスを機動的に提供し，多種多様な依頼者が直面するあらゆる法律問題や複雑な分野横断的案件に対して，迅速かつ的確に対応しております。現在，当事務所には，M&A，ファイナンス，キャピタル・マーケッツ，事業再生・倒産，訴訟・仲裁をはじめ，企業活動に関連するほぼすべての専門分野に，豊富な実績を有するバイリンガルの弁護士が数多く所属しています。

〈編著者紹介〉

河合　健（かわい　けん）担当（共著）：第2章，第3章
アンダーソン・毛利・友常 法律事務所 外国法共同事業　パートナー
弁護士
東京銀行／東京三菱銀行勤務を経て2009年弁護士登録。主にFinTech，ブロックチェーン，
デリバティブ，金融規制，スタートアップ支援，デジタル関連法務を取り扱う。
現在，日本金融サービス仲介業協会監事，日本デジタル空間経済連盟監事，自由民主党デジ
タル社会推進本部Web3PTワーキンググループメンバー，経済産業省「スタートアップ新市
場創出タスクフォース」構成員等を務めている。

関口　智和（せきぐち　ともかず）担当（共著）：第4章
有限責任 あずさ監査法人常務執行理事　金融統轄事業部　パートナー
公認会計士，米国公認会計士，日本証券アナリスト協会認定証券アナリスト
1995年に朝日監査法人に入所後，主に金融機関の監査やアドバイザリー業務に従事した。そ
の後，金融庁で証券監督者国際機構（IOSCO）の業務等を通じて国内外の会計・監査制度の
策定に関与したほか，企業会計基準委員会（ASBJ）で研究員および常勤委員として，会計
基準の開発に従事した。2016年4月より現職。現在，金融機関やFinTech企業に対する監査
やアドバイザリー業務に従事しているほか，開示高度化推進部長として企業情報の開示の充
実に取り組んでいる。

〈著者紹介〉

保木　健次（ほき　けんじ）担当（共著）：第1章，第2章
KPMGジャパン　Web3.0推進支援部部長
有限責任 あずさ監査法人　金融統轄事業部　ディレクター
国内外の金融機関にてファンドマネジメント業務等を経験した後，2003年に金融庁に入庁。
証券取引等監視委員会特別調査課，米国商品先物取引委員会（CFTC），金融庁総務企画局市
場課，経済協力開発機構（OECD），金融庁総務企画局総務課国際室にて勤務。2014年にあ
ずさ監査法人入所。Fintech／Web3.0関連アドバイザリーの責任者として，暗号資産交換業，
金融サービス仲介業及び電子決済等代行業を含むFinTech関連規制対応やセキュリティトー
クン，ステーブルコイン及びDAO（分散型自律組織）を含むWeb3.0推進支援等のアドバイ
ザリー業務に従事。QUICK仮想通貨ベンチマーク研究会事務局や日本暗号資産ビジネス協会
のアドバイザーやユースケース部会長，カストディ部会長など業界の発展にも貢献。

長瀬　威志（ながせ　たけし）担当（共著）：第2章，第3章
アンダーソン・毛利・友常 法律事務所 外国法共同事業　パートナー
弁護士，ニューヨーク州弁護士
金融庁総務企画局企業開示課に出向した後，国内大手証券会社法務部に2年間出向。金融庁
出向は主に開示規制に関する法令・ガイドラインの改正，スチュワードシップコードの策定
等に携わり，証券会社出向中は各種ファイナンス案件，FinTech案件，コーポレート案件へ
のアドバイスに従事。当事務所復帰後は，暗号資産交換業・デジタル証券，電子マネー決済
等のFinTech案件を中心に取り扱うとともに，国内外の金融機関に対するアドバイスを提供。

福井　崇人（ふくい　たかと）　担当（共著）：第3章
アンダーソン・毛利・友常 法律事務所 外国法共同事業　パートナー
弁護士
金融庁監督局において，暗号資産交換業に係る事務ガイドラインの策定に関与した後，一般社団法人日本暗号資産取引業協会の事務局長を務め，資金決済法及び金融商品取引法に基づく自主規制団体としての認定取得及び自主規制活動全般に従事。現在は，暗号資産交換業者をはじめとしたWeb3.0関連企業や金融機関へのリーガル面でのアドバイスを提供している。

波多野　恵亮（はたの　けいすけ）　担当（共著）：第2章，第3章
アンダーソン・毛利・友常 法律事務所 外国法共同事業　パートナー
弁護士
金融庁総務企画局企画課信用制度参事官室に2年間出向。金融庁出向中は，2016年および2017年の2度にわたる銀行法改正（銀行業高度化等会社に関する制度，電子決済等代行業に関する制度等）および下位法令の策定等に従事。当事務所復帰後は，決済関連および銀行グループの業務範囲関連の規制対応へのアドバイスを中心に取り扱うとともに，その他の金融規制対応やFinTech関連の幅広いリーガルアドバイスを提供。

片山　智晶（かたやま　ともあき）　担当（共著）：第2章，第3章
アンダーソン・毛利・友常 法律事務所 外国法共同事業　アソシエイト
弁護士
民間企業（法務部）および都内法律事務所（企業法務メイン）を経て，2020年2月に当事務所に入所。入所後は，Fintech案件を中心に，資金決済法・金融商品取引法等の金融規制等を取り扱う。

奥田　美希（おくだ　みき）　担当（共著）：第3章
アンダーソン・毛利・友常 法律事務所 外国法共同事業　アソシエイト
弁護士
金融庁企画市場局市場課に2年間出向。金融庁出向中は金融商品取引法改正に携わる。当事務所復帰後はFinTech案件（主に暗号資産・ブロックチェーン関連），資金決済法・金融商品取引法等の金融規制を中心に取り扱う。

宗川　帆南（そうかわ　ほなみ）　担当（共著）：第3章
アンダーソン・毛利・友常 法律事務所 外国法共同事業　アソシエイト
弁護士
金融庁企画市場局総務課信用制度参事官室および同課決済・金融サービス仲介法制室に2年間出向。金融庁出向中は「金融サービスの提供に関する法律」（現「金融サービスの提供及び利用環境の整備等に関する法律」）の制定等に携わる。当事務所復帰後は，同法・銀行法・金融商品取引法等の金融規制や，電子マネー・ステーブルコイン等のFinTech案件を中心に取り扱う。

山下　貴行（やました　たかゆき）　担当（共著）：第2章，第3章
アンダーソン・毛利・友常 法律事務所 外国法共同事業　アソシエイト
弁護士
日本STO協会に1年間出向。日本STO協会出向中は，自主規制規則の策定および協会設立・

運営業務全般に従事。当事務所復帰後は，デジタル証券を中心としたFinTech案件，各種ファイナンス案件（不動産ファイナンス・プロジェクトファイナンス等）を取り扱う。また，日本STO協会のリーガルアドバイザーを務める。

村井　惠悟（むらい　けいご）　担当（共著）：第3章
アンダーソン・毛利・友常 法律事務所　外国法共同事業　アソシエイト
弁護士
金融庁企画市場局市場課に2年間出向。金融庁出向中は，PTS（私設取引システム）等の市場制度や投資運用業に関する制度の企画・立案に携わる。当事務所復帰後は，国内外の金融機関・Fintech事業者に対して金融規制全般のアドバイスを提供。

牧野　史晃（まきの　ふみあき）　担当（共著）：第2章
アンダーソン・毛利・友常 法律事務所 外国法共同事業　アソシエイト
弁護士
金融庁企画市場局市場課に2年間出向し，金融商品取引法その他政府令の改正，顧客本位の業務運営の原則の改訂等に携わる。当事務所では，Fintech案件，スタートアップファイナンス，ファンド業務等を中心に取り扱う。

打田　峻（うちだ　しゅん）　担当（共著）：第2章，第3章
アンダーソン・毛利・友常 法律事務所 外国法共同事業　アソシエイト
弁護士
主な業務分野は，FinTech，コーポレート等。

船岡　諒（ふなおか　りょう）　担当（共著）：第3章
アンダーソン・毛利・友常 法律事務所 外国法共同事業　アソシエイト
弁護士
FinTech案件（主にブロックチェーン関連），資金決済法・金融商品取引法等の金融規制を中心に取り扱う。

平野　耕（ひらの　こう）　担当（共著）：第3章
アンダーソン・毛利・友常 法律事務所 外国法共同事業　アソシエイト
弁護士・CAMS（公認AML（アンチ・マネー・ローンダリング）スペシャリスト）
㈱東京金融取引所に入社後，金融庁総務企画局企画課に2年間出向。金融庁出向中は休眠預金活用法の制定に関わる。その後，シティバンク銀行㈱（現　シティバンク，エヌ・エイ東京支店）およびシティグループ証券㈱に入社し，AMLコンプライアンスを担当。当事務所入所後は，金融規制，金融取引などのファイナンス分野を中心に取り扱う。

前田　啓（まえだ　けい）　担当（共著）：第4章
有限責任 あずさ監査法人　東京第2統轄事業部　パートナー
公認会計士
1993年に朝日親和会計社（現　有限責任 あずさ監査法人）に入所以来，上場企業の監査業務や株式上場支援業務等に従事。2009年から2012年および2014年から2017年に企業会計基準委員会（ASBJ）へ出向し，専門研究員およびディレクターとして退職給付会計や税効果会計に関する会計基準の開発に従事した。現在は会計プラクティス部も兼務し，日本基準やIFRS

のテクニカルイシューに関するコンサルテーション業務に携わる。

渡邉　直人（わたなべ　なおと）　担当（共著）：第 5 章
KPMG税理士法人　FinTech部門 パートナー（福岡事務所長兼任）
税理士
1999年アーサーアンダーセン税務部門（現KPMG税理士法人）に入所後，2010年KPMGシドニー事務所への出向，2012年株式会社ディー・エヌ・エーへの転籍を経て，2014年KPMGに復帰し，パートナーに就任。金融・メディアエンターテイメント・IT関連の事業領域および成長企業に対する税務にフォーカスした税務業務に従事している。

小林　研太（こばやし　けんた）　担当（共著）：第 5 章
KPMG税理士法人　FinTech部門　パートナー
税理士
2001年KPMG税理士法人に入所後，金融およびソフトウェア関連の事業領域に関する税務アドバイザリー・税務コンプライアンス業務に継続的に従事している。また2007年KPMGフランクフルト事務所出向後からは，PE・不動産ファンド関連の税務アドバイザリーおよび暗号資産やSTO関連の税務アドバイザリーにも従事している。

鎌田　直弥（かまだ　なおや）　担当（共著）：第 5 章
KPMG税理士法人　FinTech部門　パートナー
税理士
2010年KPMG税理士法人に入所後，2014年KPMGミュンヘン事務所への出向，2015年KPMGダブリン事務所への出向を経て，2017年KPMG税理士法人に復帰し，金融・IT関連の事業領域および成長企業に対する税務アドバイザリー・税務コンプライアンス業務に従事している。

石橋　暁良（いしばし　あきら）　担当（共著）：第 5 章
KPMG税理士法人　FinTech部門　シニアマネージャー
税理士
2012年KPMG税理士法人に入所後，日立オートモティブシステムズ株式会社（現日立Astemo株式会社）への転籍，Hitachi Automotive Systems Czech, s.r.o.（現Hitachi Astemo Czech, s.r.o.）への赴任を経て，2020年にKPMG税理士法人に復帰し，金融・IT関連の事業領域および成長企業に対する税務アドバイザリー・税務コンプライアンス業務に従事している。

デジタル通貨・証券の仕組みと実務（第2版）
トークンビジネスの法務・会計・税務

2021年10月10日	第1版第1刷発行
2022年7月20日	第1版第4刷発行
2024年7月1日	第2版第1刷発行

監修者	ＫＰＭＧジャパン アンダーソン・毛利・友常 法律事務所 外国法共同事業
編著者	河合　　　健 関口　智和
発行者	山本　　　継
発行所	㈱中央経済社
発売元	㈱中央経済グループ パブリッシング

〒101-0051　東京都千代田区神田神保町1-35
電話 03（3293）3371（編集代表）
　　 03（3293）3381（営業代表）
https://www.chuokeizai.co.jp

© 2024
Printed in Japan

印刷／㈱堀内印刷所
製本／有井上製本所